宗教信仰復興叢書 1

宗教信仰復興と現代社会

島薗 進 編

国書刊行会

宗教信仰復興叢書の創刊に当たって

二〇二〇年夏、世界と日本がコロナ騒動で揺れ動く中、一般社団法人日本宗教信仰復興会議は設立された。その大きな背景としては、戦後の日本では宗教信仰が憂慮すべきほどまでに低調になったという事態がある。

戦前の軍国主義への反省の面もあったが、同時に戦後社会は極端な経済偏重の時代になった。現世利益を祈願する新宗教が教勢伸長を誇ったものの社会の敬意を得ることができず、オウム真理教の事件が勃発して、さらに宗教を遠ざけた。その間、人心の動揺と確たる信条や道徳観の喪失が指摘され、すさんだ事件が目立つ自殺多発国となった。他方相次ぐ天災や原発事故は、慰霊・追悼の意味、祭りの力、宗教施設や宗教者の意義に目を開かせることとなった。またそれは命の尊厳に光を当てると共に、人の力と近代科学文明の限界を示し、新たに心の癒しの問題に関心が集まることとなった。

こうした戦後社会の迷走に猛省が促され、宗教信仰の復興を期する状況になっているとも見える。宗教信仰は人間の持つ生来の半面でもある。祈らない人はいないのだ。この半面が素直にもっと育成され涵養される教育と社会のあり方が求められているとも言える。それは人間復興でもある。しかし長年月に渉り疎遠にしてきた影響もあり、この問題はほとんど組織的には正面から取り組まれていないのが実情ではないだろうか。

本法人はこのような危機意識から、関連の動向に分析のメスを入れて確かな把握に努めると共に、信仰の現場で日々諸問題に直面している活動家たちの貴重な観察と思索の声も記録し、叢書として世に問うこととした。

当然法人の活動としては、講演会の開催や特に若手研究者や活動家の支援にも取り組む方針である。しかし本叢書の刊行は、いわばそれら全体の礎石であり支柱として位置づけられる。幸いこの分野における指導的な立場にある理事各位の協力や、彼らを通じて相当幅広い執筆陣の協力を得ることができた。その多くの尽力は叢書全体の編集に当たられた、島薗進理事によるものであり、ここに深甚な謝意を表したい。

最後に本叢書であり当法人の諸活動の源泉となったのは、筆者の甥、水谷亨の遺志であったことを付記する。同人は京都の寺院で育ったが、一念発起して國學院大學で学び、将来は神道に身を捧げるべく修行に努めていた。しかし不慮の交通事故により、若い生命を絶たれることとなった。日本の宗教事情を憂うるという志を受け継ぎつつ、今後とも法人の諸活動がその実を上げて行くことを望まざるを得ない。

二〇二一年年頭

一般社団法人日本宗教信仰復興会議　代表理事　水谷周

目次

〈宗教信仰復興叢書1〉

宗教信仰復興と現代社会

序章　本書の主題について　島薗 進

宗教信仰復興会議の活動の源泉

本書『宗教信仰復興と現代社会』は、日本宗教信仰復興会議が企画した宗教信仰復興叢書の第1巻である。「宗教信仰復興」とは何か。日本宗教信仰復興会議の代表理事である水谷周は仏教寺院で育ち、成人後、ムスリムとなった信仰者である。その水谷は日本宗教信仰復興会議のホームページに「代表理事のご挨拶」として次の一文を寄せている。

今般、この法人の発足により長年の思いを広くアピールすることができることは、誠に喜ばしく、欣快の至りである。それは日本の社会に宗教信仰を正しく位置づけ、その力を復興させるということである。戦後長く宗教はいわば疎外され続け、それが発揮しうる力量を示すことなく時間が経過している。人の生きがいとは何か、心の癒しとは、そして逝く人への看取りのあり方などなど、日々耳目にする諸問題が多い。また相変わらず自死する人の数は多く、人身事故の報を通勤電車で聞いても多くの人は慣れっこになっているのは、嘆かわしくも異常事態である。／信仰はこういった様々な課題を、人の生存の原点に連れ戻して、速やかに氷解させるものであるし、それは世界の人類が共有する精神的資産でもある。

「宗教信仰復興」についての水谷の考えは、二〇二一年年頭と執筆時期が示されている「宗教信仰復興叢書の創刊に当たって」にも明らかにされている。そこには、宗教信仰復興会議の活動の源泉となったのが、水谷の甥で、仏教寺院に育ちながら神道の道を歩み、道半ばにして交通事故で世を去った故水谷亨の遺志であったことも示されている。

「宗教」「信仰」「世俗」などの語の不明確さ

筆者は宗教信仰の道を歩もうとしてきた水谷周の考えや水谷亨の遺志を尊ぶことと、宗教研究者としての私の蓄積が重なり合うものと考え、この叢書全体の編集の役を引き受けることになった。筆者自身は、水谷周の「宗教信仰復興」観に何ほどか共鳴しつつ、現代における宗教信仰復興の困難な側面、危うい側面についても十分に目配りして宗教信仰復興を考えていく必要があると考えている。これは容易なことではなく、読者もすぐに理解できるようなものにはならないだろう。この序論では、その複雑さを解きほぐして、少しでも理解しやすくしたいと思う。

そもそも「宗教」「信仰」「宗教信仰」とは何かという問題がある。この数十年の間に世界各地で、「宗教には親しめないが、スピリチュアリティには大いに関心がある」という人が増えており、SBNR（spiritual but not religious）とカテゴリー化されることもある。だが、スピリチュアリティはそもそも宗教の現れではないのか。儒教は宗教か宗教でないのかについてはさまざまな見方があり、考えが分かれる。神道についても宗教ではないとする考え方が戦前の日本では支配的で、戦後においてもそう考えている人はいる。

「宗教」の語についてはさておき、「信仰」の語はどうか。「信仰」は天の神に向き合う姿勢を示しており、心の内を見つめる仏教や地上の神々や霊を尊ぶような宗教にはなじみにくい。「信心」ならば思い当たる節があるが、「信仰」となると違和感をもつ、という人もいるかもしれない。さらに、「宗教」に対置される「世俗」の語の意味もすんなりと受け取るわけにはいかない。「宗教」が後退して「世俗」が優位に立つ時代に変化していくというが、「世俗」とされるものの中にこそ超越的な規範が宿っていると受け取る人々もいる。ユダヤ教の律法、イスラームのシャリーア、儒教の礼は世俗生活のなかに浸透しているのであって、俗の中にこそ聖が宿る宗教もある。

現代世界の宗教復興の潮流

このように「宗教」「信仰」の語義をめぐるさまざまな問題があり、「宗教信仰復興」とは何かをめぐる議論も明快には進みにくいところがある。だが、筆者は二〇世紀の最後の四半世紀以来、世界的に宗教信仰復興とよんでよい現象が広く見られる、と考えている。そして、それは宗教信仰の後退や弱体化が進んでいく傾向と並行したり、それに逆らったりするような動向として捉えることができると思う。

こうした動向の目立った現れとして、一九七八年から七九年にかけてのイラン革命があげられる。これ以降、イスラーム圏の諸国で宗教信仰復興と言えるような現象が目立つようになった。たとえば、二〇〇六年に筆者が六週間を過ごしたエジプトのカイロ大学では、ほとんどの女子学生がスカーフ（ヒジャブ）を身につけていたが、これは一九八〇年までとは大きな違いだとのことだった。同時期に米国では福音派の政治的影響力が強まり、ジョージ・W・ブッシュ政権（二〇〇一-〇九）やドナルド・トランプ政権（二〇一七-二一）の背景には福音派や、その中でも強硬なファンダメンタリストとか宗教右翼とよばれるような宗教勢力の力が働いていたとされる。

インドで世俗主義を掲げる国民会議派の勢力が後退し、かわってヒンドゥー主義を掲げるインド人民党が勢力を拡大し、ラーマ王子の聖地、アヨーディヤーのモスクが破壊されるに至ったのは一九九二年のことだ。また、トルコの政権がケマル・アタチュルク以来の世俗主義をあらため、二一世紀に入り、イスラーム信仰を尊ぶエルドアンの長期政権に転じ、イスタンブールの東方正教会の歴史的建造物であるアヤソフィアが博物館として位置づけられていたのをイスラームのモスクとして用いる決定を下したのは二〇二〇年のことである。

近代と世俗化と宗教復興

他方、欧米諸国では「宗教の凋落」や「世俗化」が唱えられて久しい。世界価値観調査（WVS）が始まった一九八一年から二〇一三年まで、世界価値観調査協会の初代会長を務め、意識調査の定量分析を長期にわたって続けた政治学者、ロナルド・イングルハートは『宗教の凋落?——100か国・40年間の世界価値観調査から』（勁草書房、二〇二一年、原著も同年）

で、欧米諸国の中で例外的に宗教信仰が根強いとされてきた米国で二〇〇〇年代に入って、「宗教の突然の衰退（sudden decline）」が起こったと述べている。もっともその米国では、SBNRを自覚する若者が急速に増大しているとも報じられている。宗教にはなじめないが、スピリチュアリティに関心をもつ人々が増大しているのである。

こうした変化は、宗教離れが進んだと考えられてきた「近代」において、精神文化に何が起こっていたかを捉え直すことを促している。近代科学に基づく世俗教育が普及し世俗化が進んだと考えられている一九世紀後半から二〇世紀中葉までの時期だが、その間も宗教信仰復興の動きは活発だった。キリスト教においてもイスラームにおいても、信仰復興運動は多様に生起し、多くの支持者が生まれていた。日本では国家神道と新宗教の双方が強力に展開したのだが、これは宗教信仰復興運動ではなかっただろうか。

欧米諸国においても資本主義による経済的世俗的領域の拡充の背後には、禁欲的プロテスタンティズムの興隆があったと捉えたのはマックス・ウェーバーの『プロテスタンティズムの倫理と資本主義の精神』（一九〇四－〇五）だ。その約百年後に宗教改革の時代から現代までの五百年間の西洋精神文化史を振り返り、世俗化の時代は同時に耐えざる超越性復権の時代でもあったことを示そうとしたのは、哲学者、チャールズ・テイラーの『世俗の時代』（二〇〇七年、邦訳、二〇二〇年）である。二一世紀を生きる世界の人々にとって、宗教信仰復興とは何かを問うことは、「世俗とは何か」を考えるのと同じぐらい啓発的な自己理解の課題と言ってもよいだろう。

本書が取り上げる宗教信仰復興の諸相

では、二〇二〇年代の日本に生きる私たちは、宗教信仰復興をどのように受け止めているのだろうか。本書はこの課題に取り組んでいる。宗教をプロテスタント、伝統仏教、カトリック、スピリチュアリティ、イスラーム、神道、非宗教者、新宗教に部類分けし、それぞれ、小原克博、岡田真水、原敬子、堀江宗正、水谷周、鎌田東二、弓山達也、島薗が論じている。

といっても、それぞれが取り上げているのは、各宗教部類のある側面である。歴史的な展望を重視している論考もあれば現在に力点を置いている論考もある。今、期待されるようなかたちで宗教信仰復興が活発に起こっているというふうには見ていないものがほとんどである。だが、それでも宗教信仰復興とよびうる現象がないわけではないという捉え方が多い。

宗教部類のリストの中にスピリチュアリティが入っていることは、さほど違和感をもたれないだろう。欧米諸国や日本、そして都市化や個人化が進む多くの地域では、宗教信仰にかかわってスピリチュアリティの興隆が見られるという理解は、昨今では研究者だけでなくかなり広く共有される見方になっている。加えて、本書では宗教もスピリチュアリティさえも意識していない「非宗教者」にも焦点を合わせている。そこには、特定宗教部類に属するとは考えていない人々の間でも「宗教信仰の復興」に類する現象が見られるという考え方がある。

実は、特定の宗教部類に焦点を合わせている論考においても、分節化された宗教思想や卓越した信仰実践者（たとえばマザー・テレサやダライ・ラマ十四世）ではなく、「ふつうの人たち」を思い浮かべながら「宗教信仰復興」について考えようとしたものが多い。これは意図してそうなったわけではないが、「宗教信仰復興と現代社会」という表題のもとに、寄稿をお願いした結果、自ずからそのような論考が集まったということである。

座談会「宗教信仰復興と現代社会」の枠組み

第一部の論考がほぼ集まった段階で、第二部の座談会「宗教信仰復興と現代社会」が行われた。第二部の冒頭に記してあるように、この座談会は栄西禅師ゆかりの、京都の建仁寺の塔頭《たっちゅう》、両足院において二〇二一年一一月に行われたものである。当初から本書の企画に関わってきた水谷周、鎌田東二、弓山達也と島薗の他に、大本の信仰をもつ医師でもある加藤真三と両足院の副住職である伊藤東凌に加わっていただいている。この座談会では、（一）宗教信仰復興とはなにか、(二) 今、どのように、宗教信仰復興は興《おこ》っているのか、(三) どんな宗教信仰が望まれているのか、(四) 私たち一人ひとりにとって、信仰復興とはなにか、という四つの問いをめぐって語り合いが行われている。

第一部と第二部に重なり合いは多いが、第二部では (三) (四) に見られるように規範的な側面からの発言も求めており、討議参加者の肉声が響く箇所が多いのではないかと思う。そもそも現代日本においては、「宗教信仰復興」について積極的には語りにくいところがあるかもしれない。この座談会を通して、なぜそのような語りにくさがあるのかを考え直すことができるのではないだろうか。本書はそもそも「宗教ばなれ」を当然とする現代日本の趨勢に逆らっているところがあると思う。そのことを自覚的に省みるきっかけの一つとなることも、本書の目指すところとあまり隔たってはいないはずである。

第一部　論集　現代における宗教信仰復興の諸相

第一章　プロテスタント――再生と抵抗の原理としての信仰復興運動　小原克博

一　はじめに

キリスト教に限らず、長い歴史を持つ世界の諸宗教は、それぞれの形で共同体や個人の信仰刷新の歴史を持っているが、信仰復興運動を考える際に、そのひな形の一つとされてきたプロテスタントの動向を本章は考察する。一六世紀の宗教改革は信仰の再生を目指したが、その時代以降も、信仰復興運動は形骸化した教会や礼拝、そして個人の信仰を刷新するために、各地において繰り返し現れてきた。プロテスタント史における主要な信仰復興運動の特徴や歴史的背景を追いながら、それが内部刷新（再生）を目指して起こるだけでなく、外部からの危機への応答として起こることも考察したい。その際、過去の事例だけでなく、現代において注目されることの多い福音派にも光を当てる。福音派は米国大統領選挙との関係において、日本でも近年紹介されることが多くなったが、なぜ福音派がナショナリズムと結びつきやすいのかを明らかにすると同時に、米国・福音派と異なる国家観を持つ日本の福音派を取り上げることによって、信仰復興運動の多様性を示す。

二　信仰復興運動の歴史

(一) 宗教改革

プロテスタントにおける信仰復興運動は一八世紀以降の米国において典型的に見られることは間違いないが、信仰復興運動が米国に限定されたものではないことを理解するためには、プロテスタントの出発点としての宗教改革の特質を押さえておく必要がある。

信仰共同体が萌芽的段階を経て組織化されるにつれ、様々な教理や文書や伝統が原初的な経験を覆い隠すようになる。これはキリスト教に限らず、長い歴史を持つすべての宗教が直面する課題である。端的に言えば、宗教改革は聖書に記された原初的な経験を取り戻そうとする信仰復興運動としての側面を有していた。一六世紀に起こったマルティン・ルターらによる宗教改革は、最初からカトリックからの分離を目指したわけではなく、教会組織の肥大化・形骸化を批判することによって、内部改革を促し、信仰の原点を再確認することを望んでいた。宗教改革者にとって運動の原点は「聖書のみ」「信仰のみ」であった。「聖書のみ」は、ローマ教皇が出す様々な文書（回勅《かいちょく》等）や聖書以外の伝承に対する異議申し立てであった。また「信仰のみ」（信仰義認）は、当時のカトリック教会が発行していた贖宥状《しょくゆうじょう》（免罪符）に象徴される、行為や功績によって義とされ、救いを得られるという「行為義認」に対する異議申し立てであった。つまり宗教改革は、当時の宗教状況に対する鋭い批判を含んだ信仰復興運動であったと言える。

後に、世俗化との対決として信仰復興運動の一面を描出することになるため、ここで、プロテスタントと世俗化の関係をあらかじめ示しておきたい。プロテスタントは近代化や世俗化と特別な関係を有している。宗教改革は、ローマ・カトリック教会からの自立という宗教上の変化を引き起こしただけでなく、世俗的な政治主体の自立をも生み出すことにもなった。ルターに賛同した領邦君主たちは、ローマの支配から自立し、自ら統治する世俗的な領域を確保していく。これが「世俗化」の起源である。世俗化という言葉は、宗教改革の時代に、教会の財産（土地や建物など）を世俗の行政に譲渡することを指して用いられ始めた。そこから、土地などが教会の支配から解放されるのと同様に、社会や文化が教会権力から解放され、キリスト教の影響が次第に減退していく現象を広く「世俗化」と呼ぶようになった。

宗教改革者たちの意図がどうであれ、宗教改革は結果的に、世俗的な社会秩序を、さらには近代的な国民国家を生み出す役割を果たした。そして、後の時代のプロテスタント、とりわけ原理主義者たちは、宗教改革の帰結としての世俗化や近代化（近代主義的イデオロギー）と対峙し、その戦いのために、あらためて回帰すべき原点を模索するのである。このウロボロスの環のような循環の中にプロテスタントは立たされている。そして、そのことを認識すれば、信仰的原点を求め、それによって現状を刷新しようとする原理は、プロテスタントに運命的に組み込まれたメカニズムであるということがわかるだろう。

（二）米国における信仰復興運動

プロテスタント宗教改革の精神は、ドイツやスイスからヨーロッパ各地へ、とりわけ英国へと渡る中で多様な運動や新しい教派を生み出すことになった。後の信仰復興運動につながる精神的源流の重要な一部となったのは、個人の信仰体験や聖書的な共同体形成を重視した再洗礼派（アナバプテスト）であり、その精神を受け継いだピューリタンたちであった。再洗礼派は多様な集団を含むが、体制的な宗教改革を中世的な残存物を多く含む、不徹底な改革として批判した。英国ではカトリックとプロテスタントの中間を指向した英国国教会が誕生したが、国教会による改革を不徹底として批判したのがピューリタンたちであった。一七世紀初頭、英国国教会と決別したピューリタンたちは、自分たちに対し抑圧的な社会から逃れ、新大陸アメリカを目指し、そこで信仰の理想を実現しようとした。

しかし、ピューリタンたちがアメリカに移住してから月日が経ち、世代を重ねる中で、共同体を結束してきた初期の精神が薄らいでくる。その精神を再確認しようとする機運が高まってきた一八世紀前半に起こった信仰復興運動(リバイバル・ムーブメント)は、信仰の覚醒、感情的な高揚感、熱狂的な一体感を生み出す大衆伝道として展開され、社会に広く影響を及ぼすことになった。それらは場所を教会に限定せず、しばしば、大勢の人々を一箇所に集めるキャンプ・ミーティング(野外集会)の形をとった。ニューイングランドでは、会衆派牧師ジョナサン・エドワーズ(一七〇三ー五八)によって信仰復興運動が広がり、また、英国でもジョン・ウェスレー(一七〇三ー九一)による信仰復興運動、すなわち、メソジスト運動が起こっていた。ウェスレー兄弟と共に野外説教運動を行っていたジョージ・ホイットフィールド(一七一四ー七〇)は十数回渡米し、エドワーズたちによる信仰復興運動の協力者として活躍した。ホイットフィールドはジョージアからニューイングランドまで植民地を幅広く巡回することにより、教派や地域を超えた信仰復興をもたらし、植民地の一体感を醸成し、それがアメリカ独立革命の成功の一因になったとも言われている。信仰復興運動はその後も繰り返され、一八世紀末から第二次、第三次と数えられることになる。

信仰復興運動において、特にメソジストでは「新生(new birth)」や「ボーン・アゲイン

（born again）」が強調され、それは現代においてもクリスチャンのあり方を規定する言葉として頻繁に用いられている。たとえば、米国の代表的な調査会社ピュー・リサーチ・センターがクリスチャンの実態調査をする際に、「ボーン・アゲイン」のクリスチャンと名目的なクリスチャンを区別することがある。前者は定期的に礼拝に出席し、日常の行動や政治的判断に信仰の果たす役割が大きいため、名前だけのクリスチャンと区別した方が信仰者の実態に迫ることができるからである。

信仰復興運動を考える上で重要な「新生」や「ボーン・アゲイン」といったキーワードを生み出した聖書箇所は次のヨハネによる福音書三章三－五節であり、この箇所が信仰復興運動の中で繰り返し意識されることになった。

イエスは答えて言われた。「はっきり言っておく。人は、新たに生まれなければ、神の国を見ることはできない。」ニコデモは言った。「年をとった者が、どうして生まれることができましょう。もう一度母親の胎内に入って生まれることができるでしょうか。」イエスはお答えになった。「はっきり言っておく。だれでも水と霊とによって生まれなければ、神の国に入ることはできない。（後略）」

「霊」によって生まれ変わるという視点は、二〇世紀初頭に始まり、やがて世界に広がっていくペンテコステ派の信仰復興運動においても強調された。一九〇一年カンザス州のトピカ、一九〇六年ロサンゼルスで起こった聖霊降臨の体験がペンテコステ派の諸教団を生み出すことになった。

(三) ドイツにおける信仰覚醒運動――敬虔主義

今日、信仰復興運動と言うと米国のものが連想されがちであるが、米国とは異なる歴史的文脈の中で展開したドイツの敬虔主義を取り上げることによって、信仰復興運動の多様性に注意を向けたい。

一七世紀末から一八世紀中頃にかけて、ドイツのプロテスタント教会(ルター派教会)の形骸化を批判し、人々の関心を制度的な教会から、個人の信仰や道徳の刷新、それに基づく社会的実践へと向けた信仰覚醒運動として敬虔主義(Pietismus)がある。この運動の発端となったのは、フィリップ・J・シュペーナー(一六三五-一七〇五)がフランクフルトの自宅で開いた「敬虔主義の集会」であり、彼の著作『敬虔なる願望』(一六七五年)ではルター派教会の霊的な改革が提案されていた。シュペーナーの教えの中心は個人の「再生」であり、この考え方は敬虔主義の運動全体に影響を与えることになった。

ハレを中心とする北ドイツでは、フランケ(一六六三―一七二七)の教育改革など社会実践を通じて敬虔主義が広がっていった。南ドイツでは、聖書学者ベンゲル(一六八七―一七五二)の働きを通じて一般市民や農民の間に敬虔主義が浸透していった。ツィンツェンドルフ(一七〇〇―六〇)は敬虔主義の理想を実現するためにヘルンフート兄弟団を設立し、ヨーロッパ各地、さらには米国ペンシルヴェニアまで伝道旅行をし、敬虔主義の共同体を形成した。敬虔主義がドイツを中心にヨーロッパの近代思想や文学に与えた影響は大きい。個人の内面的信仰を徹底的に重んじた敬虔主義は、近代的な個の確立を、啓蒙主義に先んじて準備したとも言える(大貫ほか 二〇〇二、「敬虔主義」三五三頁)。

(四) 信仰復興運動における個人と共同体――近代主権国家の成立の中で

一八世紀以降の米国における信仰復興運動と、一七～一八世紀の敬虔主義運動は、異なる地理的・歴史的背景を持ちながらも、形骸化した信仰共同体を刷新しようとした点において、また、その際、何より個人の「新生」「再生」を強調した点において共通している。その共通項は宗教改革の基本精神に起因すると言ってもよいだろう。所与の教会に「帰属」すること以上に、個人の信仰の内実が問われたのである。

ただし、宗教改革期において個人は自らの信仰の「帰属」先を選択できたわけではなかった。

現在のような信教の自由や政教分離はこの時代には存在せず、その萌芽となるものが出てきたのは三〇年戦争（一六一八－四八）を経てからである。この戦争を終結させるために、一六四八年、史上初の多国間条約であるウェストファリア条約が締結され、この条約が後のヨーロッパの国際秩序を決定的に規定することになった。ウェストファリア条約では、主権国家の領土権と主権国家による相互内政不干渉の原則が謳われたが、それは「領主が領土内の宗教を決定する（cujus regio, ejus religio）」というアウグスブルクの和議（一五五五年）以降の原則を徹底したものであったとも言える。領土内の内紛を抑えて、安定した主権を確立するためには、領土と宗教が一対一に対応する排他的な同一化が欠かせなかったのであり、そのプロセスの中から近代的な主権国家が成立してくる（Hirst 2001, pp. 52-53）。

したがって、領主の宗教（宗派）が領民の宗教（宗派）となるのであって、個人が自由に信仰を選択できるようになるには、まだ数世紀の時を待たなければならなかった。そうした過渡期とも言える時代の中で、信仰復興運動は「帰属」の制約を受けながらも、それを流動化させ、個人が信仰の主体となる道を備えていったのである。個人が信仰に覚醒するとき、形骸化していた共同体もまた、その共同体を結束させる精神を取り戻すことができるのであって、個人倫理と共同体倫理の相互作用を再活性化する役割を信仰復興運動は果たしていたと言える。

三　近代主義に対する抵抗運動――原理主義者の誕生、福音派の台頭

（一）危機への対応としての信仰復興

これまで見てきたように、信仰復興運動は個人および共同体の再生・刷新という特徴を有しているが、外部からやって来る危機への対応として起こることもある。近代化・世俗化が進行する中で、宗教に対し否定的な思想が多数現れてきた。それゆえ、近代以降の信仰復興運動には、外部の敵対的な思想に対峙するために内部の団結をはかるという側面が見受けられる。その典型的な事例として、ここではキリスト教原理主義を取り上げたい。

米国プロテスタントに由来する原理主義という言葉は、一九八〇年代以降、イスラームに転用され、今や「イスラーム原理主義」という言葉を聞くことの方が圧倒的に多い。たとえば、イスラーム原理主義勢力「タリバーン」と聞いたときに、何をイメージするだろうか。個人の尊厳や両性の平等などの近代的な価値に対して否定的であるというイメージは、タリバーンが実際にそうであるかどうかは別にして、「原理主義」という言葉が誘因するものである。ある共同体の信仰の復興が、その共同体の外部にいる者に対し敵対的・抑圧的になるという事例は枚挙にいとまがない。そうした近代から現代に至る問題を適切に受けとめるためにも、次に、その言葉の起源となったキリスト教原理主義の歴史的背景について論じ、信仰復興運動の現代

的なあり方を考えるための一助とする。

（二）世俗主義と原理主義――福音派の台頭

原理主義者という言葉は、一九二〇年代、米国において、キリスト教保守派が進化論や近代的な文献批評学（聖書を「神の言葉」としてではなく古典文献として分析する）と対決するために用いた「自称」であった。その呼び名は、一九一〇〜一五年に刊行された「根本的なもの――真実への証言」（*The Fundamentals: A Testimony to the Truth*）という十二巻の小冊子のタイトルに由来する。そこでは、聖書に記されていることを「文字通り」に受け取ることが、守るべき根本的態度として確認されたのであった。もともと神学の専門用語であった原理主義という言葉が、一般に流布するきっかけの一つとなったのが、一九二五年、テネシー州で行われた「スコープス裁判」であった。この裁判では、進化論を公教育で教えることの是非が争われた。進化論を教えて訴えられた生物学教師スコープスは敗訴したが、結果的にこの裁判を通じ、原理主義の考え方は、科学に反する前近代的思想として嘲笑の的とされ、原理主義者の運動は、いったん歴史の表舞台からは姿を消すことになる。

そうした中、水面下では原理主義者の内部において刷新運動が進行し、一九四二年には穏健派を中心として全米福音派連盟（National Association of Evangelicals）が結成され、原理主義者とは違うことの意思表示として自らを新福音派（New Evangelicals）と名乗った。こうした運動が社会的にも認知され始める七〇年代において、名称から「新」が脱落し「福音派」となり現在に至る。長年にわたって英語のevangelical（福音派・福音主義）は、ドイツ語のevangelischに対応するものとして単に「プロテスタント」という意味に過ぎなかったが、その用語法が一九六〇〜七〇年代以降、変化してきたと言える。

二〇世紀初頭の原理主義者と現在の福音派は中核的な信念の多くを共有しているが、前者が世俗社会からの分離を強調していたのに対し、後者は社会的・政治的責任を多かれ少なかれ重視する点において、両者の間に違いを見ることができる（アムスタッツ二〇一四、四七頁）。旧来の原理主義者に通じる宗教保守層は今日の米国にも多数存在しているが、そうした人々は否定的なニュアンスを持つようになった「原理主義者」ではなく「宗教右派」（religious right）と呼ばれることが多い。では、なぜ福音派の多くが一九六〇年代以降、社会的・政治的な問題に関心を示し、時に大統領選挙にまで影響を及ぼすような一大勢力となっていったのであろうか。七〇年代以降の福音派の拡大とその後の運動の特徴を考えるためにも、その前史となった六〇年代の様子を一瞥しておこう。

それはカウンターカルチャー（対抗文化）の時代であった。アメリカの伝統的な価値観にもはや縛られない、様々な実験的思考や文化、ライフスタイルが社会を席巻した。性の解放、家族観の多様化、女性解放運動、ロック、ドラッグなどに象徴されるカウンターカルチャーは、それを受け入れる者にとっては、まさに自分たちを伝統の束縛から解放してくれる福音であった。また、すでに進行しつつあった社会の世俗化の中で、政教分離に関連する訴訟も多くなされた。すなわち、信教の自由と国教樹立の禁止をうたった合衆国憲法修正第一条に基づき、キリスト教以外の宗教にも信教の自由を認め、また同時に、宗教はキリスト教を含め、公的な領域からは排除され、私的な領域にとどまることを求められることになった。公立学校における祈祷・礼拝の禁止（一九六二、六三年に違憲判決）は、その一例である。

このような六〇年代の激変する社会状況に対し、保守派のクリスチャンたちは、世俗的ヒューマニズムによる危機がアメリカ社会を侵食していると感じた。彼らにとって、性道徳の乱れ、ポルノグラフィーやドラッグの蔓延、犯罪の急増、家族の崩壊、中絶の増加は、すべて、神を忘れたヒューマニズムやリベラリズムが生み出した帰結であった。そして、そのような危機は個人や社会を腐敗させるだけでなく、アメリカという国家さえも崩壊させかねないと考えたのである。二〇世紀初頭の原理主義者たちは、進化論や聖書批評学といった外来の敵と戦わなければならなかったが、六〇年代以降、保守派クリスチャンはアメリカ社会に根を下ろす世俗的ヒューマニズムという「内なる敵」と戦うことになる（小原・中田・手島 二〇〇六、一三四－五頁）。

こうした時代背景のもと、「神の国」としての米国を再建することこそが建国の理念にかなうと福音派の人々は考え、政治の世界にも積極的に関与していくようになる。一九八〇年代に注目を集めた組織として、ジェリー・ファルウェル率いる「道徳的多数派」をあげることができる。こうした全米規模の草の根運動は、パット・ロバートソンによって一九八九年に設立された「クリスチャン連合」や、ビル・マッカートニーによって一九九〇年に設立された「プロミス・キーパーズ」などに引き継がれ、その後、現在に至るまで多様な福音派の政治団体を生み出し、大統領選挙の際には大票田として共和党の候補者を支持することになった。ただし、福音派の中には進歩派キリスト教雑誌『ソージャナーズ』の創設者ジム・ウォリスのようにリベラルな問題意識を持つ人々も少なからずいるので、福音派を単純に政治的右派とまとめることには注意が必要である。

近代主義（進化論や文献批評学）がもたらす危機に対抗するために立ち上がった二〇世紀初頭の原理主義者から、伝統的な価値の崩壊（中絶や同性婚等）に立ち向かうために、教派を超え大同団結している現在の福音派に至るまで、政治との距離に違いはあったとしても、そこには信仰復興運動としての共通した側面を見出すことができる。いずれの場合も、信仰共同体を取り巻く社会状況の変化に積極的に応答していく中で、自分たちの信仰のあり方を見つめ直し、共同体の結束を強化し、草の根的な大きな運動のうねりを作り出したのである。

米国に起源を有する福音派の運動は、今やグローバルに展開し、世界各地における信仰復興運動に影響を与えている。次に、福音派の拡大と国際社会への影響を見ることによって、信仰復興運動の現代的な課題を考えたい。

四　現代の信仰復興運動

(一) 福音派の拡大――牽引力としてのペンテコステ派

福音派は教派横断的な運動であり、今やカトリックの中にさえ福音派を自称する人々がいるほどなので、その輪郭はあいまいであり、実数をつかむことも容易ではない。しかし、米国の全人口のおよそ四分の一が福音派であると見積もられている（アムスタッツ 二〇一四、五二―五三頁）。その福音派の中でも成長著しいグループがペンテコステ派である。現代におけるグローバルな信仰復興運動の牽引力になっていると言ってもよいだろう。プロテスタント系の教会で数千人から数万人規模の会員を有している巨大な教会はメガチャーチと呼ばれているが、その多くはペンテコステ派あるいは、その影響を受けている教会である。前述のように、ペンテコステ派は二〇世紀初頭、米国のトピカやロサンゼルスで起こった聖霊降臨の体験を起源としている。特に、ロサンゼルスで「聖霊のバプテスマ」を受け、異言を語る人々が出てくる中、

「アズサ・ストリート・リバイバル」と呼ばれる信仰覚醒運動が起こり、これが全米に、さらには世界に広がっていくことになった。

ペンテコステ派の中には今や多数の教団があるが、その代表的な教団における米国／海外の信徒比率を見てみよう。アッセンブリーズ・オブ・ゴッド教団は米国信徒三百万人に対し海外信徒六千万人であり、フォースクエア教団は米国信徒三五万人に対し海外信徒八百万人であり、ペンテコステ・ホーリネス教団は米国信徒三四万人に対し海外信徒四百万人である。ここから米国信徒の十倍以上の信徒が海外におり、ペンテコステ派がグローバルに布教活動を進めていることが分かる（Robins 2010, p.143）。

特にグローバル・サウスと言われるアフリカ、ラテンアメリカにおいてペンテコステ派の伸長が著しい。ラテンアメリカは、かつては住民の九割以上がカトリック信徒であり、典型的なカトリック大陸と見なされていたが、近年、ペンテコステ派を中心とする福音派が広く受け入れられた結果、カトリック信徒が七割を切る状況になっている。二〇世紀前半までは欧米がキリスト教の中心であり、キリスト教は西洋の宗教と見なされていたが、キリスト教の成長点はグローバル・ノースからグローバル・サウスに移動しており、その移動を促進させているのが、ペンテコステ派を中心とする現代の信仰復興運動であると言える。

（二）信仰復興運動とナショナリズム

宗教改革の時代より、プロテスタントは国家との結びつきを強く持っていた。カトリックが国家や言語の違いを超えた「普遍的」な共同体を志向したのに対し（共通言語としてラテン語が用いられた）、宗教改革はその普遍的共同体に亀裂をもたらし、ウェストファリア条約以降、先述のように、国家（領邦）の自立と信仰の選択が連動することになった。ヨラム・ハゾニーはナショナリズムを論じる中で、西洋国家の「プロテスタント構造」の二つの原則として「合法的政府に必要な最低限の道徳規範」と「ネイションの自決権」をあげ、この原則のおかげで、ヨーロッパは君主制もあれば、共和制もあり、多様な政教関係が生まれることになり、また、二つの原則の間に生じる緊張関係が「ヨーロッパの諸ネイションに独自の力を与え、眠っていた激しいエネルギーを解放して、政府や神学、経済、科学において、驚くほどの実験と変革を推進した」（ハゾニー二〇二一、四二頁）という。国家の自決を原則としたヨーロッパ諸国が、アジア、アフリカ、アメリカに住む人々に対しては自決を認めず、征服し、植民地化していった歴史や、ヨーロッパ内部においてもナショナリズムが時に暴走し、特に二〇世紀前半においては多くの人々に犠牲を強いることになった戦争の時代を招いたことだけを顧みても、西洋由来のナショナリズムを無条件に肯定することはできないだろう。しかし、この「プロテスタント構造」が近代国家に自由とそれに基づく大きな実験的エネルギーをもたらしたという指摘には、適切な洞察が含まれているのではないか。

ハゾニーが語る、ナショナリズムに組み込まれた「最低限の道徳規範」は、ウエストファリア条約以降、信仰や啓蒙的理性の中に求められることになる。信仰と啓蒙的理性（それに基づく世俗社会）の間には大きな緊張関係があるが、その緊張関係の中から信仰復興運動が立ち上がってきた側面があることを考えれば、信仰復興運動とナショナリズムは密接な関係にあると言える。それを現代において、もっとも端的に示す事例として米国の大統領選挙をめぐる動向をあげることができるだろう。

すでに示したように、福音派は社会の急速な世俗化や伝統的価値の喪失に対し大きな危機意識を持ち、信仰の刷新を希求し、同時に政治への関わりを強めていった。ドナルド・トランプは、そのような危機意識を巧みに受けとめ、自らが伝統的なキリスト教の擁護者であると主張した。そのような彼を、福音派の多くの人々は、大統領にふさわしい人物として支持したのであった。「いわばトランプは、宗教復興をめぐる世界情勢を背景にして宗教保守の支持をとりつけたのであった。トランプ現象は、宗教復興の潮流によっても起こっている、と言える」（藤本 二〇二一、二七四頁）という指摘は、米国および世界の信仰復興運動と政治との関係を適切に要約している。トランプ現象は、トランプという特異な人格の持ち主によって引き起こされた一過性の現象ではなく、それ以前にすでに存在していた信仰復興運動と政治（ナショナリズム）との構造的な関係（プロテスタント構造）の上に生起したと言えるだろう。

　こうした現象は国内政治にとどまらず、米国の対イスラエル政策のように国際政治にまで及ぶことがある。二〇一七年、トランプはエルサレムをイスラエルの首都として認定し、米国大使館をテルアビブからイスラエルに移すと表明し、翌年、それを実行した。二〇一八年の中間選挙をにらんで、福音派の支持層を固める狙いがあったと言われている。トランプ以前も、同様の考えが歴代の政権の中になかったわけではないが、対中東政策に大きな影響を及ぼす可能性があるだけに実行されることはなかった（松本二〇二一、一四八頁）。結果として、トランプのこの決断は、福音派の中でも熱烈にイスラエルを支持するキリスト教シオニストたちによって大歓迎されることになったが、もちろん、大使館移転を可能にするような親イスラエル的な政治決断はユダヤ・ロビーやキリスト教シオニストの力によるだけでなく、アメリカとイスラエルが長年共有してきた宗教的・政治的価値観や戦略的利益がその背景にある（アムスタッツ二〇一四、一五一－四頁）。しかし、イスラエルのパレスチナに対する容赦ない弾圧や攻撃を国際社会が批判したとしても、なおイスラエルを断固として擁護するアメリカの政治風土に対し、絶えずエネルギーを注ぎ込んでいる一団に福音派内部のキリスト教シオニストがいることは間違いない。イスラエル支持というアピールを大規模集会やメディアなどで繰り返し、そこで得られた熱狂が、福音派の信仰的な結束を強めるという構造をここに見ることができる。

(三) 信仰復興と分断・排除

以上のことを踏まえ問うべき課題の一つは、このようにしてもたらされた信仰の復興は、社会に対して何をもたらしているのか、ということである。それが信仰共同体内部の結束や統合をもたらしていることは明らかである。しかし、その外部の社会（国際社会を含む）に対し、信仰復興が結束ではなく、むしろ分断をもたらしているとすれば、それをどのように受けとめるべきなのであろうか。米国において最初の信仰復興運動が起こったとき、それが教派や地域を越えて植民地の一体感を醸成したことを先に述べた。現在の米国は「文化戦争」と言われるほどに価値観の違いによる分断が深刻なものになっている。また福音派の中には、旧来の進化論論争にとどまらず、地球温暖化や新型コロナウイルスに対するワクチン接種の効果を積極的に否定し、宗教と科学の対立を必要以上に煽る人々もいる。信仰復興が、社会の分断を修復する力となり得るのか、あるいはさらに分断を広げることになるのか、その役割が今後問われることになるだろう。

ただし、信仰復興運動が今後どのような影響を社会に及ぼすことになるのかは状況次第と言ってしまうと、それはあまりに無責任であろう。少なくとも、プロテスタントは自らを支える論理を自覚し、それが信仰共同体の内外に対し、どのように作用するのかを認識する必要がある。ナチス時代にドイツから米国に渡り、その後、米国で活躍したドイツ人神学者パウル・ティリッヒは宗教改革の基本精神を「プロテスタント原理」として以下のように述べている。

> プロテスタント原理は、（中略）相対的な現実に対してなされる、いかなる絶対的な主張にも――それがたとえプロテスタント教会によってなされたとしても――抵抗する神聖かつ人間的なプロテストを含意している。（Tillich 1951, xii）

ここでプロテスタント原理は、相対的な現実を絶対視（神聖視）しない（神のみを神とする）という意味で「偶像崇拝の禁止」に近い聖書原理として理解することもできる。この視点から、いかなる国家もまた権威者も、神のごとき存在として神格化されるべきではないという批判的視座を得ることができる（現代の偶像としてのナショナリズムと資本主義については、小原二〇一八、九七－一〇〇頁）。神格化されるべきでないのは、ルターにとっては教会組織やローマ教皇であったし、ナチス時代を経験したティリッヒにとっては第三帝国であり、ヒトラーであった。ヒトラーのもとで組織された帝国教会はナチズムを熱狂的に支えたが、その誤った信仰復興は、ユダヤ人を放逐するという凄惨な「分断」を生み出すことになった。こうした歴史的な教訓を十分に踏まえた上で、信仰の復興が分断や排除をもたらすのではなく、むしろ分断を修復し、包摂的な社会形成の方向に作用するために、冷静さと(神の前における)謙虚さ、そして越境的な愛の力を備えた運動が求められるのである。

そして、このことを空疎な理想にとどめるべきではないだろう。信仰復興運動は人の宗教的信念を再活性化する働きを持つが、それが排他的な方向へ向かったとき、他者の尊厳や命を毀損することも起こり得るからである。近年、認知神経科学は信念の形成過程についての研究を進めており、脳の可塑性にもかかわらず、いったん形成された信念が変化しにくいことを示している。

> 信念の形成は、認知神経科学が倫理学者や世界に対して教えることのできるもっとも重要な領域のひとつである。すなわち、脳は文脈上の情報にもとづいた信念を形成するが、その信念は変化しにくいのである。そうであれば、信念体系の違いのために、戦争が荒れ狂い生命が失われることは受け入れがたい。しかし、別のレベルでは、人々が実際にそのように振る舞うのは驚くべきことではない。われわれは信念を形成し、(解釈者を用いて)理論を形成するようになっており、宗教的信念は基本的に、社会の中である仕方で行動すべき理由を説明するメタ物語(metanarrative)なのである。(ガザニガ 二〇〇八、二五一頁)

先のプロテスタント原理が教えているのは、この引用における「メタ物語」をも絶対視してはならないということである。しかし、SNS上で自らに心地よい「メタ物語」が強化され、他者の「メタ物語」に関心が向かないことが当たり前となっている時代において、この課題を遂行することは容易ではない。それゆえ、脳に書き込まれた信念体系が変化することの困難さを、必要であれば科学的知見を借りながら、冷静に受けとめ、自己と他者（科学者を含む）の「メタ物語」を固定的・排他的にとらえることなく、その間を行き来することのできる越境的な解釈学と対話の作法が、現代および未来の信仰復興運動には必要なのである。

最後に、これまで見てきた西洋の信仰復興運動とは異なる視点を日本のプロテスタント（特に福音派）が持っていることを示し、信仰復興運動およびプロテスタントの多様性を考察したい。

五　日本における信仰復興運動

明治期以降、多くの宣教師が日本にやって来たが、クリスチャンはマイノリティであり続けた。近代日本の知識人や文豪たちの多くにキリスト教は多大な影響を与えたが、彼らが教会に来ることは希であった。戦前・戦後活躍した、賀川豊彦のような大衆伝道者の働きや、散発的に現れるキリスト教ブームによって、一時的に教勢が伸びることはあっても、日本のプロテスタントが社会に広く受容されることはなかった。むしろ「異質な他者」として、日本の宗教性や政治に緊張感をもって向き合うことを強いられてきた側面から、日本のプロテスタントの特質を描くことができるだろう。ただし、その特質は時代精神の中で変質を余儀なくされることもあった。天皇や国家への絶対的忠誠を求められた時代においては、プロテスタント教会もまた国家秩序の一部となり、愛国心と信仰は相互に高め合う役割を果たした。

日本にも米国から多様な福音派が伝えられたが、戦後、日本の福音派が国家との関係をどのようにとらえたのかを見ることは、米国福音派との対比において興味深いものがある。「聖書信仰に立つ福音的諸教会の交流・協力機関」である日本福音同盟（ＪＥＡ）は一九六八年に設立され、現在では約一〇〇の加盟団体によって組織されている。教派的には米国の福音派と重なる部分が大きい。日本福音同盟の目的の一つとして「聖書的な「国家観」を求め、社会問題に対応するために」というものがある（https://jeanet.org/about/mission）。この目的に対応する活動は多彩であるが、最大の関心の一つは「信教の自由」（および政教分離）である。二〇一九年の天皇代替わりに関連する一連の儀式、特に大嘗祭への公金投入に対して、多くのキリスト教団体から抗議声明が出されたが、日本福音同盟も批判的な態度を示している。その立脚点を理解するため「天皇代替わりに際しての日本福音同盟（ＪＥＡ）社会委員会声明」（二〇一九年八月五日）から一部引用する（https://jeanet.org/commissions/social-commission）。

天皇代替わりの一連の諸儀式の多くには、宗教的要素があります。殊に大嘗祭は、新天皇が天照大神を迎え寝食を共にして、天皇霊を受けて神になるとされる、純然たる宗教儀式です。宗教的要素を含む儀式の多くが国事行為として行われることは、憲法の政教分離原則違反です。（中略）私たちは、このような戦時下の教会の罪を悔い改め、ＪＥＡ声明等で繰り返し確認してきました。天皇制・国家神道体制を標榜するナショナリズムと対峙することは、ＪＥＡ結集の大事な原点でもあります。

米国の福音派とは国家に対する向き合い方が明らかに違うことがわかるだろう。信仰復興運動とナショナリズムが連動しやすい近年の米国・福音派と、天皇制のもとに戦争協力を強いられた過去を踏まえ、ナショナリズムとの対峙を結集の原点とする日本の福音派との間には、ほぼ正反対とも言える国家観の違いがある。日本でも、トランプ支持者の一群として福音派が注目を集めたが、日米の福音派の異同を知る者は決して多くない。「伝統的な価値への回帰が自分たちの大切にしてきたキリスト教の倫理観と重なるアメリカと、保守回帰がキリスト教と衝突する日本。（中略）同じ「福音派」でも文化や歴史の背景が異なれば別の景色が見える」（根田二〇二一、一三頁）という日米の福音派の違いを認識することは、信仰復興運動とナショナリズムの関係を、米国をひな形に考えてしまうステレオタイプに対する、よい解毒剤となるだろう。

日本福音同盟は、この他、二〇一五年以降、宣教シンポジウム・隣人シリーズにおいて「ムスリムの隣人を愛する」「ムスリムの隣人と生きる」「ムスリムの友だちがいますか」をテーマとし、イスラームに対する偏見のない学びを信徒に促してきた。米国の福音派、とりわけキリスト教シオニストが、時に激しいイスラーム・バッシングをするのとは対照的である。

プロテスタント史において、確かに、信仰復興運動は信徒の意気高揚（信仰の刷新）や信徒の拡大に対し、重要な役割を果たしてきた。しかし、それが世俗的な権威と結びつくとき、社会の分断や他者に対する暴力を誘発することにもなった。日本福音同盟の上述の取り組みは何を示唆しているだろうか。「異質な他者」として差別・弾圧された宗教的マイノリティとしての経験が、世俗権力から自由を守ることや、「異質な他者」（たとえば、ムスリム）との分断を抑止することの大切さを教えているのではないか。プロテスタントは言うまでもなく、クリスチャン全体が今なおマイノリティであり続けている日本社会において、米国に比するような信仰復興運動がなかったとしても、それとは別種の鋭角的な社会的・信仰的メッセージが発せられているとすれば、それは十分に意義あることであろう（マイノリティとしての日本のクリスチャンが担う平和主義の特異性については、小原二〇一九）。

＊参考文献

アムスタッツ、マーク・R『エヴァンジェリカルズ――アメリカ外交を動かすキリスト教福音主義』（加藤万里子訳）太田出版、二〇一四年。

大貫隆ほか『岩波キリスト教辞典』岩波書店、二〇〇二年。

ガザニガ、マイケル・S「脳神経倫理学の事実、フィクション、未来」、ジュディ・イレイス編『脳神経倫理学――理論・実践・政策上の諸問題』（高橋隆雄ほか監訳）篠原出版新社、二〇〇八年、二三九‐二五三頁。

小原克博『一神教とは何か――キリスト教、ユダヤ教、イスラームを知るために』平凡社新書、二〇一八年。

小原克博「キリスト教と日本社会の間の葛藤と共鳴――宗教的マイノリティが担う平和主義」、堀江宗正編『宗教と社会の戦後史』東京大学出版会、二〇一九年、二〇九‐二三六頁。

小原克博・中田考・手島勲矢『原理主義から世界の動きが見える――キリスト教・イスラーム・ユダヤ教の真実と虚像』ＰＨＰ新書、二〇〇六年。

根田祥一「アメリカの福音派と日本の福音派はどう違うの？」、『百万人の福音』二〇二一年五月号、二〇二一年、一一一‐一一三頁。

ハゾニー、ヨラム『ナショナリズムの美徳』（庭田よう子訳）東洋経済新報社、二〇二一年。
藤本龍児『「ポスト・アメリカニズム」の世紀――転換期のキリスト教文明』筑摩書房、二〇二一年。
松本佐保『アメリカを動かす宗教ナショナリズム』ちくま新書、二〇二一年。
Hirst, Paul, *War and Power in the 21st Century: The State, Military Conflict and the International System*, Polity, 2001.
Robins, Roger G, *Pentecostalism in America*, Praeger, 2010.
Tillich, Paul, *The Protestant Era*, trans. by James Luther Adams, University of Chicago Press, 1951.

第二章　無仏で災厄の時代こその仏教

岡田真水

はじめに

ものごとには順序というものがあって、信仰の復興が取り沙汰される時には、その前に信仰の衰退ないしは信仰の消滅が起こっていなければならない。現代日本の仏教において、一体何が衰退したり消滅したりしたのだろうか。実際のところ、我々は信仰を失ってしまったのだろうか。

神が死んだというなら、仏教の開祖、釈迦牟尼仏《しゃかむにぶつ》はとっくの昔に死んでいる。大乗仏教の白眉、法華経は仏がこれから死ぬというところから始まった壮大なものがたりである。仏を喪《うしな》った我々はどうしていけばよいのだろうか。どうすればまた仏に会えるのだろうか。大乗仏教運動を展開したのはそのような問いを真摯に反芻《はんすう》した人々であった。

今、無仏の時代にあって、しばしば宗教の復興について論議が起こるが、そこでは上述の信仰の復興とお寺の復興が混在している。どうかするとお寺経営の存続方策ばかりが論じられていたりする。これでは真の意味での信仰復興は実現しない。

その一方で、東日本大震災以来、お寺という施設への信頼が再び見受けられるようになったことも事実である。それ以前には、「この何十年日本人はお寺とか仏教というものに本当に救いを期待したのか」という問いを発した研究者もいたけれど、少なくとも、災害時、お寺とか仏教に真剣に心身の救いを求めた人たちはいたし、これに答える仏教者があった。

そして今、COVID-19（新型コロナウイルス感染症）の時代。少し前から流行り出した遍路にも出かけにくい昨今、信仰生活はどのように展開していくのであろうか。新しい信仰行動や思想の芽生えがあるのだろうか。

明治以降に生み出された歴史浅い方式を「伝統」と呼んでこれに固執する限り仏教の復興はない。仏教はその起こりからロックであり、仏は常に斬新な教えを説いてきたのである。仏教は変化して当然なのである。仏教界全体の動きを知ることは到底不可能であるとしても、せめてこの小文において、一仏教者として、身の回りのささやかな仏教信仰変化の兆しを探ってみたい。

一　疫病の時代と宗教不信

(一) かつての気候変動と疫病の時代の宗教危機

かつて人類は、厳しい気候変動と疫病の時代を何度も経験してきた。なかでも中世から近世にかけてのそれは激しいものであった。中世温暖化の時代が終焉を迎え、寒冷化とうち続く飢饉の時代を迎えた一四－一五世紀、ヨーロッパをペストが襲った。温暖化によって人口が急増し、都市化が進み、街に溢れる残滓はペストを媒介するネズミを養うことになる。増えた人口を養うために耕地を増やす必要から大開墾時代が訪れ、ネズミなど齧歯《げっし》類にとっては天敵であったキツネやフクロウなどの住処であった森は拓かれ、草原が増えた。こうして一四世紀半ばヨーロッパではペストで人口の三分の一が失われたという。ルネサンスが起こったのはそんな一四〇〇年代だったのだ。

疫病を恐れ神にすがろうとする人たちは、「とりなし」を求めたが、神父が祈っても、教皇が祈っても、疫病の鎮静化する気配はなかった。やがて人々は教会に対して不信感を抱くようになる。これが一六世紀の宗教改革に繋がったのである、という説を、同じく新型コロナウイルスによる疫病の時代となって、喧伝する人がでてきた。例えば、元国立感染症研究所室長の加藤茂孝氏などがそうである(朝日新聞二〇二一年九月三〇日)。

またペスト史研究者石坂尚武氏は、ペストの時代においては「理性や知性への信頼は崩壊の翳りが認められる」として次のように述べた。

予測されず突発するペスト、非合理的な神による「み業《わざ》」を前にして、神とこの世界はアリストテレスのいうような理性と自然法（自然の法）と合理主義によってはもはや説明できなくなったのである。（石坂、二〇一八：三一九頁）

ここで注目すべきは、民衆は非合理的な「み業」を下す神に不信を抱いたのではなく、むしろ、とりなしを業としていた既成教団に懐疑の目を向け、直接的に神に向かう傾向を帯びていたという指摘である。石坂氏は「教会や聖職者を介さずに」「直接天国への道を目指し」た民衆たちの新しい「宗教的信心」の勃興に言及しているのである（石坂、二〇一八：三一四－三一五頁）。

すなわち、中世から近世に転換する時代、確かに宗教的危機はおこったが、それは神への信仰喪失ではなく、既成教団の危機であった。

（二）神への不信の芽生え

このようにして中世から近世にかけての民族存続危機の時代には、神への「とりなし」をする教会や聖職者への不信が生じても、神そのものへの信仰は失われておらず、実のところ宗教信仰は勢いを増していた。

ところが、一九世紀の終わり、哲学者ニーチェ（Friedrich Nietzsche 一八四四－一九〇〇）は『悦ばしき知恵』（一八八二）に繰り返し「神は死んだ」と記し、彼が愛した思想家ルー・ザロメ（本名Louise von Salomé 一八六一－一九三七）の処女作『神をめぐる闘い』には「神は喪われた」という文字があった（ザロメ、一八八五：四一頁）。

「神の死」の思想は次の時代の哲学や神学に大きな影響を与えた。神を喪った二〇世紀、代わってその地位をしめたのは科学・技術であるかのように見えた。

日本に関して言えば、第二次世界大戦に敗れて、神国であると信じることをやめ、「神話」は「つくりばなし」「虚構」と同義語であると思われるようになった。戦後しばらくは村祭りもなくなり、虫送りなどの村の儀礼も消滅した時期があった。その後、祭りは復活したが、平和の訪れとともに、神は社会の表舞台から去ったかのように見えた。しかし、日本の神仏は死んでいなかった。コロナ禍でも、相変わらず人々は除夜の鐘を聞き、初詣に行き、お宮参りをし、厄除けを祈っている。

直葬、散骨、樹木葬など新しい形態が現れたとはいえ、九割の人が仏式の葬式を行い（全互協、二〇一六：五頁)、六割近くの人が「死後はどこかしらの異界に行く」、すなわち、「あの世」があると考えている。この割合は二〇一六年の調査に比べて三割近く増加しており、特に女性は若い人ほど「あの世」を信じている人の割合が高い（お寺の未来、二〇二一：二〇頁）。「あの世」信仰については三節（二）で再び触れる。

二　コロナ禍時代のお寺

（一）二一世紀のお寺

人口減少に伴い、過疎地となったところに存在していた寺は檀家がなくなって住職のいない（無住）状態となり、寺院数を減らしたくない宗門の方針か兼務寺院として名のみ残っているということが少なくない。

過疎地でなくても、日本の中山間地の集落は、高度成長期に進んだ核家族化と、都会への労働人口流出によって、残された親世代が死亡すればお寺との縁は希薄になる。

そうかといって、町のお寺が流入した労働人口をもれなく掬《すく》い取っているわけでもない。結果、檀家であるという意識の有無を問うた二〇二一年の調査では、「檀家である」と答えた人は二五パーセントという結果になった（お寺の未来研究所）。この調査は二〇一六年にも行われていて、驚くのは山陰地方の変化である。五年前は五四パーセントが「特定のお寺の檀家である」と答えていたのが、今回は三一パーセントに激減している。「檀家でない」と答えているのは七パーセント増えているだけで、「わからない」が三一パーセントを占めている。

わたくしの属している寺は山陽地方の田園地帯にある。昔から「備前法華」と呼ばれ、京都の本山を支える信仰集団として知られていた。講組織があって、「お上人」がいなくても自分たちで読経・回向を行うことができる檀家が多かったという土地柄である。ここにも変化の波は押し寄せている。次に、最近の変化を挙げてみよう。

◆葬儀

・会場が自宅から葬祭場へ。やがて「家族葬」が主流になる。

平成一一年（一九九九）から葬祭場での葬儀が行われ始めた。それまでは社葬などを除いて葬儀は自宅で行われ、取り仕切るのは「お看経講《かんきこう》」と呼ばれる葬式講のメンバーである「講中」で、葬儀屋は介在しなかった。

五年後、平成一六年（二〇〇四）には葬祭場での葬式がほとんどになる。初めはご近所の会葬者はバスで葬儀場に運ばれていたが、まもなく、自宅前に記帳台が置かれるようになり、そのころから、大きなホールではない小ぢんまりした葬祭会場が併設されるようになって、令和になってからはほとんどがそこで行われる家族葬になった。

・出仕僧（導師・役僧）の数が減少する

わたくしが結婚して寺にきた四三年前は山主（導師）、院代、若上人の三人が葬儀によばれるのが一般的であった。いずれかが参列できない時は、近隣の寺からきてもらった。導師のみという葬式は、「かかりびと」（自分の家族がおらず実家などに身を寄せている親族）を見送る時などに限られていたのが、令和元年から急に増え始め、新型コロナウイルス感染症が始まった令和二年には二人出仕が稀になった。二人いないと鐃鈸《にょうはち》を回すことができず、三人いないと銅鑼《どら》が入れられない。それらの所作が省略されるようになる。

・「式中初七日」が増える

初七日法要を、葬儀の中で済ませる「式中初七日」を依頼されることが増えた。令和三年になってからはこれが優勢になる。

・「一日葬式」

新たに登場した通夜なしの葬式に対する名称である。以前自宅で葬式をしていた頃は、「講中」、「近所」がより集まって通夜を取り仕切っていた。葬祭場で葬儀を行うようになっても、しばらくは通夜をこの形式で行っていたが、やがて通夜も葬祭場で行われるようになり、最近、通夜なし葬式に対して「一日葬式」という葬祭業用語が出現した。

これらの変化が生まれた理由として次のようなことが考えられる。

（a）……死者の長寿化：高齢になって亡くなった時には、喪主が現役を引退している場合がほとんどになった。体面を気にして盛大な葬儀を行う必要がなくなった。

（b）……地縁の希薄化：喪主が実家から離れて都会に出てしまっていたり、死者本人が施設に入って長く経っていたりして、ご近所とのお付き合いがなくなってしまっている。

（c）……商業主義の問題：葬祭業が提供する葬儀パックには様々な出費を伴うオプションがあるが、喪主はできるだけ簡素な方式を望んでいる。

つまり、（a）（b）（c）いずれも、葬祭場ホールで行われてきた大人数の葬儀は、喪主には「コスパが悪い」と感じられるのである。長年地域が行ってきた葬儀形態が二〇世紀の終わりとともに終焉を迎え、代わって現れた葬祭場で業者に仕切られて行われるようになった新しい形態の葬儀も、その後たった二〇年のうちに大きく変化した。参列者の範囲は狭まり、全体として規模縮小し、簡素化したものになるという傾向に、「密を避ける」ことが求められるコロナ禍が追い討ちをかけたと考えられる。

なお、当寺ではまだ直葬を行った檀家はないようである。

写真１　妙興寺の永代墓

◆墓

知り合いの石屋が嘆く。「墓じまいばかりでね。新しくお墓を建てる人はありませんね」先程取り上げたお寺の未来研究所の調査でも、「あなたは、自分のお骨をどのように埋葬してほしいですか？」という質問に「新しく一般墓（墓石）を建てて納める」と答えた人は全体の五パーセントであった。

当寺の境内墓地は墓じまいをして返納されると、また新しい借り主が現れるが、方々の村の墓地は墓じまいが多く、そのあとは絶える。村の墓の多くは足場の悪い山間地に立地していて高齢者にはお参りしにくいということも関係していると思われる。

寺の墓地で最もお参りが多くて華やかなのは、「跡継ぎがないから」ということで求められた「永代供養墓」である。草取りの手間は要らず、小ぢんまりしてお参りしやすいのが魅力だという。夫や妻を亡くされた人や、結婚して苗字が変わった娘さん、親戚知人などがよく参られる（写真1は妙興寺の永代墓）。

火葬が一般的になったのも、先祖墓が誕生したのも明治以降であり、総骨を大きな骨壺に入れて墓に納めるのも割合新しい習慣だろう。墓の習慣は「伝統」と言えるほど古いものではないので、これからもどんどん変化していくことは必定である。

◆法事

コロナ禍になって法事は減ったかと尋ねられることがよくある。初めのうちこそ日程を延期する人がいたが、増減を繰り返しながら一向にコロナ感染者がなくならないうちに、それはなくなり、結果として法事の回数はコロナ禍前に比べてさほど減っていない。

変化したのは、自宅での法事が減ったことである。以前はこのあたりでは、寺で法事をすることを「上げ法事」と呼び、少々手抜きをしています、という受け止め方がなされていたようであったが、昨今はそんなことは全くなくなった。家の仏間よりずっと広い空間の本堂で、遠方の親族の参加を断って、少人数で安全に行う、というのが最近の法事の傾向である。

スマホで法事の模様を中継する檀家もある。Ｚｏｏｍによるオンライン法事である。まだ、住職だけが本堂で拝み、列席者がオンライン画面に集うというような完全オンライン版の法事はないが、一部、寺にこられない人がオンラインで法事の様子を見るということには、全く抵

写真２　Zoom 越しの法要

抗がないようである。かくいうわたくしも、県境を超えての移動は自粛となった時、妹は京都の仏間から、わたくしは岡山の寺から、それぞれＺｏｏｍにアクセスして、実家の父の三十三回忌と母の二十三回忌法要をして共に読経して回向を行ったことがあった（写真２）。多少音声はズレるが快適であった。

（二）宗教団体と宗教心

コロナ禍のもたらしたお寺の変化を記しながら脳裏に浮かんだのは、つぎのようなことばである。

「よみがえるべきは宗教心か、宗教団体なのか。」

新日本宗教団体連合会のシンポジウム「よみがえる宗教」（二〇〇七）での黒住宗道師（黒住教）の発言である。師はそこで宗教心のよみがえりこそが大切で、宗教はそれを助けるものであると語った。

確かに「宗教の復興」を論じているといいながら、その中身は「教団の復興」を問題にすることが多い。もっといえば、仏教の復興を考えているようで、お寺の維持、寺院経営のノウハウを云々することに終始しているのである。瀬戸内寂聴師は、対談「仏教復興は可能か？」の中で「私は仏教がダメになったのは、お寺が経営に追われているからだと思いますよ」と述べていた（『現代宗教二〇〇五』：一七四頁）そういう意味で、本叢書が「宗教信仰の復興」と名付けられていることは示唆的である。

三　現代日本の仏教信仰

第一節の終わりに述べたように、今日「宗教信仰は無力である」というイメージを抱いているものがある。また、「宗教は非科学的である」として、科学により高い価値を認める人たちがすくなくないのも二〇世紀来の傾向である。

他方、オウム真理教事件や、度重なるテロ事件のあと、「宗教はこわい」という宗教のマイナスパワーを恐れる人たちが増えている（宗教と過激思想については藤原聖子氏が正鵠を得た論考を発表している（藤原、二〇二一））。

また先に述べた最近のお寺の変化というものは一見すると「宗教衰退現象」のように見える。しかし、人口減少で檀家数が減ろうが、葬式が簡素化しようが、墓じまいが増えようが、法事が小規模になろうが、それらの現象は直接、信仰喪失、宗教衰微を意味するものではない。信仰形態の変化の裡で、まだ失われていない「信心」があることを次に見てみたい。

（二）「信仰なき宗教」か「死者供養仏教」か

日本の宗教を「信仰なき宗教」と呼ぶ研究者がいる。宗教学者の岡田亮輔氏は、「キリスト教をモデルに諸宗教が比較され、日本人は無宗教であるといった分析がなされてきた」（岡田亮、二〇二一：iii）と批判する。それでは、キリスト教モデルと比較されない日本の宗教とは何か、と問えば彼は「信仰なき宗教」というのである。各宗派が行う自宗の実態調査から見えるのも「信仰とは結びつかない観念や実践の広がり」（前掲書：六八頁）であると手厳しい。では彼が信仰ある宗教の機能と考えているものは何かといえば「死生をめぐる究極的な問いに応え、魂に救済を与える」ということだと考えていることが終章で明かされる。したがって、日本の「（信仰なき）宗教は世俗社会の文化」にすぎないということになるのである（前掲書：二一三頁）。果たしてそうなのだろうか。

宗教学者の池上良正氏は、「葬式仏教」と揶揄される日本の仏教に対して、比較宗教学的な視点から、死者の救済システムとしての「死者供養仏教」という呼称を与えた。しかもこれは「きわめてよくできた救済システム」であるという。

池上氏によれば、この死者供養の実践は、次のような「一般的な通念」に支えられている。

（1）死者を安らかな状態に導くために、生者、つまり、生きている人は、一定の主体的な実践によって積極的な関与ができるかもしれない。
（2）安らかな状態に導かれた死者は、自分を助けてくれた（つまり、供養をしてくれた）生きている遺族に対して、多少とも超越的な力をもって守護・援助し、利益を与えてくれるかもしれない。

池上氏はこれを「多くの人に深く染み透っている」通念・イメージで、「多くの日本人にとっては空気のように当たり前」だが、比較宗教学的に見ると決してどこにでもあるというものではないとした（池上、二〇一二：二一五頁）。

前述の岡田氏は、この（1）（2）を引用し「ゆるやかな情緒や関心を基盤とする信仰なき宗教を葬式に即して見事に換言している」と評した（岡田亮、二〇二一：七二頁）。

確かに池上氏の「一般的通念」の描写は優れて共感するものであるが、これを「信仰なき宗教」と表現するのはどうだろうか。

むしろ（1）（2）の文章が「かもしれない」で終わっていることこそが、この通念が、ひとつの「かくあって欲しい」「そうであるように」という「祈り」であり、その実現可能性を信じるこころ、すなわち「信心」であることを示しているとわたくしは考える。

この「通念」といわれているものは、かつて、わたくしの親、祖父母らの時代には、「かもしれない」信心ではなく「はずである」信心であった。父は会社にゆく前、帰宅した時、仏壇の前に手をついて「行ってまいります」「ただいま帰りました」と挨拶していた。母は、ご飯が炊き上がった時、お菓子や果物を買ったり頂戴したりした時には、必ずまず「御霊前」(御本尊とほとけさまたち)にお供えした(そして今でも、わたくしは同じようにしている)。家族に嬉しい知らせが届いたときにも、それは仏壇に供えられる。かくして、この「ホームチャペル」の扉を開ければ、直ちにそこはほとけとなった先祖が我々を見守る世界への入り口であり、その世界は仏間からひとつづきの空間であったのである。

意外なことに、今日なお、死後は異界にゆくと考えている日本人は多いという(お寺の未来研究所、二〇二一:二〇頁)。その異界への入り口が現代は以前より見えにくくなっている。また、異界を以前は「浄土」とよんでいたものが、マスコミなどでは宗教・宗派に関係なく一律に「天国」と呼ばれるようになっている。それでも、「あの世」であることに変わりはない。「あの世」を信じることは立派な宗教信仰である。

なお、死者の行方に関しては、丁寧なフィールドワークを重ねていた佐藤弘夫氏が興味深い本にまとめて出版している(佐藤、二〇二一)。

(二)「おこない(儀礼)」が現出する祈りと信心の空間──縁・絆《きずな》の復興

日常のこれらのおこないと葬礼・墓参・法事などの儀礼は、アメリカの中国史学者であるマイケル・ピュエットのいう「The As if World(「かのように」の世界)」(Puett,2016:30)を現出するものである。ピュエットは、「祭如在(祀《まつ》るときは霊が目の前にいるかのようにする)」(『論語』八佾第三12 祭如在章)ことによって人は「人間関係という問題を抱えた世界」から「新しく生まれた理想的な関係を築ける空間」に移行するとした(ピュエット、二〇一八:五三頁)。つまり、実際にはそうでなくても、そうでありますようにと祈られている理想的関係がそこに存在しているかのように振る舞えば、儀礼を行う者たちの内面に僅かな変化がもたらされる。そのような「儀礼を何度も何度もおこない、より健全な関係を結びなおすことで、改善した人間関係が日々の暮らしでもじわじわと表面化しはじめる」(前掲書:五四頁)と彼はいう。孔子のいう「礼」の力である。「かのように」しているうちにいつか、そのようになるし、そのようにできる人はすでに「かのような」ひとである。それを可能にすることが儀礼のもつ力なのである。

先述の池上氏は、「死者供養仏教」の構造特性として①「死者に向き合う個人の主体性を強化する」ことと②「関係性(縁)を創り出す力をもつ」ことの二点を挙げた(池上、二〇一二：二一九－二二〇頁）。中でもより重要なのは②である。

この「関係性」「縁」「絆」、これこそが、本稿冒頭の質問「現代日本の仏教において、なにが衰退したり消滅したりしたのだろうか」に対するわたくしの答えである。死者供養儀礼があるたびに更新されてきていた血縁・地縁が今日希薄になり、宗教信仰、祈りのおこない方―いかに「かのように」にふるまうかの継承が失われつつある。そのため、「かもしれない」信心が風前のともしびとなっているのだとしたらどうだろう。

とはいえ、血縁・地縁が希薄になったからといってそれが直ちに仏教の衰えに結びつくわけではない。池上氏は、死者供養は「個人を主体とした追善供養の実践を通して、身近な死者を救済できるとする論理によって、共同体を維持強化する」という側面を持つ一方で、「個人的なご縁によるネットワークをつないでいく、という二重の機能を」もってきた（前掲書：二二九頁）ということを指摘した。彼のいう「個人的なご縁」は、「血縁」「地縁」という、ともすれば「しがらみ」となる必然的縁ではない、自発的に個人が結ぶ縁である。地縁・血縁を第一、第二縁とし、これらを解消する「無縁」を第三の縁とするなら、「個人的なご縁」は第四の縁と考えられ、わたくしはこれに「結縁《けちえん》」という名を付けた（岡田真水、二〇〇六：三／九ほか。志縁という人もある）。結縁は本来、個人が仏と縁を結ぶことであったが、その範囲を個人どうしの自発的な縁に広げたわけである。

例えば、F子さんは夫を亡くして追善供養をしたいと考えたとき、経文や回向文の言葉が難解であったため、これを勉強する機会をつくってもらえないかと頼んでこられた。そこで、同じような境遇の人たちが集まって月に一度「白蓮講」と名付けた勉強会をすることになった。二〇二二年四月で六〇回を数える。これは亡くなった夫の供養を機縁として生まれた、新しい「個人的なご縁」である。

なお、「勉強会」はネットワーク維持にとって非常に重要な意味を持つ。以前地域ネットワークを研究していたときも、勉強会・掃除（整理）・祭（イベント／儀礼）を、ゆるやかなネットワークのもと、継続的に繰り返すことが運動成功の鍵であるという結果を得た（岡田真、二〇一五：六四頁）。しかも、勉強会、イベントなどいずれもオンラインで十分に実行可能である（先述の白蓮講も第四十四回から対面・オンラインハイブリッド形式である）。

四　女性のもつ可能性を生かすために

最後に宗教信仰復興と女性について一言付しておきたい。

池上氏は中国と韓国の死者供養儀礼の中心的担い手は女性たちであると指摘していた（池上、二〇一二、二二八頁）。台湾についても、出家者も信者も女性の割合が高いことが文化庁の調査に記されている（文化庁文化部宗務課、二〇一二：五〇／六八頁）。日本においては、出家者数は男性が圧倒的に多いが、宗教信仰の担い手としては、女性が重要となってきている。

（一）「仏女」「歴女」

日本では、特に若い女性の動向が昨今よく話題になる。二〇〇四、五年ごろから盛んに言われ出したのが「歴女」（歴史好きの女性）であった。二〇〇九年にはこの「歴女」は流行語大賞にノミネートされて広く世にしられるようになった。実は、アクションゲーム「戦国無双」「戦国BASARA」が二〇〇四年に発売されて、そのゆかりの場所を訪ねて回ったのが元祖歴女だったそうである（宮代、二〇一八：年表「歴史ブームの流れ」）。

さらに「城ガール」、「土偶女子」「コフニスト（古墳好きの女子）」「縄文女子」のほか「刀剣女子」「ご朱印ガール」（お寺参りの作法はなく、まっしぐらに庫裡にきて朱印を受け取ればさっさと門から出てゆく「集印者」たちよりは、仏教にも興味があるようである）など色々ある。

二〇〇九年ごろから地味に続いているのが「仏女」である。「仏女」といってもフランス女性ではない。正しくは「仏像女子」といい、仏像が好き、仏像に会うためにお寺めぐりをするのが好きな女性たちのことをいう。二〇〇九年、東京博物館で行われた「国宝　阿修羅展」に興福寺の阿修羅像が出たことが引き金となったようである。当の奈良では「ホトケ女子」もいるようである（奈良市観光体験予約サイト）。コロナ禍でもその熱は冷めず本堂の仏像を見るため数百メートルの行列を作ることもあるという。

しかし、ブームは冷めやすい。昭和初期には社会現象となった「仏教ブーム」（大谷栄一氏の研究に詳しい）のことなどもう忘れられている。「仏女」の今後の動向に注目したい。

（二）選択的夫婦別姓制度の持つ可能性

もっと重要なのは、祭祀・墓の継承者としての女性の問題である。戦後「家督相続」は法律上なくなったが、「系譜、祭具および墳墓」には、民法八九七条「祭祀に関する権利の承継」によって「慣習に従って祖先の祭祀を主宰すべき者が承継する」という規定がある。無縁墓が増えている原因は、家制度がなくなったことだけでなく、家制度が「慣習」となり残っているからではないかという指摘がある（井上治代『女の「姓《なまえ》」を返して』）。

結婚による改姓によって、実家の両親や先祖の供養が困難である、という一人娘や女きょうだいだけの人たちの嘆きは、ネット上にたくさん見られる。日本だけに、夫婦は同じ苗字でなければならないという法律があり、「慣習」によって、いまだに九割以上の女性が実家の姓を捨て、それと一緒に自らの信仰も先祖も放り出さざるをえない（と考えている）のである。

選択的夫婦別姓運動というのは、夫婦は同姓でなくてもよいということを法律上認めよというものである。夫婦別姓は家族の一体感・絆を壊すと言われるが、一体感や絆は同一の苗字を名乗ることで保たれるものではない。

(三)「女子分」と夫婦別姓

日蓮遺文には、上野尼御前、千日尼、内房女房など実家の父の追善供養の布施を届けた女性たちがいたことが記されている。高木豊氏は、こうして女性たちが実家の「仏事営為の主体」となっていることに注目した。彼は、女性たちが実家から相続したと考えられる財産があったとして、これを「女子分」と記した(高木、二〇〇八①:三九二頁)。

鎌倉時代、財産相続の形態は兄弟姉妹全員が相続権を持つ分割相続であり、結婚しても夫婦別財の原則があった。女子分は亡き実家の両親やかの女自身の現世安穏・後生善処のための資財とされ、女子分を有する女性は仏事営為や作善結縁の主体となり得たという(高木、二〇〇八②:三九一−四一六頁)。女性は結婚後も実家の姓(氏名《うじな》)を使用し続けた。夫婦別姓であったのだ。

現在、夫婦同姓の法により、結婚する者の半数が実家の姓を変えざるを得なくなる。改姓者の多くは、中世の人々に比べて、実家の仏事供養をして、作善結縁することを困難であると感じている。それのみならず、結婚して夫の姓になったものは、その姓を持つ家の宗教になって、それまでの信仰をすてなければならない、と考える女性がほとんどである。選択的夫婦別姓はこのような状況を改善する可能性を秘めているといえよう。

おわりに――無仏で災厄の時代の仏の教え

本稿では宗教信仰復興という課題を考えるにあたって、まず信仰を喪失するということ、信仰に対する不信について過去の例を示し（第一節）、続いて仏教サンガが近年、特にコロナ禍にあってどのような変化を経験しているか、山陽の田園地帯の一寺を例に考察した（第二節）。その後、現代日本の仏教信仰：死者供養について、「かもしれない」儀礼にこめられた祈りと信心、信仰の復興と「縁」の創出に言及し（第三節）、さらに、仏教信仰復興において女性のもつ可能性に触れた（第四節）。

最後に宗教信仰復興の担い手について記しておきたい。

無仏の時代、災害と疫病の頻発する世界、そこにこそ現れる如来の使いがいることを法華経は語る。それらは「仏の事」をなす。そのときにこそ、仏の智慧、仏の慈悲はひろまる。しかしそれら仏の本弟子は、我々の予想を超える姿をしている。天から降りてくるのではなく、大地震の後、世が滅びるかと思われる中、地から――つまりわれわれが足をつけている普通の世界の底から、ぞろぞろ出てくるのである。そして、それらは、今すでにあらわれはじめているようである。原発事故の現場に、コロナ禍の医療現場に、犯罪被害者の遺族の間に。今やそれを見つけてゆくときがきたのである。

＊参考文献

青沼隆彦編『開運！パワースポットガイド2020』中央公論社、二〇一九年。

池上良正「葬式仏教から死者供養仏教へ」『現代葬祭仏教の総合的研究』浄土宗総合研究所、二〇一二年（二〇〇九年二月二〇日に行われた浄土宗総合研究所公開シンポジウム①「崩れゆく葬祭のこころ1――いま！問い直す「葬式仏教」」基調講演録）。

石坂尚武『苦難と心性　イタリア・ルネサンス期の黒死病』刀水書房、二〇一八年。

大谷栄一「昭和初期日本の仏教ブーム」『現代宗教二〇〇五』二〇〇五年、二二八―二四九頁。

岡田真美子（真水）「講の合力」『地域をはぐくむネットワーク――歴史を活かす〈縁〉・未来を創る〈絆〉』昭和堂、二〇〇六年。「お水取りとお潮井採り――山と海のネットワーク」『ザ・グレイトブッダ・シンポジウム論集第十三　論集 仏教文化遺産の継承』東大寺、二〇一五年。

岡田亮輔『宗教と日本人　葬式仏教からスピリチュアル文化まで』中公文庫、二〇二一年。

一般社団法人お寺の未来研究所『寺院・神社に関する生活者の意識調査（二〇二一年六月実施）』、二〇二一年。

国際宗教研究所編『現代宗教二〇〇五（特集　宗教復興の潮流）』東京堂出版、二〇〇五年。

佐藤弘夫『人は死んだらどこへ行けばいいのか――現代の彼岸を行く』興山社、二〇二一年。

ザロメ、ルー『ルー・ザロメ著作集1　神をめぐる闘い』以文社、一九七四年。Salomé, Lou Andreas: *Im Kampf um Gott*. Friedrich, Leipzig / Berlin 1885 (Erschien unter dem Pseudonym Henri Lou) .Classic Reprint Series, 2018.

財団法人 新日本宗教団体連合会「よみがえる宗教～新しい役割を探して」（新宗連結成五五周年記念第二回シンポジウム）二〇〇七年一〇月九日。

石井研士監修『平成二七年度　全互協 冠婚葬祭一万人アンケート』、一般社団法人全日本冠婚葬祭互助協会儀式継創委員会、二〇一六年。https://www.zengokyo.or.jp/wp/wp-content/uploads/2016/08/0608f2900f5d07c0e190017694ff287.pdf

高木豊　①「日蓮と女性檀越」②「中世の妻女と後家と後家尼」『日蓮攷』山喜房佛書林、二〇〇八年。①三五〇－三九九　②四〇〇－四一九頁。

ニーチェ、フリードリヒ『悦ばしき知恵』Nietzsche, Friedrich, *Die fröhliche Wissenschaft*, Samtliche Werke: die Kritische Studienausgabe in Band 3.1882 (Repr.1990).

藤原聖子『宗教と過激思想　現代の信仰と社会に何が起きているか』中公新書、二〇二一年。

文化庁文化部宗務課『在留外国人の宗教事情に関する資料集―東アジア・南アメリカ編―』、二〇一四年。

ペータース、H・F『ルー・サロメ　愛と生涯』筑摩書房、一九九〇年（初版一九六四年）。Peters, H. F., *My Sister, My Spouse: A Biography of Lou Andreas-Salome*, New York: Norton, 1962

「ペストは宗教改革の引き金に　コロナは人類に何をもたらす」『朝日新聞　二〇二〇年九月三〇日』（加藤茂孝氏のインタビューを掲載）
ピュエット、マイケル『ハーバードの人生が変わる東洋哲学』早川書房、二〇一八年。Puet, Michael, *The Path: What Chinese Philosophers Can Teach Us About the Good Life* , Simon & Schuster, 2016.
宮代栄一「歴史の楽しみ方」『朝日新聞　二〇一八年一〇月二九日』、二〇一八年。

第三章　「時のしるし」を読む信仰の感覚――「日本の教会」の信仰復興

原　敬子

はじめに

二千年のキリスト教伝統を担うと自負するカトリック教会にとって第二バチカン公会議（一九六二－一九六五年）は、現代世界と対峙し、文化、社会、政治、宗教、倫理に関わる諸問題を乗り越えるための大改革であり、信者ひとりひとりの信仰復興の起爆力であった。一九七〇年に約六億五〇〇〇万人だった世界のカトリック人口は、二〇一八年には一三億人を超えた。割合は人口爆発の推移に合わせた増加にも関係するが、この五〇年、常に世界人口の一七から一八パーセントを維持していることになる。教勢の推移は公会議の一つの成果ともいえよう。

この公会議に象徴されるのはステレオタイプに論じられがちであるバチカンという顔の見えない堅固な組織体ではなく、全世界に散在するカトリック教会共同体をまとめる一人の教皇とその協力者たち、およそ五千人からなる司教団がともに現代社会に響き渡る民の声を聴き、分かち合い、司牧方針を決定していくサーバント・リーダーシップの集合体なのであり、緩やかなネットワークである。公会議終了の一九六五年以降、三〜四年に一度、シノドスと呼ばれる定期的な教会会議（世界代表司教会議、*Synod*）の開催によって、第二バチカン公会議の大改革は五〇年以上に渡り継続し、また、今もなおその途上にある。

本稿は、公会議以降、頻繁に論じられるようになった教会論に関する議論の中で「教えの教会（*Ecclesia docens*）」と「学びの教会（*Ecclesia discerns*）」の両義性から生まれる素朴かつ創造的な信仰復興の現状を報告する。カトリック教会における信仰復興は、歴史性のうちに時のしるしをどう読み解いていくかという信仰者の「信仰の感覚」に委ねられているが、常にこの「感覚（センス）」が、全体と部分、共同体と個という、時には緊張関係を引き起こすような葛藤に抵触するがゆえに、この葛藤をどう乗り越えていけるかのチャレンジにも晒されている。したがって、創造的な信仰復興が始まったとしても、脆弱さゆえに、長続きせず頓挫してしまうという苦い経験を繰り返すことにもなる。その意味でも、素朴さという理解はかかせない。冒頭で述べたように世界のカトリック人口は増加している。しかし、実に日本のカトリック人口は減少している。信仰復興という語感からくる華々しさは日本におけるカトリック教会の現状には決して見出せないであろう。とはいえ、時間をかけ少しずつではあるが、公会議の出来事を理解し皆でその意義を見出し歩む冒険は日本で今も続いている。

まず、日本において第二バチカン公会議の精神を受容し、日本という地方教会として初の主導権を行使し開催された第一回、第二回の「福音宣教推進全国会議（National Incentive Convention for Evangelization 通称 NICE）」（以下、ナイス）の歴史的経緯を述べ、そこで目指された方向性の真価を確認する。この会議はカトリック教会のシノドス性（synodality）を踏襲した広義な意味で日本の教会の信仰復興運動（信仰は刷新されるべきであるという視点からの）であった。そして、シノドス性にとって重要な概念である「信仰の感覚 *sensus fidei*」を再検討した後、カトリック教会における信仰復興の現在を紹介したい。

「福音宣教推進全国会議（通称 ナイス）」以前

我が国のカトリック教会において少なくとも教会運営に携わる者たちは、第二バチカン公会議の精神を節目ごとに想い起こし、最も大切なことは何かと自問し続けて来た[1]。先の公会議から三〇周年、四〇周年、そして、二〇二二年で六〇周年となる。これら節目での祝祭ムードは西欧から遠く離れた日本では一部の教会指導者、神学者らの関心に留まっているかもしれない。しかし、彼らは振り返る毎に公会議それ自体、出来事としての意義とそこで生み出された文書の重要さに常に驚かされてきたのではないだろうか。公会議は信者個人として、また、教会共同体として凝り固まりがちな信仰の射程に修正を求め続けている。例えば『現代世界における教会に関する司牧憲章』の冒頭には次のように記されている。

「現代の人々の喜びと希望、苦悩と不安、とくに貧しい人々とすべての苦しんでいる人々のものは、キリストの弟子たちの喜びと希望、苦悩と不安でもある。（中略）したがってこの共同体は、人類とその歴史とに現に深く連帯していると実感している。それゆえこの第二バチカン公会議は、教会の神秘をより深く究明した今、ためらうことなく、教会の子らとキリストの名を呼ぶすべての人々だけでなく、全人類に話しかけ、現代世界における教会のあり方と取り組みについてどのように考えているかをすべての人々に明らかにしたいと思う(2)」。

洗礼を通してカトリック教会に属する信徒はキリスト教カトリックという教義体系をもつ宗教に属す者であり、すなわち、自らを現代に生きるキリストの弟子として自覚する。ここまでは大多数の信徒にとって容易に受け入れられるだろう。しかし、自らをキリストの弟子と自覚する信仰者は一つの宗教システムに帰依して自分の人生の救済を生きるだけでは事足らず、全人類の喜びと希望、苦悩と不安を共に背負い、特に貧しい人々と連帯し生きるものでなければならない。全人類の救済について平易な文章で語られているが、本文の主語であるキリストの弟子とは教会に属す「わたし」であり、そして、わたし自身の人生の立脚点が全人類との関わりにあるという壮大な地平を常に意識するのはそれほど容易ではない。言い換えれば、究極の「お節介」を宣言したようなものである。

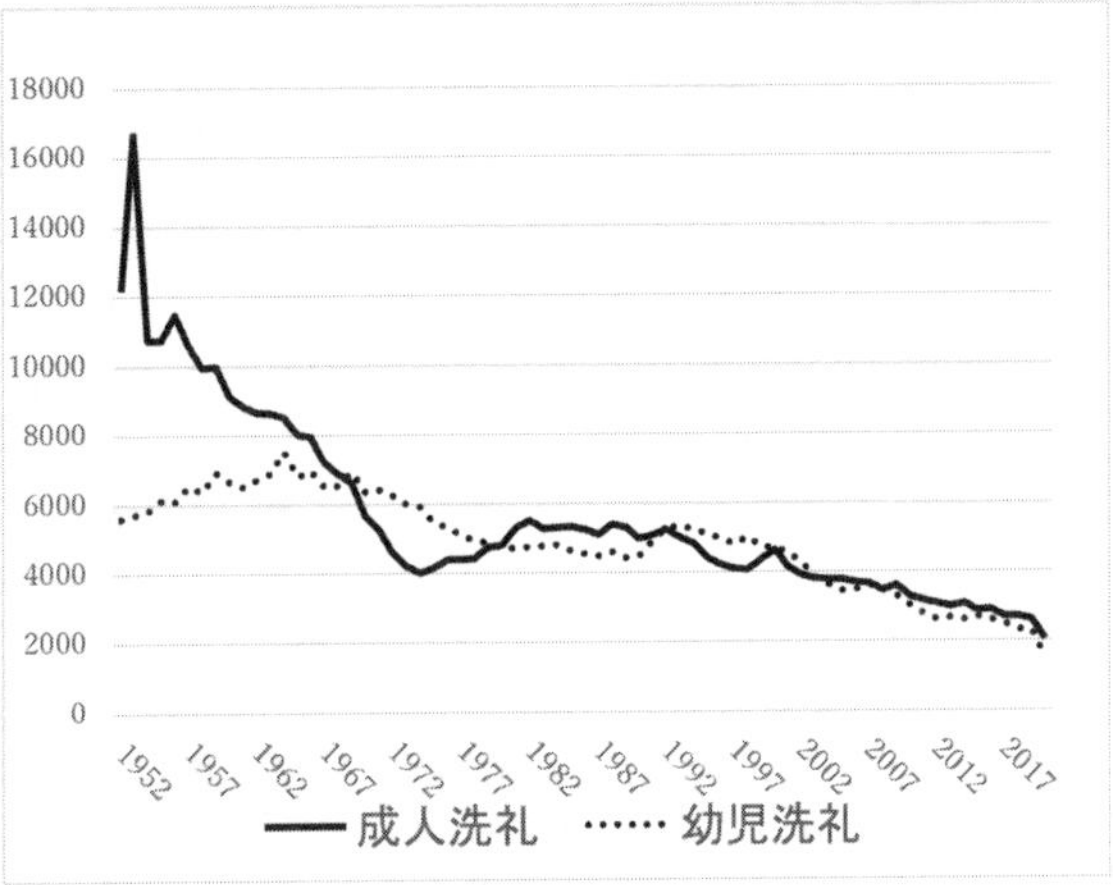

グラフ1　戦後の日本のカトリック洗礼数

日本におけるカトリック教会は一五四九年のフランシスコ・ザビエルの日本宣教に始まり、迫害を経て「かくれきりしたん」の信仰共同体の生活、明治期に入ってからの再宣教という歴史を辿るが、直近の教勢に関しては戦後の資料に詳しく推移を確かめることができる。グラフ1(3)は、戦後日本の教会の勢いを指し示す。これは一年間に何人が受洗したかを示す図である。ここで注目したい年代が一九五二年から第二バチカン公会議が開催された一九六二年である。一九五〇年代に起きたキリスト教ブームにおいて年間一万人以上の洗礼数があり、多くの日本人が教会を訪れたことが伺える。終戦後、全世界からおよそ千人を超える外国人司祭が日本に派遣された事実からも、(4)カトリック教会が日本の宣教に力を結集したことが伺える。一九六〇年代までは教会拡大に勢いがみられた。宣教師たちの証言にも来日以前、日本はいずれキリスト教国になるだろうと考えていた司祭もいたことが伺える。(5)

けれども、一九六〇年代後半からの洗礼数の落ち込みは急激で一九六二年と一九七二年を比較すると半減していることが分かる。日本ではこの時期、都市化が進み、さらには新宗教の拡大、新興宗教の創設と相まって、日本ルーツの宗教的充足感に反比例するように、外国宗教の印象から抜け出せないカトリックの教勢が落ちていく。一九八一年、教皇ヨハネ・パウロ二世の来日によって一度は持ち直すものの、戦前あるいは戦後間もなく来日した外国人司祭の高齢化と日本人司祭の召命不足による宣教力の衰勢から成人洗礼だけでなく幼児洗礼数も減っている。

一九六二年までの十年間で洗礼を受けた五万人以上の戦後のカトリック信者たちが、どのような動機で教会を訪れ、受洗に至ったのか。筆者の属する修道会でもこの頃自らの意思で洗礼を受け、修道会に入会し、現在、八〇歳以上になったシスターたちが数多く存在する。その多くが日本の戦後における社会変動で大きく価値観が揺さぶられ、自問自答し、教会や修道会の門を叩いたと言う。彼女たちは人生を賭けたドラマを経験している。家族の反対を押し切ってカトリック信者として生きたいという強い意思があり、修道会の入会は出家を意味していた。世を捨て、滅私の英雄的行為を貫いた当時を生き生きと語ってくれる。もちろん修道院に入会するという人は信者の一部である。ほとんどのカトリック信者は出家同等の帰依を意識してはいない。とはいえ、洗礼を受けた人々は多かれ少なかれ信仰について真剣に考え、救いを求めて洗礼に至ったことに間違いないだろう。

ちょうどこの十年間で洗礼を受けたカトリック信者らが学んだカトリックの教理、つまり教えは現在よく言われる「第二バチカン公会議以前」の教えである。日本では「カトリック公教要理（カテキズム）」と呼ばれ、多くは一問一答式でいわば戒律のような文言を暗記するという方式で学ばれた。聖なる司祭は、壁に飾られた祭壇に向かい、イエス・キリストの代理として荘厳にミサを捧げる。現在の対面式（祭壇＝最後の晩餐のテーブルを中心に司祭と参列者が向かい合う形）とは異なり、儀礼の実際について信徒は司祭の背中に遮られ何も見えない。司祭を介してイエス・キリストの食卓に与るというあり方で信仰を拝受した。当時の出家覚悟で修道会に入会したシスターたちの滅私奉公的なメンタリティと、当時の教会で教えられていた教理の実際を合わせ考えると、キリスト教カトリックの信仰を拝受するといった受動的な養成を受けた信徒らが、一九六二年から始まった第二バチカン公会議、そして、一九六五年の会期終了を経て、新しい教会像、世に開かれた風通しの良い教会像を理解するのは相当な困難があったのではないかと想像できる。

第一回、第二回の開催で終了したナイスは、日本におけるカトリック教会が第二バチカン公会議の精神を受容する過程において、日本カトリック司教団の日本人司教たちによる、日本人カトリック信者たちのため、また、司教である自分たちのための、日本におけるカトリック教会の改革を目指して開始された信仰復興運動であった。よく「上からの改革」「下からの改革」と言うが、一方では、司教たちはカトリック教会共同体のいわばリーダーなので、この改革は「上から」という意味合いがある。しかし他方では、受洗したカトリック信者だけでなく未洗ではあるが「聖霊によって力を受けた（息吹かれた）人々[6]」とともにリーダーである司教自身も同じ目線で改革を進める「下から」の性格も含まれている。結論を急ぐがナイスは組織論的には「上から」、公会議の精神に従った意味で神学的には「下から」のムーブメントだったと言えよう。

「ともに生きる」難しさ……

第一回ナイスは一九八七年一一月〜一二月に開催、第二回は一九九二年〜一九九三年に開催された。どちらも日本全国の各教区（diocese＝日本にはカトリック教区が一六あり、各教区に一人ないし二人の司教が存在する）からの代表者（代表者は司祭・修道者だけでなく信徒もいた）と司教団によって構成される会議体であり、第一回ナイス開催に向けおよそ六年間、第二回は第一回終了直後からおよそ五年間の準備期間を要した。ここで言う準備とは、各教区にはいわゆる街の教会すなわち小教区（parish）があるが、その各小教区内での現況、信仰生活のあり方、あるいは、各修道会において、信徒間において、また、司祭間において、様々な集まりを催し、率直な分かち合いを行い、現状や課題を文書にまとめていくという作業のことを指す。両会議ともに膨大な準備資料が残されている。各地方から提出された文書は代表者会議において検討された。これら一連の過程を経て「日本の教会」が打ち出すべき基本方針と優先課題を決定するという到達目標が設定された。

一九八二年一二月三日の臨時司教総会において提出された『日本の教会の中央機構』（案）の「前文」に、「日本という社会、文化、歴史、地理的な情況の中に普遍教会を具体化するためにも、『日本の教会』という視点に基づいて行動することは、不可欠な要請である」[7]とあるように、司教たちの問題意識は「日本の教会」とは何か？　という点に置かれていることがわかる。第一回ナイスの準備段階からこのムーブメントに参加していた森一弘司教は、日本人自らが「日本の教会」という単位に公的な表明を示したのは日本におけるカトリック教会宣教史上初めてだったのではないかと語っている。[8] つまり、ナイスの特筆すべき点は「日本の教会」が発見されたことにあるという見方である。この点を考慮するため明治期のカトリック教会の再宣教（フランシスコ・ザビエルの初めの宣教後、長きに渡る断絶期間後の宣教再開についてこのように言う）以降について少し振り返っておきたい。

　西欧各国のルーツを持つカトリック修道会は各々独自なルートで来日し、主に学校教育に従事した。彼らは学校を建て、同時に学校付属の教会を建てて宣教を開始している。その動きとは別に教皇庁福音宣教省からの要請でフランスのパリ外国宣教会に宣教の権限が付与され、通常の教会制度が確立されていない状況下でしばしば見られる方法であるが、初めは南北の二つ、そして、四つの地域に区分するという「代牧制度」が敷かれ宣教活動が開始された。教皇庁直属の任命を受けたパリ外国宣教会の外国人司教らが代牧区（旧教区）の宣教の主導権を取ったのである。[9] もちろん両者の近接的、遠隔的関係性の相違はあるが包括的に見て、西欧ルーツの修道会と教皇庁直属の任命のいずれも外からの人間が日本のカトリック教会を始動させたことになる。

「代牧制度」下において、日本人のカトリック信者が「日本の教会」とは何かと問う機会は皆無だった。その後も、日本人司祭の誕生とともに少しずつではあるが宣教活動を日本人が行うようになったとはいえ、代牧区時代の影響から各教区の独立性が高く、主導権は各地域の外国

人宣教師が握っており、「日本の教会」としての足並みは揃っていなかった。(10)
第一回ナイス準備期間中の一九八四年、司教団は「日本の教会の基本方針と優先課題」を発表し、全国の信徒に呼びかけた。基本方針の二つの事項には公会議の精神を受け、開かれたカトリック教会の姿が完結に述べられている。

基本方針

1　私たちカトリック教会の一人ひとりが、宣教者として、まだキリストの食卓を囲んでいない人々に信仰の喜びを伝え、より多くの人を洗礼に導き、彼らとともに救いのみ業の協力者となる。

2　今日の日本の社会や文化の中には、すでに福音的な芽生えもあるが、多くの人々を弱い立場に追いやり、抑圧、差別している現実もある。私たちカトリック教会の全員が、このような「小さな人々」とともに、キリストの力でこの芽生えを育て、すべての人を大切にする社会と文化に変革する福音の担い手になる。(11)

1では教会のすべきことは人々を洗礼に導くこと、2では教会のすべきことは社会をより良く変容させることであると主張している。当時の指導者たちの中にある二つの教会観を端的に示す内容であるが、そのどちらも主語は「私たち、一人ひとり」つまり、「わたし」である。この呼びかけによって、司教団は突如として信徒の目線と一つとなり、「下からの改革」を打ち出したのであるが、信徒の側、また時には司祭の側からも疑問が生じた。

カトリック教会の信仰は「教わる」ものであり、うやうやしく拝受するものだと考えていた信徒たち、あるいは司祭たちは誰でもフラットに正直な思いを語ることができる分かち合いや議論に全く不慣れで戸惑ってしまった。また逆にこれからは自由に腹のうちに秘めていたことも言っていいと曲解した人も多くいて各地で混乱が起きた。公式記録集にはナイス期間中の発題者による真摯な発言、当時の社会に対する現状認識、教会内の亀裂に至るまであらゆる内容が記されている。一例を挙げると大阪教区のある女性の発題は次の通りである。この人の見たままの教会の姿、それは率直な意見であり、真実である。しかし、この意見を受け止めるための度量と手段も必要であったことだろう。

「本来、教会とはどんな所でしょうか。イエス様は『すべて重荷を追って苦労している者は、私のもとに来なさい。あなた方を休ませてあげよう』とおっしゃいました。教会は苦しむ人、弱い立場におかれている人に対して救いの場所のはずではないでしょうか。それなのに、教会はしばしば裁きの場、完全無欠の人の集まりのようなイメージを与えています。だからお互いが苦しみを話せないし、また苦しみ悩む人々が教会から遠ざかっていく傾向を生み出してしまっています[12]」。

「日本の教会」を初めて意識した司教団による信仰復興運動、刷新のムーブメントの手段は、今を生きる信徒に対しての徹底的な傾聴であった。しかし、日本全国の当時のカトリック教会の規模（一九八七年当時の総信者数四四万五八七五名）で行うことは至難の業であったに違いない。筆者は以前、当時を知る人から、会期中、ある人は話しながら苦しくなって泣き出したり、分科会で喧嘩になったり、人間関係に悩んで精神的に支障を来す人もいたと聞いた。「下からの」改革は痛みを伴う改革でもある。会期に参加した多くの人は「ともに生きる」真の困難さを発見したのではないだろうか。

日本カトリック司教団は第一回ナイス終了直後の一九八八年一月『ともに喜びをもって生きよう——第一回福音宣教推進全国会議にこたえて[13]』と題した公式文書を発表した。この中に「『答申』の各提案について司教団で審議した結果」として、三つの柱と十四の提案の内容をまとめると以下の通りである。

柱一「日本の社会とともに歩む教会」
提案1　教会が社会の現実に応答できるような機関を充実させる。
提案2　信徒、修道者、司教のための生涯養成を確率する。

提案3　カトリック学校の現状と課題を再検討する。
提案4　社会的に弱い立場の人々への態勢の充実、環境や社会構造の変革の取組み。
特別提案　離婚者、再婚者への司牧、教会法からの再検討。福音的な解決を見出す。

柱二「生活を通して育てられる信仰」
提案1　職場、小教区、家庭、地域、職能別、世代別での信仰の養成。
提案2　日常生活レベルでの信仰養成のための司教団の八つの具体的活動。
提案3　教会共同体における青少年の使命と役割を積極的に評価し促進。

柱三「福音宣教をする小教区」
提案1　社会（地域）への参加と奉仕を通して教会の姿勢を外向きにする。
提案2　典礼に活力を与える。
提案3　女性の参加、奉仕職、意思決定を含む運営への参画を実現する。
提案4　教会内の協力態勢を確立する。
提案5　小教区制度の抜本的見直しと再編成を検討する。
提案6　教区間の人材活用や交流、財政的協力を図り十六教区制度を再検討する。

この公式文書を受け、司教団は継続した取組みのために日本カトリック中央協議会にナイス推進委員会を設置し、新たなプロジェクト・チームの構築等による具体策を講じた。司教団は一九九〇年六月の定例司教総会において一九九三年の第二回ナイスの開催を決定し、教会の信徒全員が参加できる「下からの改革」を推し進めようとした。第二回のテーマは「家庭の現実から福音宣教のあり方を探る――神のみ旨に基づく家庭を育てるために[14]」、「日本の教会をキリストの期待にこたえる信仰共同体に変革する道を見出すために」、様々な問題や苦しみを抱える家庭の現実からまずは具体的な出発をしようと考えたのである。

しかし、第一回ナイスから浮かび上がった課題と一つ一つの打開策も具現化されぬままで、一九九三年、第二回ナイス開催を迎えてしまった結果、ナイスを推進するチームと各地方の司祭、信徒たちとの不協和音は広がるばかりであった。公式記録集には、第一回ナイスという動きそのものを認めることのできない司祭の存在、ナイスの方法論としての「分かち合い」に未だ慣れないもどかしさ、また、新しいテーマの「家庭」に対する疑問等、様々な意見の相違が書き残されている。

それでも第一回ナイスで「制度を考えるチーム」として任命された人々は制度の見直しに関しての各地域の教区宛てにアンケートを実施し、考察を続け、日本の教会が「宣教する教会」への成長の歩みを願うとし、一九九五年に「司教団への答申[15]」を提出している。本提言は日本の教会組織の抜本的な改革を謳《うた》っており、特に、十六ある教区を現行の教会管区（日本に三つ――東京、大阪、長崎）に統廃合し、小教区、教区を超えた協力体制へと再構築すべきだと述べている。しかし、現在も十六教区のまま組織は変わらず、高齢化を迎えてさらに弱体化している現状があり、第一回、第二回ナイスについて、それ以降、公の場で語られることもなく、数々の提案も評価されぬまま今日に至っている。

ナイス以降、問われるべきもの――「信仰の感覚」と「シノドス性」

第一回、第二回ナイスの真価はどのような点にあるのだろうか。その後、継続せず、評価もされず、あたかも頓挫したかのようなこの会にシノドス性の効力はなかったのであろうか。中川明はナイスを通して見えてきた日本の教会の限界を認めるべきであるとし、その原因を第二バチカン公会議以前の日本の教会がヨーロッパからの直輸入だったこと、さらには「第二バチカン公会議さえも日本の教会の必要性から開催されたわけではなく、日本の教会はその結果を直輸入しただけだった」ところにあると指摘する。(16) つまり、信仰に根がなく、真の動機無しに表面的に公会議のスローガンだけを引っ張り込んだというわけである。

とはいえ、もちろん数々の波紋を残したナイスであったが、それでも、戦後日本のカトリック教会にとって最初の信仰復興運動として「日本の教会」を自覚したという一点の真価は残り、実はそれがとても貴重な点である。これはカトリック教会の日本における土着化（インカルチュレーション inculturation）[17]の重要な一歩であり、この一歩がなければ真の信仰へと成長することはない。ナイスから生まれた公式文書は、当時日本の教会が置かれていた社会状況を信徒の眼差しから捉えた証言の数々を記録しており、それが、いかに教会組織に対して痛切な批判を含む文章であったとしても、当時のカトリック信徒の生きた語りである。「課題があまりに大きくまた多く、人材的にも経済的にも、日本の教会が対応しきれなかった[18]」現実に真っ向から対峙した「日本の教会」の創造的かつ素朴な萌芽がそこにあるのではないだろうか。

このことを明示するためには第二バチカン公会議から派生した幾つかの主要な概念に含まれる「信仰の感覚」と「シノドス性」について説明しなければならない。図1は第二バチカン公会議がこの世と神と信仰

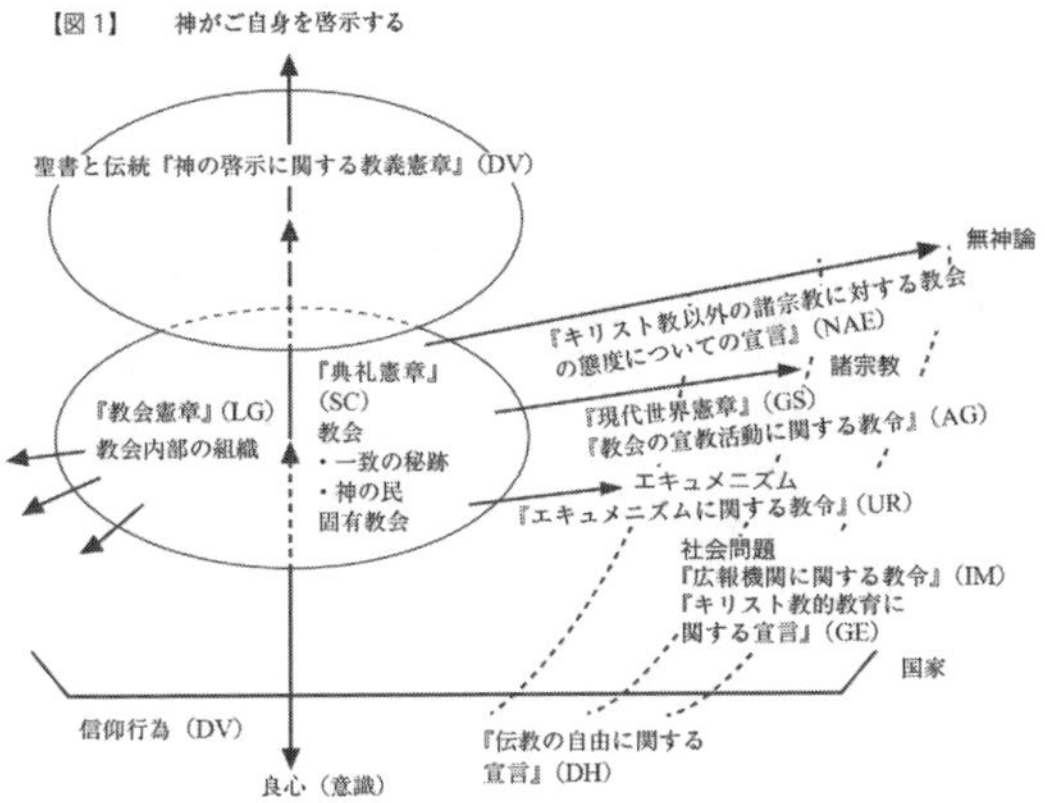

図1

との関係を説明するにあたり、公会議で公布された主な文書[19]がどのような指標を担うかを示した図である。[20]『神の啓示に関する教義憲章（Dei Verbum）』において呈示される「啓示」とは、神がご自身を啓示する「神の自己啓示」（auto-revelation）である。ここで用いられる神学的語法は聞き手（あるいは信仰者）を直接的に神へ、キリスト教カトリック教理で言うところの「神の秘跡であるキリスト」との人格的交わりへと招き入れる働きをする。神から人間へと向かう矢印は個々の人々の内面へと、良心へと求心的に向かう。「神が、キリストによって、聖霊のうちに、自分自身を啓示する」（DV 第一章2）[21]。中心に縦一直線で引かれた線の上方の先にあるのは「神の自己啓示」であり、下方には人の「意識／良心（conscience）」がある。この線は、神と人との対話の場が人間の主観的態度の内に規定されているのを示したものである。無制約的な超越性である神から人への交わりに対して人間の側からも開かれた応答として神に向かうことができる。人間には超越性から自己を規定する本性があるとする神学的立場を取る。

この図の説明で特筆すべきことは、縦軸は人間の主観的態度にのみ、その他すべての位相は横軸として理解すべきであるとした点である。これまでキリスト教が自らの宗教的伝統として自明のものとした「聖書と伝統」も下位に位置する教会や教会の儀礼から自由になっている（二つの円で示された領域の区分）。歴史の中で編纂され、培われてきた聖書テキストや他の文書、あるいは文字にならないすべての伝統は教会の所有物なのではなく、この世の全て、人類全体に開かれている。以前、第一バチカン公会議までは、神に関する超自然的啓示は教会を通してのみ教えられるものと考えられていたが、第二バチカン公会議においてこの点の神学的理解は大きく変更されている。[22]とはいえ、教会内部の組織の主体である信徒と信徒の生活全体、すなわち一致の秘跡としての儀礼は（下方の円で示された領域）、教会創立の初めから全世界へのミッション、宣教[23]を指向しており、超自然的啓示の「教え」から「学び」へという理解の変更が必ずしも教会の存続を脅かすような変更とは言えない。

いずれにしても、第二バチカン公会議はこの世に対する開きを強調した意向を打ち出している。カトリック信徒は教会共同体に属し、儀礼を実践するキリスト者として積極的に横軸に示されるようなこの世における様々な事象と現実にそこに存在する人々へと触手を伸ばしていかなければならない。放射線状に示される矢印は、無神論に向かって、諸宗教、エキュメニズム、社会問題、国家へと全方向的に広がっている。それら全てへの関心を自らの「信仰行為」で生き抜かなければならない。信徒の使命を主張しているのである。

この時、重要な概念となるのが「信仰の感覚」[24]である。センスス・フィデイ・フィデリス、信者一人ひとりの信仰の感覚は「理性の熟慮によるものではなく、むしろ、自発的で自然な理解やある種の知覚というようなかたち」（『信仰の感覚』49）を取り、信仰から流れ出る「本性（instinct）」である。ここで言う本性とは人間にあらかじめ備えられた「共感による知識、もしくは、心の知識」（同、50）とされる。「生来的なもの（connaturality）」という説明が幾度となく用いられ、また、この本性が概念化と推論という人間の能力を行使することによってさらなる前進を遂げると説明されることからしても、基本的にこの神学的考察が人間論、すなわち、ヒューマニズムに拠って立つものであることは明白である。

第一の本性を人間にあらかじめ備えられたこのような自然的能力とするなら、第二の本性は第一の本性がもたらす正しい理性に従っておのずから行為や判断をなしうる状態、つまり「徳（virtue）」ということになる。ここでいう徳とは「ある人が、知性面であれ倫理面であれ、ある一定の方法でふるまう恒常的な態度（あるいは習性 habitus）」（同、51）である。現代世界憲章における「良心（conscience）」や、教会憲章における「誠実な心（sincerely seek）」「正しい生活（a good life）」との関連性である。第二バチカン公会議におけるアッジョルナメント（aggiornamento）、すなわち「今日性」に開かれた態度を根底から支えているのはまさしくこの開かれた人間理解の方法なのである。

信仰生活を生きるカトリック信徒の信仰の感覚に決定的な信頼が置かれている。カトリック教会に属する全信徒はまずこのことを知る必要がある。そして、この自分の信仰の感覚に真摯に向き合った時に発露する心からの言葉に忠実であって良い。さらに、自分自身にもこの信仰行為が許されているように、カトリック信仰を分かち合う兄弟姉妹に、また「カトリック信仰をそのまま告白しない人」（同、56）にもこの行為の機会が与えられていることを知る必要がある。時には争議となるほどの緊張関係に陥るかもしれない。しかし、そこから逃げる必要もなければ、無かったことにする必要もない。ともに受け止めた言葉を分かち合うことが肝要であり、そこからしかこの世を生き抜くための識別は始まらない。

シノドスとはまさにシン・ホドス（*sun-+hodós*）、「ともに、道を（行く）」という語源から派生した言葉である。第二バチカン公会議の直後、一九六五年、教皇パウロ六世は、公会議後の歩みを全教会のシノドスの歩みと位置付け、教皇が提起した問題を協議し意見する機関として設置した。シノドスと呼ばれる世界代表司教会議には「通常総会」と緊急時の「臨時総会」、また地域別の「特別総会」があり、最近では二〇一八年「聖書」、二〇一二年「宣教」、二〇一五年「家庭」、二〇一八年「若者」をテーマとして通常総会が行われてきた。

二〇一五年、教皇フランシスコは現代の教会を「シノドス的教会」と定義した。シノドス性は第一の実践の場として部分教会（地方に存在する各教会）において実現するが、教会の中に存在するあらゆる組織が「現場」とつながっていればいるほど、また人々や、日常の問題から出発していればいるほど、シノドス的な教会を形成し始めることができる。これらの手段は時に問題を孕むが、傾聴と分かち合いの機会を提供するものとして重視されねばならない。「ともに、道を歩む」教会において、「信徒にも主が教会に示される新たな道を嗅ぎ分ける『嗅覚』

がある」ことへの信頼を喚起している[25]。

そして、現在は、二〇二一年九月に準備文書が発表され、二〇二三年のシノドスに向かっている。テーマは「ともに歩む教会のため――交わり、参加、そして宣教」である。今回の会議のテーマは「ともに歩む」。その名の通り「シノドス」であり、シノドスをテーマとするシノドスである。「今日、様々なレベル（地方レベルから全世界レベルまで）で行われているこの『ともに旅をする』ことは、教会が委ねられた使命に従って福音を宣べ伝えることを可能にするだろうか。また、シノドス的な教会として成長するために、聖霊はどのような段階を踏むよう私たちを招いているだろうか」（第16回シノドス準備文書2[26]）。この呼びかけは単に司教会議に参加する司教たちだけに呼びかけられたものではない。全教会のカトリック信徒一人ひとりに向けられた問いである。二〇二一年一〇月、来る三年間の歩みをともに祈るための開会ミサが各地域で行われ、二〇二三年までに各地域での教会会議、そして大陸別の会議を経て最終文書を作成し全体会議に携えていく。探求すべき一〇のテーマとして、「一、旅の同伴者、二、聴くこと、三、声に出すこと、四、祝うこと、五、宣教における共同責任、六、教会と社会における対話、七、他のキリスト諸教派とともに、八、権威と参加、九、識別することと決断すること、一〇、シノドス性の中で自己形成すること」が挙げられている。信仰の感覚を研ぎ澄ませて祈り、聴く態度がカトリック信徒全員に求められている。

「日本の教会」という自覚の道を日本に生きるカトリック信徒の先人が開き、開かれた道を後の者たちが前進していることを第一回、第二回ナイスから学び直すことができる。教会を形づくるカトリック信徒は教会に委ねられた使命をどのように果たすことができるのだろうか。どのように「ともに旅する」ことができるのだろうか。ナイスの公式文書を綿密に分析し、ナイス以降三〇年を経た「わたしたち」を明らかにすることが求められている。

おわりに

日本のカトリック教会における信仰復興運動の一つの例として、第一回、第二回ナイスについて報告し、その真価が何だったのか、それは何に基づき、どこに向かおうとしているかということについて考察してきた。子どもが成長する上で「自分自身は何なのか、誰なのか、なぜ、わたしはわたしなのか」と自問自答する経験を自我体験と呼ぶが、日本のカトリック教会もまさしく自我体験のような時を経験したのではないだろうか。痛みを伴い、葛藤の中で、神に叫び助けを求めてきたし、今もそうしている。脆弱でありながらも、しかし、このような素朴な個人の経験が単なる個人のものとして切り捨てられることなく、民として、共同体、教会組織全体として、皆で、ともに歩むと確信して疑わないところにカトリックのカトリック性（普遍性）たる所以をかろうじて見出すことができる。

第一回、第二回ナイスの公式文書の最終頁には当時、会議に参加した代表者、各地方の教会での準備委員会で活躍した人々の名前が記されている。知人の名前を発見できるのは喜びではあるが、すでにこの世を去った人の名前も数多くある。この人々の顔を一人ひとり想い起こし、ともにこの世を旅した経験、その時間の尊さを噛み締めながら、残された者のひとりとして、彼らの証言を座り込んで読み込んでいきたい。時のしるしを読み解くために、わたし自身の信仰の感覚で。

＊註

（1）光延一郎編著『日本の教会と神学――第二ヴァチカン公会議40年の歩み』、上智大学神学部 夏季講習会講演集、サンパウロ、二〇〇五年参照。
（2）『第二バチカン公会議公文書 改訂公式訳』、カトリック中央協議会、二〇一三年、六〇〇頁。
（3）カトリック中央協議会、有村浩一氏作成。
（4）原敬子『キリスト者の証言――人の語りと啓示に関する実践基礎神学的考察』、教文館、二〇一七年、一三〇頁。
（5）同上、二二〇頁。

（6）増田裕志『カトリック神学への招き』上智大学出版、二〇〇九年、一八〇頁。
（7）第一回福音宣教推進全国会議事務局『開かれた教会をめざして――第一回福音宣教推進全国会議（NICE-I '87）公式記録集』カトリック中央協議会、一九八九年、一一〇頁。
（8）真生会館感謝の集い記念講演「「福音宣教推進全国会議（ナイス1）とは」二〇二一年九月二〇日において。
（9）三好千春『時の階段を下りながら――近現代日本カトリック教会史序説』オリエンス宗教研究所、二〇二一年、参照。
（10）同上、一九五頁。
（11）前掲『開かれた教会をめざして――第一回福音宣教推進全国会議（NICE-I '87）公式記録集』一一頁。
（12）同上、六七頁。
（13）日本カトリック司教団『ともに喜びをもって生きよう――第一回福音宣教推進全国会議にこたえて』カトリック中央協議会、一九八八年。
（14）第二回福音宣教推進全国会議（NICE2）事務局『家庭の現実から福音宣教のあり方を探る――神のみ旨に基づく家庭を育てるために（公式記録集）』カトリック中央協議会、一九九四年、一二頁。
（15）制度を考えるチーム『第一回福音宣教推進全国会議を受けて 明日に開く――開かれた教会づくりをめざして』カトリック中央協議会、一九九五年。
（16）中川明『妖怪の棲む教会―ナイスを越え教会の明日を求めて―』夢窓庵、二〇〇二年、五七頁。
（17）インカルチュレーションとはキリスト教カトリックの宣教の過程を説明する語であり、日本語で「文化内開花」と言われることもある。J・スィンゲドーによればインカルチュレーションの段階は本質上つねに過程であり、三つの段階で区別できるとしている。第一段階は、特定の文化の担い手が異なった文化の担い手に福音宣教を行う。第二段階では福音を受け入れた人間、とりわけ共同体が自分の文化形態のうちに自分の信仰を表現し始める。そして、第三段階では再び文化と文化との出会いとなるが、先の受容者が今度は伝達者となる。「第三の場合には、新しく入信した信仰者が信仰と自己の文化との対話をまだ充分に行なっていない可能性、あるいは逆に、自己の文化を過剰に意識するため第一段階と同様に、福音宣教活動において文化形態の役割を重要視しすぎる可能性も考えられる」。参考：新カトリック大辞典編纂委員会編『新カトリック大事典』第一巻（初版）、「インカルチュレーション」の項、研究社、一九九六年、五三三ー五三五頁。

（18）『妖怪の棲む教会―ナイスを越え教会の明日を求めて―』、五七頁。

（19）『第二バチカン公会議公文書 改訂公式訳』カトリック中央協議会、二〇一三年。

（20）*Vatican II, Edigion bilingue révisé*, Introduction de Christoph Théobald s.j., Bayard, 2002.

（21）『第二バチカン公会議公文書 改訂公式訳』、三九七頁。

（22）原敬子『キリスト者の証言――人の語りと啓示に関する実践基礎神学的考察』教文館、二〇一七年、第二章第三節参照。

（23）マルコ一六章15節「全世界に行って、すべての造られたものに福音を宣べ伝えなさい」、いわゆる大宣教命令と言われるもの。日本聖書協会『聖書――新共同訳、旧約聖書続編つき』二〇一六年。

（24）国際神学委員会『信仰の感覚――教会生活におけるセンスス・フィデイ』二〇一四年。INTERNATIONAL THEOLOGICAL COMMISSION, SENSUS FIDEI--IN THE LIFE OF THE CHURCH（2014）の全文は、http://

www.vatican.va/roman_curia/congregations/cfaith/cti_documents/rc_cti_20140610_sensus-fidei_en.html において閲覧可能。

（25）教皇フランシスコ「世界代表司教会議設立五十周年記念式典における演説（二〇一五年一〇月一七日）」。『世界代表司教会議 第十四回 通常総会 報告――教会と現代世界における家庭の召命と使命』（会期二〇一五年一〇月四日～二五日）カトリック中央協議会、二〇一六年五月八日、二〇頁。

（26）Preparatory Document for the 16th Ordinaly General Assembly of the Synod of Bishops, For a Synodal Church: Communion, Participation, and Mission, https://press.vatican.va/content/salastampa/en/bollettino/publico/2021/09/07/210907a.html

第四章　日本におけるスピリチュアリティの発生と展開

堀江宗正

一　「スピリチュアリティ」という言葉について

今日、日本語の著作物では、英語の「spirituality」という言葉は、「霊性」と翻訳されるか、「スピリチュアリティ」と音写される。とくに宗教学、心理学、看護学などの学術分野では後者の用例が多い。(1)「スピリチュアリティ」という言葉を使う日本人著者の多くは、しばしば、それが元の英語の「spirituality」と同じ発音と意味を持つと見なしている。しかし、両者の間に違いがまったくないわけではない。英語の spirituality が多義的であるのと同様に、日本語の霊性＝スピリチュアリティも多義的である。その豊かな意味は特定の社会的歴史的文脈における実際の用法によって決定されてきた。

宗教学や心理学などの学問分野の研究者は、スピリチュアリティを専門用語として作り上げてきており、その意味を正確に理解している。だが、研究者たちは、調査をもとにスピリチュアリティを多次元的な概念や尺度として分節化するため、彼らが「スピリチュアリティ」という言葉で正確に何を指しているのかが時おり分かりにくくなる。[2] とはいえ、研究者たちの用法は spirituality の英語としての基本的意味、たとえば「非物質的、非肉体的である物事や実体」や「スピリチュアルであるという様態、状況」という意味を保持している（『オックスフォード英語辞典』を参照）。宗教社会学では、「スピリチュアリティ」という用語は、スピリチュアルなもの——霊や霊的エネルギー——にまつわる、組織宗教外での個人化された信念や実践を指す社会文化的カテゴリーとしても用いられている（堀江二〇一一）。私はすでに別の出版物で（堀江二〇一九）、この意味でのスピリチュアリティを次のように定義している。

スピリチュアリティとは、（一）通常は知覚しえないが内面的に感じられるものへの信念と、（二）それを体験して変化をもたらそうとする実践の総体であり、（三）宗教文化的資源の選択的摂取、（四）個人主義や反権威主義といった態度が、程度の差はあれ、ともなうものである（堀江二〇一九：一五頁）。

この「スピリチュアルだが宗教的ではない spiritual but not religious」（ＳＢＮＲと略称され

る）というカテゴリーは、日本の一般大衆の間では「スピリチュアル」と呼ばれることが多い（有元二〇一二）。もともと、このカタカナの「スピリチュアル」は英語の「spiritual」という形容詞を音写したものであるが、今日ではこの特定の文化的ジャンルを指す名詞になった。しかし、英語文献における「SBNR」という用語の使い方と比べると、日本語の「スピリチュアル」は、超自然的存在としての死者の霊への信仰との関連が強く、現世利益を強調する傾向が顕著である（堀江二〇〇七：五一頁）。

二　鈴木大拙の霊性論

二〇〇〇年以前において、「spirituality」は「霊性」と訳されることが多かった。「霊」は「spirit」を意味し、「性」は「-ity」に当たる。この言葉を日本で広めたのは、著名な仏教思想家である鈴木大拙（一八七〇－一九六六）による『日本的霊性』（一九四四）という著作である。彼は霊性を「宗教意識」として定義し、「宗教」と区別している（一九四－）。

鈴木によれば、「霊性」は、個人的な自己（個己）を超えた超個人的な自己（超個己）に由来するものの内側からの体験、すなわち気づき（情性的直覚）を含意する（一三五九－）。この「超個己」という言葉は、現代西洋のスピリチュアリティの語彙のなかでは「高次の自己」

や「トランスパーソナルなもの」と近いように見える。しかし、鈴木は「自分を超えたもの」一般として、より広くとらえているように見える。

超個己は自己と絶対的に異なる他者ではない。なぜなら、個別的な自己の源泉であり、「自己」の本来的な形態だからである。鈴木によれば、個己は宇宙の大霊である超個己の反映である（一八七二–）。したがって、超個己はブラフマンの概念と近いかもしれない。なぜなら、ブラフマンは宇宙の究極的原理であると同時に、個人の自己（アートマン）と一致すると考えられるからである。また、鈴木は、超個己の働きを阿弥陀仏の本願、他力と結びつけ、個己の自力も他力によることを自覚した親鸞によって、日本的霊性への扉が開かれたとする。鈴木は、キリスト教神学にも、人間が神の力によって生きるという似た考えがあることを認めた。だが、カトリック信徒たちは、神を究極的な主体と見なし、仏教ほど霊性の自覚を重視しないと考えた（二三一四–）。

鈴木によれば、「宗教」は、本来この霊性への気づきをうながすものだが、呪術的目的や政治的目的のための手段に転じる傾向がある。鈴木は、農業など人間の大地との関わりにおいて霊性が現れると考えた。したがって、霊性は聖職者だけでなく、普通の民衆の生活にも見いだされるものである。鈴木は実際に普通の人々の霊的な生活・人生の事例をいくつか記述した。

鈴木の霊性論は、現代のスピリチュアリティ論の先駆けと言える。彼はスウェーデンボルグの著作を翻訳し、当時の神智学への造詣も深く、その理論を発達させる際に西洋の神秘主義を意識していたとしてもおかしくない。しかし、鈴木は、スウェーデンボルグの実在論的すぎる天界・霊界についての記述は受け入れなかった。吉永進一によれば、鈴木は現世においてもある種の心理状態において、五感を超えた霊界のようなものは把握できると考えていた（Yoshinaga 2014: 131）。このように、当時のスピリチュアリズムが展開していた直解主義的な他界観とは異なる、日常生活に根ざした心理学的なスピリチュアリティ理解を、鈴木は先取りしていたのである（より批判的な読解としては、堀江二〇二〇b参照）。

日本では鈴木のあと、「霊性」という言葉はしばらく使われていないが、キリスト教の著作において、英語の「spirituality」の訳語として使われている。一九八〇年代以降は、ニューエイジ運動に関する著作が大量に日本語へ翻訳され、ニューエイジ的スピリチュアリティの観点から「霊性」という言葉が再び使われるようになっている。

三　オカルト・ブーム、精神世界、ニューエイジ、新しいスピリチュアリティ

社会文化的カテゴリーとしてのスピリチュアリティは、日本ではポピュラー文化において発生し、引き続き、さまざまな形でマス・メディア上に現れた。その表象は次のような特徴を持

つ。第一に、コミットの度合いが深い参加者・実践者にとどまらず、ライトユーザーや顧客、オーディエンスを含む当事者たちがおり、彼らは一般的に「宗教」と同一視されることを嫌う。第二に、これらの当事者は、固定的な教義、拘束力の強い組織構造、指導者崇拝を「宗教」に当たる具体的特徴として嫌う。第三に、彼らは個人主義者なのだが、関心のあり方や消費行動の共通性から、突発的流行（日本ではしばしばマス・メディアによって「ブーム」と呼ばれる）が出現したように見える。第四に、「ブーム」に世間が注目し、論争を巻き起こすような問題が起こると、当事者たちは「ブーム」と同一視されるのを嫌がるようになる。以下、具体例を挙げてゆこう。

一九六七年頃から、米国のビートニック詩人やインド宗教に影響された人々がコミューンに住みはじめ、また国内外を放浪しはじめる（山田二〇一三）。その集団は「ヒッピー族」として知られるようになる。この現象に加えて、一九七三年の第一次石油危機のあと、テレビや書籍で幽霊、霊能者、心霊写真、超能力（スプーン曲げなど）、ノストラダムスの世界の終末に関する予言などが取り上げられ、いわゆるオカルト・ブームが起こった（前田二〇一六）。

一九七八年には紀伊國屋書店で「インドネパール精神世界の本」というブックフェアーが開催され、以後、書店のコーナーの名称として「精神世界」が定着する（Prohl 2007: 360）。島薗進によれば、当時の雑誌が作成した「精神世界」に関するブックリストは、東洋宗教、瞑想、幻想性や宗教性のある文学、東西の哲学の古典的な書籍を取り上げていた（島薗二〇〇七b：一六九頁）。この種の本は世界各地の神秘思想に関心を持つヒッピーたちをひきつけたであろうが、前述のオカルト・ブームのカテゴリーには当てはまらない。このように、精神世界は当初はオカルト・ブームとあまり関係がなかった。

一九八〇年に米国でマリリン・ファーガソンの『アクエリアン革命（邦題）』が出版されると、すぐ一年後には日本語に翻訳されている。そこでは、人々の意識が、暴力や権力を志向する旧時代の文明や宗教に代わって、愛と平和を志向する精神性へと進化する「新時代（ニューエイジ）」がやってくるという主張が説かれていた（Ferguson 1980）。この考えは、他のアメリカのニューエイジ本を通して受け入れられていった。それらは原著刊行からすぐに日本語に翻訳された。これらのなかには、宗教と科学の一致を唱える「ニュー・サイエンス」（さまざまな種類のニューエイジ的な科学を指す言葉）、自我意識を超えた変性意識状態を探求するトランスパーソナル心理学に関する数多くの書籍が含まれる。一九九〇年代の「精神世界」関連書籍のカタログ（ブックガイド）においては、文学や哲学の本が減少し、心理学や心身の健康、自然やエコロジー、神秘主義やオカルトの本が多く含まれるようになる（島薗二〇〇七b：一六九頁）。

島薗進はニューエイジも精神世界もローカルもしくはイーミックな概念だとし、代わりにこれらのグローバルな現象を比較的に記述するために「新霊性運動」という分析概念を提唱した。二〇〇〇年後は、より広い「新霊性文化」という概念を使い始め（Shimazono 2004 : Ch. 15）、最終的には単に「新しいスピリチュアリティ」という言葉を用いるようになっている（島薗二〇〇七a：v）。島薗の理解によれば、新しいスピリチュアリティは、組織宗教に置き換わりつつあり、個人の意識の覚醒をうながそうとしていた。この概念は、ヒッピー、オカルト・ブーム、精神世界、ニューエイジなど雑多な運動や文化的現象を包括することができた。

しかし、以降で述べる現象、すなわち宗教者によるスピリチュアル・ケアや伝統宗教への個人主義的回帰、そして西洋においてその重要性が認識されつつある既成宗教のなかのエソテリシズム（秘教思想）を、「新しい」という言葉は適切にカバーすることができない。そこで私は「新しい」という言葉を抜いた「スピリチュアリティ」を包括的概念として採用し、日英米の多様な形態のスピリチュアリティの比較研究にもとづいて、スピリチュアリティをサブカテゴリーに分類することを試みてきた。すなわち、外来宗教のスピリチュアリティ、既成宗教のなかのスピリチュアリティ、フォーク・スピリチュアリティ、システマティック・スピリチュアリティ（Horie 2013: 113）、ポップ・スピリチュアリティ（堀江二〇一九）などである。

四　医療、心理学、死生学におけるスピリチュアリティ、スピリチュアル・ケア

日本におけるスピリチュアリティ研究の多くは、心理学や医療や看護の領域で発表・出版されており、そのような状況は英語圏と変わらない。人間性心理学やトランスパーソナル心理学の観点によれば、人はそれぞれの人格的成長の過程において遭遇する自己超越的体験が契機となってスピリチュアリティを探求するという（日本トランスパーソナル心理学・精神医学会ほか二〇〇七）。マインドフルネス瞑想と認知行動療法を結びつける仏教心理学は二〇〇〇年代後半に発達したが、同様にこの観点を保持している（井上ほか二〇一二）。

その一方で、何人かの研究者は、スピリチュアリティが日本人においてどのようにとらえられているかを同定するために、質問紙調査やインタビュー調査をおこなってきた。これは、WHOの健康の定義に「スピリチュアルな健康」を含めるかどうかが議論されたことをきっかけに促進された（比嘉二〇〇二、田崎二〇〇一）。高齢者のスピリチュアリティを対象とした調査をレビューした竹田・太湯（二〇〇六）は、スピリチュアリティの諸次元を「生きる意味・目的」「死と死にゆくことへの態度」「自己超越」「他者との調和」「よりどころ」「自然との融和」に分類している。彼らはまた「よりどころ」という次元のなかに、「亡き人の支え」というカテゴリーを同定した。このカテゴリーの例として、先祖や位牌がリストに挙げられている

が、これは西洋人のスピリチュアリティの構成要素のリストには出てこないだろう。

死と死にゆくことと亡き人（近親者や先祖）を意識することは、日本人のスピリチュアリティにおいては重要な役割を演じているようだ。西洋諸国におけるサナトロジーとデス・スタディーズ（死の研究）に対応する日本の「死生学」でも、スピリチュアリティが議論されてきた。とくに、二種類の実践者たちがスピリチュアリティに関心を持っている。（一）まず死にゆく人の生きる意味と死後のイメージを支えるスピリチュアル・ケアに関わる人たちである。（二）そしてもう一方は、死別経験者が、亡くなった最愛の人とのつながりを継続するのを助けるグリーフ・ケアに関わる人たちである。グリーフ・ケアは広い意味でのスピリチュアル・ケアに含められることもある（たとえば日本スピリチュアルケア学会の活動を参照）。

「スピリチュアル・ケア」はシスリー・ソーンダーズ Cicely Saunders のホスピス・ケア、あるいは緩和ケアの一部として導入された。しかし日本では、この言葉は、ホスピス・ケアの一側面を指す普通名詞というより、独特な技法を指す固有名詞として使われている。また、ソーンダーズがスピリチュアル・ケアを多かれ少なかれ宗教的信念と結びつけていたのに対して、日本の論者は、スピリチュアル・ケアが特定宗教と必ずしも結びつかないことを強調する傾向がある（窪寺二〇〇〇）。だが、東日本大震災以後は、宗教者によるグリーフ・ケアの実践において死者との継続する絆が重視されている（Horie 2016、高橋・堀江二〇一二）。

五　カタカナの「スピリチュアリティ」――霊からの脱却

二〇〇〇年以後、トランスパーソナル心理学や宗教社会学の分野の学者たちは、漢字の「霊性」の代わりに片仮名の「スピリチュアリティ」を英語の「spirituality」を音写するために使い始めた。漢字より片仮名の方が良い理由として、この分野の学者たちは「霊性」に含まれる「霊」という言葉が読者に「幽霊」を想起させるということをあげている（西平二〇〇三）。彼らのスピリチュアリティの定義のいくつかは、自我を超越したもの一般とのつながりに重点を置いている（伊藤ほか二〇〇四：i）。また、これらの学者たちが「霊」を使いたがらなかったのは、その言葉が組織化された「宗教」を想起させると考えたからだった。同時に、彼らは「宗教的なもの」を広くスピリチュアリティ概念に包括しようとした（樫尾二〇〇二：七－八頁）。その背景要因としては、日本人のあいだで「宗教」が極度に悪い意味を持っていたということがあるかもしれない。なぜなら、この時期には、一九九五年のオウム真理教地下鉄サリン事件の余波がまだ残っていたからである。

また二〇〇〇年以後は、スピリチュアリストの霊媒である江原啓之（一九六四－）が、雑誌やテレビ番組に出演し、それが「スピリチュアル・ブーム」につながった。江原は霊による祟りではなく愛する人々への見守りを強調し、先祖霊よりも近親者の霊とのつながりに頻繁に言及した。彼はその霊概念を死者の霊に限定しなかった。また、輪廻転生の観念を支持し、先祖崇拝にはこだわらなかった。だが、彼の支持する輪廻観は、個人の魂の完全再生ではなく、類魂からの部分再生を想定するものである。その理解によれば、死んだ家族の霊は遺族を見守るだけで、そうした死者の霊よりも、前世の自分が現世の自分の守護霊となって、より大きな影響を及ぼすという。そして、この世で生きている人々も輪廻し続ける霊的存在であることを強調する。

江原は明らかにスピリチュアリズムの観点から「霊」の実在性を前提としているが、その一方で片仮名の「スピリチュアル」も多用した。彼は、これまでの「霊能者」のように権威主義的に相談者を依存させるのではなく、読者や視聴者に自立をうながす「スピリチュアル・カウンセラー」として、自分自身を提示した。江原は直接的にクライエントを受け付けず、テレビや雑誌でのみスピリチュアル・カウンセリングをおこなってみせた。そのスピリチュアル・カウンセリングの構造は、まず相談者のオーラや前世を霊視し、彼らの問題や悩みを心理学的に解釈し、最終的には守護霊や近親者の霊による見守りを確信させて力づけるという構造を持っていた（堀江二〇一九：第三－五章）。

江原は個人個人が霊的真理に則って自分自身を内省し、霊能者などに依存せず責任主体として自立して生きてゆくことをすすめた。しかし、その教えを取り入れ、そのカウンセリングの様子を模倣したスピリチュアル・カウンセラーたちが、スピリチュアル市場で多くの顧客を獲得した（Gaitanidis 2011、橋迫二〇〇八）。「癒しフェア」や「すぴこん」（スピリチュアル・コンベンション）など、ポップ・スピリチュアリティに特化したこれまでにないほど大規模な見本市が登場し、多種多様のスピリチュアル・カウンセリング、オーラ写真、占い、レイキやそれに類するヒーリング、パワーストーン販売などを、ひとまとまりの関連するサービスとして提示した。

江原の人気のピークは二〇〇七年頃だったが、マス・メディアでの露出が増えたことで、スピリチュアル・ブームを批判する声も高まった。反カルト運動と関係する弁護士、また一部の宗教社会学者（石井二〇〇八）が、公共のメディアで霊に関する不確かな主張を流すべきではないと主張した。彼らは、社会経験と潜在的リスクを予測する能力とがない「主婦」や若者がスピリチュアルな事柄を信じ、霊感商法の被害者になりうるという懸念を表明した（全国霊感商法対策弁護士連絡会二〇〇七、櫻井二〇〇九）。

反スピリチュアルの言説は、ソーシャル・メディアが台頭する二〇一〇年代にはさらに強まり、特定の実践者・開業者がインターネット上で批判の標的となりやすくなった。私の調査によれば、「スピリチュアル」という言葉は、ネット・ユーザーのあいだでは虚偽・軽信・詐欺を想起させるものとしてとらえられている（堀江二〇一八：一三四頁）。その結果、スピリチュアルな実践者は「スピリチュアル」という言葉を使うことを放棄し、「開運」という言葉を使うようになる。すると今度は、弁護士たちは、「開運商法」を詐欺的として批判するようになる。こうした「いたちごっこ」が続いているように思える。(3)

六　東日本大震災後のスピリチュアリティ

（一）　霊の復権

二〇一一年の東日本大震災以後は、メディアや知識人のあいだでスピリチュアリティに相当する漢字の「霊性」という言葉が再び用いられるようになった（内田・釈二〇一四、若松二〇一五、金菱二〇一六）。二〇一三年には、被災者が夢や感覚や物質的証拠を通して亡き人の気配を感じたという体験が、ＮＨＫのドキュメンタリー番組で取り上げられる(4)（このような体験の詳細に関しては、Parry 2017、高橋・堀江二〇二一を参照）。それに対する視聴者の反応は概ね共感的なものだったが（堀江二〇一八：一五八－一六二頁）、その背景には霊信仰の長期的な高まりがあるかもしれない。世論調査においては、霊や死後生への信念は高齢者のあいだでは低いが、若者のあいだでは高いことが確認されている。七〇年代オカルト・ブームからおよそ半世紀をかけて、当時の少年少女が長じるにつれて、またオカルト的なモチーフがサブカルチャーに定着するにつれて（堀江二〇一九：第九章）、霊信仰が上昇しつつあるとも言えそうである（堀江二〇一八：一四七－一五〇頁）。

（二）　個人主義的な伝統回帰

スピリチュアリティに焦点を当てて出版物およびSNSユーザーのプロフィールを私が調査したところ、大震災後はスピリチュアリティへの希求が高まったことが分かった（堀江二〇一九：図一－二、九－二を参照）。この希求は、スピリチュアル市場で売られる商品やサービスの消費だけでなく、伝統宗教への個人主義的な回帰という形でも現れた。私がフィールド調査のなかでしばしば聞いたところでは、被災地から遠く離れた東京でも、寺院の催すイベントなどで、若い女性が人生や将来への不安と孤独を僧侶に訴えることが増えていたという（cf. 堀江ほか二〇一三：二八頁）。

すでに二〇〇九年頃から、日本各地の特定の神社と寺院が、「パワースポット」、すなわちスピリチュアルなエネルギーの感じられる場所であると信じられており、多くの人がそれらを訪れていた。震災後は、「聖地」という言葉も使われるようになった。二〇一三年に二〇年ぶりの式年遷宮のための儀式を執り行った伊勢神宮には、過去最多の参拝者（内宮と外宮を合わせて一四二〇万人）が訪れた[5]。二〇一四年頃からは、神社や寺院の御朱印を御朱印帳に押してもらうための巡礼行動が盛んに見られるようになった（堀江二〇一八：二六頁）。

二〇〇〇年代以降、仏教や修験道の修行に多くの新参者が集まるようになっていた。彼らは集団に恒常的に帰属せず、インターネット上の情報を見て短期間だけ個人的に参加する。これらの修行のなかには、以前から一般参加者を多く集めていた座禅だけでなく、滝行（滝の下での勤行）や、数日間にわたって山地を駆け巡り神仏に祈りを捧げる山岳修行などもあった。これらはしばしば「プチ修行」などと呼ばれ、人気漫画家がそれらの体験記をまとめている（小栗二〇〇七）。それに加えて、大都市の裕福な寺院は、通常の修行と異なるユニークなワークショップ、またヨーガ、精進料理、コンサートなどの機会を提供している。たとえば、東日本大震災で被災者支援活動をおこなった東京の宗教者たちが、これらのコンテンツをロック・フェスに似た構造へと組み合わせたイベントである「向源」を、二〇一一年から開催している。こうして、スピリチュアルな事柄への関心は、伝統宗教である神道や、修験道を含む仏教への個人主義的な参加に帰着した（堀江二〇一八：二五―三四頁）。

しかし、これらは、人が多く集い、密に接するという活動形態を特徴とするので、二〇二一年以後のコロナ禍の状況では縮小せざるをえない。このことが、個人主義的な伝統回帰の動きを止めるのか、それとも別の形態をとって進行するのかは、もうしばらく観察を続けないと結論できないだろう。

（三）　政治的両極化

東日本大震災より前の日本のポップ・スピリチュアリティは、市場を介したスピリチュアルな商品やサービスの個人主義的消費を中心としていた。今日のスピリチュアリティは宗教的資源の新自由主義的な商品化だというキャレット&キングの議論は、日本のスピリチュアリティにも当てはまりそうである（Carrette & King 2004）。

だが、二〇一一年三月に東日本大震災に続いて起きた福島第一原子力発電所の事故は、日本のスピリチュアリティの脱物質主義、脱資本主義の側面を呼び覚ました。事故の一ヶ月後に初めておこなわれた東京の高円寺における反原発デモは、新しい社会運動を推進するグループによって開始されたが、それは前述のヒッピーたちのカウンター・カルチャーの系譜を部分的に引き継いでいた。そのデモは、ダンス・ミュージックやドレス・アップした参加者を伴うパレードのスタイルを採用し、チェルノブイリ原発事故後の反原発運動ニューウェーブのスタイルを引き継いでいた。反原発デモは二〇一二年にピークを迎えるが、それはソーシャル・メディアが社会運動の重要な手段となるグローバルな趨勢（アラブの春やウォール街占拠運動など）と連動していた。その過程で、多くのソーシャル・メディアのユーザーたちが、ヒッピーたちの脱資本主義的で大地に根ざしたスピリチュアリティを再発見した。それは、一九八八年（チェルノブイリ原発事故直後）、二〇〇〇年、二〇一二年（福島原発事故後）に開催された「いのちの祭り」に代表される（堀江二〇一三）。災害や惨事に触発されたスピリチュアリティが持つこうした動向は、新自由主義的な消費主義を超える社会正義と持続可能な生活様式を志向する、キャレット＆キングが提唱した「エンゲージド・スピリチュアリティ」に近い（Carrette & King 2004:182）。

しかし、原発推進政策をとってきた自民党が二〇一二年一二月に政権に返り咲き、日本は憲政史上最長となる安倍晋三政権の時代に突入する。前述のように、個人主義的なスピリチュアリティの領域における神社人気の高まりも、この時期に進んだ。安倍首相は保守的な政治集団である日本会議と強い結びつきを持つメンバーによって内閣を組閣し続けてきた。日本会議には神社本庁、神道政治連盟の指導者が含まれる。他方、安倍首相の妻である安倍昭恵は、原発に反対するエコロジー的な見解を持ち、大地に根ざしたスピリチュアリティへの共感を表明し、反政府運動の指導者との交流もあった。しかし、きわめてナショナリズム的な教育をおこなう幼稚園との関係が問題視される。その結果、スピリチュアルなナチュラリズムは戦前の超国家主義に近づくのではないかという懸念が、一部の知識人から表明された（中島二〇一七）。

近年の神道には、戦前の軍国主義体制への回帰を狙う政治的側面と、エコロジー的で平和主義的な言説を推進しようとする文化的側面の両方がある。この文化的側面は、日本のアニミズムは自然を神として崇拝するので環境保護に適しているというエコロジー言説と、日本の多神教は一神教よりも異なる種類の信念に寛容だという平和主義言説からなる。政治的側面は宗教組織としての神社本庁の活動にとって本質的だが、スピリチュアルな巡礼者は文化的側面を好意的に見ており、おそらく政治には無関心で、神道的なエコロジーや平和主義に共感しているだけかもしれない（堀江二〇一九：第七章、Rots 2017）。明らかに、こうした価値観は、自民党の海外での集団的自衛権の行使、そして原発推進・石炭火力発電輸出という政策と対立する。

自然との調和と諸宗教の平和が組み合わさった言説は、実際には七〇年代以降の米国におけるニューエイジ的なキリスト教批判と酷似している。さらに、それらの理念は神道より仏教教団によって、反原発の立場の表明と超宗派的な被災者支援という形で組織的に実践されている（島薗二〇一二：第五章）。神道的スピリチュアリティの人気は、ナショナリズムというよりも、グローバルに展開しているスピリチュアルな価値観によって伝統宗教を再発見し、再編する試みと理解するべきである。日本のスピリチュアリティが西洋のスピリチュアリティ（とくにポスト・プロテスタント諸国の）と異なるのは、一神教批判と自然主義的主張が、急進主義ではなく、保守主義として理解されやすい点である（Horie 2013）。

日本の政治的言説の空間はソーシャル・メディアの隆盛によって左右に二極化しつつある。

スピリチュアルな人々は拘束力のある組織を嫌うので、現実には無党派層が多い。しかし、その行動は、社会的歴史的な文脈や政治経済的な条件に左右されてきた。そうした行動に政治的二極化の構図が投影されると、スピリチュアル左派とスピリチュアル右派がどちらも存在しているように見えてしまう。日本のスピリチュアルな人々はどちらの方向に進んでいるのかと、尋ねたくなる人がいるかもしれない。両極化しているという解釈は一つの答えになりうる。ネットの言説空間においては、実際に分断が進みつつあるのかもしれない。だが、このような状況は、おそらく日本に特有なものではないし、スピリチュアリティに特有なものでもないだろう。図式的には、右派にも左派にもスピリチュアリティがまたがっているのであれば、左右を仲介する役割を期待したくなる。そのためには、特定組織に拘束されない無党派層が潜在的に持っている価値観を「中道」としての自覚に導く必要があるだろう。だが、それは楽観的すぎる期待かもしれない。

七　コロナ禍以降の極端化の動き

コロナ禍以降は、「新型コロナウイルス感染症は存在しない。企業がワクチン開発から利益を上げるために広められた偽情報である」などといったコロナ否認、反ワクチンを特徴とする陰謀論が一部で広まった（堀江二〇二〇a）。日本のSNSなどでは、スピリチュアリティ関心層がこうした説を信じていると見なされた。このように極端で非現実的な信念は「中道」とは言えないだろう。個人で、信じたいものを取捨選択するという個人主義的スピリチュアリティの姿勢は、ソーシャル・メディアが発達すると、信じたい情報しか入ってこない「フィルター・バブル」に閉じ込められるという状況に帰結する。自由な無党派層であり、マス・メディアから自立した判断をしているという自負から、自らの信念の偏りになかなか気づきにくくなる状態である。こうした極端化の落とし穴に注意し、冷静に批判する思考が求められるであろう。

＊註

（1）国立国会図書館データベースの簡易検索では「霊性」で検索すると二九五二件、「スピリチュアリティ」で検索すると二一三五件のデータがヒットする。しかし、詳細検索で二〇一〇年以降に限定してタイトルを検索すると、「スピリチュアリティ」一〇四八件が「霊性」八五七件を上回る（二〇二一年六月七日調べ）。「霊性」を含む出版物の多くはキリスト教および日本思想史に関係する。「スピリチュアリティ」を含む文献は宗教学、心理学、看護学などに関するものである。

（2）多次元尺度としてスピリチュアリティをとらえる例としては、後で紹介する竹田・太湯（二〇〇六）を参照。

（3）このような批判の例としては次を参照。「開運商法、深刻な被害　無料と広告…祈祷料二千万円」『朝日新聞』二〇一四年八月二八日、朝刊三六面。

（4）「亡き人との〝再会〟～被災地 三度目の夏に」『ＮＨＫ』二〇一三年八月二三日、<http://www.nhk.or.jp/special/detail/backnumber/20130823>。二〇二二年六月七日アクセス確認。

（5）「伊勢神宮参拝、昨年は九七三〇〇〇〇人　改元で注目、過去三番目の多さ」、『朝日新聞』二〇二〇年一月九日、朝刊一九面。

＊参考文献

有元裕美子『スピリチュアル市場の研究――データで読む急拡大マーケットの真実』東洋経済新報社、二〇一一年。

石井研士「テレビと宗教――オウム以後を問い直す」中央公論新社、二〇〇八年。

伊藤雅之・樫尾直樹・弓山達也（編）『スピリチュアリティの社会学』世界思想社、二〇〇四年。

井上ウィマラ・加藤博己・葛西賢太（編）『仏教心理学キーワード事典』春秋社、二〇一二年。

内田樹・釈徹宗『日本霊性論』ＮＨＫ出版、二〇一四年。

小栗左多里『プチ修行』幻冬舎、二〇〇七年。

樫尾直樹（編）『スピリチュアリティを生きる』せりか書房、二〇〇二年。

金菱清ゼミナール（編）『呼び覚まされる霊性の震災学』新潮社、二〇一六年。

窪寺俊之『スピリチュアルケア入門』三輪書店、二〇〇〇年。

櫻井義秀『霊と金――スピリチュアル・ビジネスの構造』新潮社、二〇〇九年。

島薗進『スピリチュアリティの興隆――新霊性文化とその周辺』岩波書店、二〇〇七年ａ。

島薗進『精神世界のゆくえ』秋山書店、二〇〇七年ｂ。

島薗進『現代宗教とスピリチュアリティ』弘文堂、二〇一二年。

鈴木大拙『日本的霊性』岩波書店、一九四四年。『日本的霊性　完全版』（Ｋｉｎｄｌｅ版）角川書店、二〇一〇年。文中括弧内の数字は位置番号。

全国霊感商法対策弁護士連絡会「要望書 日本民間放送連盟、日本放送協会へ」、<http://www.stopreikan.com/kogi_moshire/shiryo_20070221.htm>、二〇〇七年。二〇二二年六月七日アクセス確認。

そうよう『神道を知る本――鎮守の森の神々への信仰の書』おうふう、二〇〇一年。

高橋原・堀江宗正『死者の力――津波被災地「霊的体験」の死生学』岩波書店、二〇二一年。

竹田恵子・太湯好子「日本人高齢者のスピリチュアリティ概念構造の検討」『川崎医療福祉学会誌』一六（一）、二〇〇六年、五三-六六頁。

田崎美弥子・松田正己・中根允文「スピリチュアリティに関する質的調査の試み――健康およびＱＯＬの概念のからみの中で」『日本医事新報』四〇三六、二〇〇一年、二四-三二頁。

中島岳志「ナチュラルとナショナル――日本主義に傾く危うさ」『中日新聞』二〇一七年三月二八日、<https://

www.chunichi.co.jp/article/feature/rondan/list/CK2017032802000265.html>。二〇二〇年五月一一日アクセス確認。

西平直「スピリチュアリティ再考――ルビとしての「スピリチュアリティ」」『トランスパーソナル心理学／精神医学』四（一）、二〇〇三年、八－一六頁。

日本トランスパーソナル心理学／精神医学会・安藤治・湯淺泰雄（編）『スピリチュアリティの心理学――心の時代の学問を求めて』せせらぎ出版、二〇〇七年。

橋迫瑞穂「「聖なるもの」の安全装置――「すぴこん」の事例から」『年報社会学論集』二一、二〇〇八年、二五－三六頁。

堀江宗正「日本のスピリチュアリティ言説の状況」、日本トランスパーソナル心理学・精神医学会（編）『スピリチュアリティの心理学』せせらぎ出版、二〇〇七年、三五－五四頁。

堀江宗正『スピリチュアリティのゆくえ（若者の気分）』岩波書店、二〇一一年。

堀江宗正「脱／反原発運動のスピリチュアリティ――アンケートとインタビューから浮かび上がる生命主義」『現代宗教二〇一三』秋山書店、二〇一三年、七八－一一二頁。

堀江宗正（編著）『現代日本の宗教事情』岩波書店、二〇一八年。

堀江宗正『ポップ・スピリチュアリティ』岩波書店、二〇一九年。

堀江宗正「新たな精神的感染症――トランプ支持者の陰謀論」『中外日報』二〇二〇年a、九月二五日、八面。

堀江宗正「『日本的霊性』をひらく――スピリチュアリティ関連思想との類似性から」『現代思想（総特集　鈴木大拙）』四八（一五）、二〇二〇年b、二〇四－二一九頁。

堀江宗正（聖心女子大学比較文化宗教学ゼミ生との共著）「仏教ブームについて――僧侶による一般向けの取り

組み・イベントに関する二〇一二年の調査から」聖心女子大学学術リポジトリ、<http://id.nii.ac.jp/1045/00000046>、二〇一三年。
比嘉勇人「Spirituality 評定尺度の開発とその信頼性・妥当性の検討」『日本看護科学会誌』二三（三）、二〇〇三年、二九－三八頁。
前田亮一『今を生き抜くための七〇年代オカルト』光文社、二〇一六年。
山田塊也『アイ・アム・ヒッピー――日本のヒッピー・ムーブメント史'60-'90（増補改訂版）』森と出版、二〇一三年。
若松栄輔『霊性の哲学』角川学芸出版、二〇一五年。
Carrette, Jeremy; Richard King , *Selling Spirituality: The Silent Takeover of Religion*, London: Routledge, 2004.
Guaitanidis, Ioannis, 'At the Forefront of a "Spiritual Business" : Independent Professional Spiritual Therapists in Japan', *Japan Forum* 23: 2011, 185-206.
Horie Norichika, 'Narrow New Age and Broad Spirituality: A Comprehensive Schema and a Comparative Analysis', in Steven J. Sutcliffe, Ingvild Saelid Gilhus (eds), *New Age Spirituality: Rethinking Religion,* 99-116, Durham: Acumen, 2013.
Horie Norichika, 'Continuing Bonds in the Tōhoku Disaster Area: Locating the Destination of Spirits', *Journal of Religion in Japan* 5: 2016, 199-226.
Horie Norichika, 'Spirituality', in Erica Baffelli, Andrea Castiglioni, and Fabio Rambelli (eds.), *The Bloomsbury Handbook of Japanese Religions*, 241-249, London: Bloomsbury, 2021.

Parry, Richard Lloyd , *Ghosts of Tsunami: Death and Life in Japan's Disaster Zone*, London: Jonathan Cape, 2017.
Prohl, Inken , 'The Spiritual World: Aspects of New Age in Japan', *Handbook of New Age*, 359-374, Leiden: Brill,2007.
Rots, Aike , *Shinto, Nature, and Ideology in Contemporary Japan: Making Sacred Forests*, London: Bloomsbury, 2017.
Yoshinaga Shin'ichi, 'Suzuki Daisetsu and Swedenborg: A Historical Background', in Hayashi Makoto, Ōtani Eiichi, Paul L. Swanson (eds), *Modern Buddhism in Japan*, 112-143, Nagoya: Nanzan Institute for Religion and Culture, 2014.

付記：本稿はHorie（2021）を翻訳し、加筆修正（データの修正、コロナ禍以降の動きの加筆など）を施したものである。

第五章　世界のイスラームの動向と日本

水谷 周

　イスラームは本来、社会や政治とは不可分であり、政教一致がその自然な姿である。それだけにイスラーム諸国の動向ではイスラームとの関係がいつも問題となり、さらには現代的には発展や文明のあり方さえもがイスラームと関連付けながら議論されてきた。こうした背景を念頭に置いて、まずは近現代におけるイスラーム諸国の主要な動向を一覧して、そこにどのようにイスラームが関連してきたか、あるいはしばしばその関連性自体が中心的な課題とならざるをえなかったかということを整理して提示したい。

　そういった分析を踏まえて次に考えたいのは、現代社会の諸問題、特にテロ活動や人権・共生の問題などがイスラームではどのように扱われているかという側面である。またそういった取り組みは、日本のイスラームではどのように見られて、どのように扱われているかに関して一瞥しておきたい。

いずれにしても、それらの分析や観察の結果としては、次のようにまとめられる。

つまり二〇世紀を通じて、イスラームには実に多様な動向が続いた。しかしその割には、教義や儀礼、あるいは宗派や解釈上の新規の動きは、それほどでもなかったということである。多発したテロリストの活動に直面して、むしろイスラーム側は防御的となり、従来のあり方を確かめ、温存しようとする傾向が強まったと言えよう。

また日本のイスラームは初めから自粛気味であり、発言はあっても控えめにして社会との摩擦を回避するように努めてきた。それなりに発言も活発であったのは、非ムスリムを中心としたイスラーム研究者であったということになる。ただしこの自粛傾向は、日本の宗教界全体についても言えることである。

一　イスラーム諸国における動向——中東四大国と中央アジア諸国

(一) サウジアラビア

サウジアラビア王国はイスラームを国教としつつ、一九三二年に成立した。それまでは約四世紀にわたりオスマン帝国の統治下にあったが、マッカ地帯だけは預言者ムハンマドの家系の後継者が支配してきた。オスマン帝国としてもマッカ地帯への寄付などに関しては格別の配慮をしてきたが、それ以外のアラビア半島全体は有史以来の砂漠の遊牧民が往来するにまかせられていたのであった。ただし宗教的には、しっかりとイスラームを信奉してきていた。

ところが長年の間にはイスラームも種々の変容を経てきており、特に聖者信仰と神秘主義が顕著になっていた。前者について、聖人とされる名士たちの墓廟への参拝が問題視されたのは、それが神以外に神性を認めるという一神教の根幹に触れるからである。神秘主義にしても、独特の踊りや修行方法で神との合一を目指すという異端性を示していた。そこでイスラームの原理に戻るべしとする思想が提唱されることとなった。それがアブドル・ワッハーブ（一七九二年没）の原点回帰と信教浄化を旨とした思想運動である。

この思想運動とサウド王族の世俗勢力が合体することで、サウジアラビア王国は誕生した。サウド王家の原点は、現在の首都であるリアド市郊外の砂漠の中にある清貧な一村落であったことも、偶然ではないであろう。こうしてイスラームは国教となり、その憲法はクルアーンそのものという次第である。このようにある意味で単純明快な枠組みの下で、同王国は一族の優れた指導者にも恵まれて、建国以来九〇年にわたり安定して推移してきた。

それにしても本格的な国家建設が始められたのは、石油資源のお陰であることは明白である。特に七〇年代に石油輸出国機構の団結により、石油価格の大幅引き上げに成功し、その国家財政は潤沢なものとなった。サウジアラビアは、二〇二〇年秋には、金融・世界経済に関する世界二〇ヶ国の首脳会合を開催するまでになった。それは国威発揚の観点より、国を挙げて歓迎されたものであったが、時悪しくも新型コロナウイルス感染症のためにテレビ会議となった。

他方、報道や思想上の取り締まりはもとより、日常生活も宗教警察の目が光っている毎日である。そのような厳重な監視下において、国是は維持されて今日に至っているのである。そこに見られるのは、国内外より押し寄せる変化への圧力との生存競争であると言って過言ではないであろう。もちろんいずれの国や民族であれ、生存競争の最中にあることは変わりないにしても、サウジアラビアでは典型的にそれがイスラームとの関連性という図式で描かれることとなるのである。

それだけに地方議会における少数の女性議員の選出、職場進出、女性への運転免許証発給などは大変な注目を浴びることとなる。少数ではあっても国連関連機関で、サウジアラビアの女性職員が活躍する諸例も引用される。ところが国内では、一夫多妻制とそれに起因する離婚問題の多発など、社会問題には十分な光が当てられているとは言えない。ましてや最近国際的な非難の対象となったのは、王族支配に批判的であった一ジャーナリストが、イスタンブールのサウジ総領事館で暗殺された事件であった。しかしそのジャーナリストも別の家系の王族を支持していたということであり、王制からの政治的自由という観点からは、結局大差なかったのかもしれない。

（二）トルコ

一六世紀以降の長いオスマン帝国の支配体制は、第一次大戦の敗北を経て、ついに終焉を迎えることとなった。その崩壊は、中東全域を支配していただけに広範囲の影響をもたらした。またそれが突然に訪れた変化であったことも、影響を甚大なものにした。そして一九二三年にはケマル・アタチュルク（一八八一－一九三八）の指導により、近代化と脱イスラームを掲げたトルコ共和国が発足した。使用する文字も、アラブ文字を廃止して、ローマ字が採用された。

この共和国の脱イスラーム政策は、一つの文明的な実験とも言える大規模なものとならざるをえなかった。それほどに社会の深部に達する変化であったのだ。様々な欧州に倣《なら》った法制度、教育制度、軍制度などが導入された。そして表面上は、いわゆる近代化の路線を歩み始めていた。しかし社会全般の緩慢さと近距離にある欧州の人材や機材に依拠する度合いは、好結果をもたらすものではなかった。日本の明治維新以来の近代化努力の成果と比較する研究もトルコでは盛んであったが、自力更生の勢いにおいてまず相当の差が見られたと言えよう。

そこで脱イスラームとはいっても、いつも改革や因習脱皮における意識転換の鈍さが目立った。それは、例えば農村部の伝統墨守の風潮であり、その世相は選挙結果にも反映されて保守層支持の母体となった。多くの若者は都市部へと流れても、その世相は維持されて、都市における保守層の躍進を招いた。

こうしてイスラームへの回帰を願う潮流が絶えることもなく、それは八〇年代にトルコが欧州連合に加盟申請を出した後も続いた。それだけにトルコ政府は、例えばイスタンブールの美化など表面上の欧米化を急いだ面もあったが、結局その化けの皮は剥がされることとなった。

それが頂点に達したのが、二〇一六年の軍部クーデター未遂事件であった。忠実なアタチュルク支持を継続していた軍部は脱イスラーム政策を支持し、イスラーム化を推進しようとするエルドアン大統領と対決した。ところがその軍部クーデターは、エルドアンの強硬策により失敗に終わり、欧米の非難を浴びる結果となった。現在トルコの欧州連合加盟交渉は一応進行中とされるが、トルコ政府の軍部クーデターへの対応策に欧州側が異議を唱えていることから、ペースは鈍化している。またトルコ国内の論調も、もはや欧州連合加盟に未練はないという勢いとなり、イスラームへの傾斜を強めている。

なおトルコ政府はイスラーム布教を世界に進める政策を具体的に、また実に周到に進めている。それは、さすがオスマン帝国は「世界の半分」を支配したと豪語するだけの、組織力と事務遂行能力に支えられている。このような側面は日本ではほとんど注目されていないが、筆者はトルコ宗教省の招待により首都アンカラを訪問した時に、小学校レベルからの長期留学生受け入れシステムや寄宿舎制度などを実見する機会があった。また欧米では信用度の高いイスラーム辞典[1]に反論の根拠を与えるための、全四四巻に渉《わた》るトルコ語の壮大なイスラーム百科事典が、政府が支援するイスラーム研究所から刊行された。その巻頭言に言う。「この辞典はイスラームの宗教的、文化的な伝統に対する誇りと自信の表明である。時まさに、イスラーム世界は強い決意をもって、長年にわたる近代西洋に対する劣等感を克服しつつある[2]」。

(三) イラン

イランにおいては、一九二五年、白色革命と称して近代化路線を進めようとするパフラビー王朝が成立した。それはイスラームを脱却しようとするものであった。ところがそれも一九七九年には、イスラームの法学者であるホメイニ師(一九〇二ー一九八九)を国家元首として仰ぐ革命勢力によって、もろくも崩壊に追いやられた。そして国名は、イラン・イスラーム共和国となった。当時の日本の福田赳夫首相はその直前にテヘランを訪問し、レザー・シャーに謁見していたが、宮殿の外には反シャー勢力のデモ隊の怒声が聞こえ、シャーの膝は震えていたという[3]。

いわゆるホメイニ革命は、現実世界に対するイスラームの影響の甚大さを思い知らせるだけではなく、近代合理主義一点張りであった欧米流の世界観や価値観も揺さぶる面があった。パフラビー王朝下の物的近代化主義に対する抵抗感は、反米志向とも連動した。民主化を目指したモサッデク政権は石油の国有化を図り、さらに原油をソ連へ売却しようとしたので、一九五三年、反共産主義の名目の下で米国が鎮圧するところとなった。モサッデクは土地制度改革や税制改革などで評判の高い政治家であった。彼が自宅軟禁となり、さらには失脚するに及んで、米国の流儀に対する反発は根深いものとなった。こうして反米感情と民族意識、そしてイスラーム復興願望が重なったのであった。

六〇年代には国内の経済破綻、特に農村の貧困が深刻化し、それを目の当たりに見ていたのが、ホメイニ師であった。彼は若き憂国の士であった。そして従来はイスラームの法学指導者は政治活動からは一定の距離を保つべしとされていた学説を彼は覆し、法学者集団はそれが可能であり、さらには特定の法学者一人であっても政権担当能力があるとする新しい統治理論を打ち出していた。その特定の独裁者として自らが選ばれることを、彼は拒否しなかった。

政治逃亡していたパリからの帰国を促されて、帰国直後に彼は、アーヤトッラー（アッラーの徴）という最高指導者の称号を得ることとなった。またその前後には、在テヘラン米国大使館の占拠という前代未聞の一大醜聞事件が、テヘラン市民によって起こされることともなった。そこには明らかに、一九五三年のモサッデク幽閉事件以来の反米、というよりは嫌米感情が流れており、それは江戸の仇を長崎で討つものであったとも言える。

こうして堰を切るようにして、イスラーム化が進行することとなった。そしてこの勢いは、二一世紀に入っても少しも衰えを見せていない。イランの核開発問題を巡る問題と対イラン経済制裁など、米国との対決ムードの高まりは、イスラーム化の促進剤となっている面もある。その根っこにあるのは、イランのミサイルはイスラエルに向けられているという米国の確信である。イラクのフセイン大統領殺害に至る、米国主導の二〇〇三年の湾岸戦争も同様の強迫観念の結果に過ぎなかったように……。

(四) エジプト

エジプトも紆余曲折を経験していた。一九世紀以来の長年にわたる英国の植民地支配は、一九二二年に一応終わりを迎え、独立を達成した。それは旧名を冠したムハンマド・アリー王朝であったが、イラン同様近代化を目指していた。しかしそれは同時に、オスマン帝国崩壊後のイスラームの伝統的な支配制度の長であるカリフ職の奪還を目指す一面も見せていた。こうした不安定さは、国民レベルの動揺の反映でもあった。

思想的には、二〇世紀初め、近代化の受け入れという観点から活躍したイスラームの指導者は、ムハンマド・アブドゥフ（一九〇五年没）であった。彼の自由化思想は、女性解放運動、イスラーム法改革運動などを生み出した。これらは一応穏健派の流れとしてまとめられる。それに対して、より急進的な流れも絶えなかった。厳格なクルアーン解釈などで知られたラシード・リダー（一九三五年没）の流儀は、サイイド・クトブ（一九六六年没）の「革命のジハード論」（背教者を実力で排除することを肯定）の主張を生み出した。この理論は、その後の一連のテロ活動を招くこととなった。一九八一年のサダト大統領暗殺の頃には、そのようなテロ・グループは、エジプト国内だけでも雨後の竹の子のように多数誕生していた。またさらには、一九九三年のニューヨーク世界貿易センタービル爆破事件も起こされたが、まさしくそれは二〇〇一年九月一一日の、米国同時多発テロ事件の前哨戦となった。

エジプトのテロの源泉は、募る経済困難と社会混乱であったが、一九五二年のナセル革命もそれを悪化させこそすれ、ほとんど前進は見られなかった。彼の後のサダト時代やムバーラク時代の間に進んだのは、権力の腐敗であった。

この間、政権はイスラームと対立はしないが、政治的社会的な影響力はできる限り抑えようとする政策を取り続けた。イスラームの本山とも称されてきたスンニ派最高権威機関であるアズハル総長は、学者、有識者などで構成される導師（ムフティー）の互選ではなく、大統領の任命するポストとされた。また導師の処遇は低いものとされ、その社会的な指導的役割、とくにイスラーム法解釈の権限は、新たな統治機関としての裁判官に牛耳られることとなった。こうした事態は国の頭脳流出を引き起こし、優秀な若者は欧米に留学し、さらに留学終了後はエジプトに帰国しない傾向を生み出した。人材の流出は、宗教界にも大きなダメージとなったのであった。また著名なイスラーム学者で政府に批判的、ないしは自由な発言をする人たちの海外逃亡も目立った。

その好例はムスリム同胞団に入っていたとの嫌疑のために、一九六三年、カタルに亡命することとなった、ユースフ・アルカラダーゥイー(一九二六年生まれ)であろう。彼は国際ムスリム・ムフティー連盟の会長となり、イスラーム界では最も著名な法学者の一人であった。また一二〇冊に上るとされる著作、そしてテレビやインターネット上の情報でも親しまれたし、さらに彼の出す法勧告はアラブ社会のみならず、全世界のムスリムに対して大きな影響力を持ってきた。非常に柔軟なクルアーンの解釈で知られ、保守層からは欧米に迎合していると批判されることもあった。他方イスラエルに対するパレスチナ武装組織による自爆攻撃を支持し、九・一一の同時多発事件に対するアフガニスタンへの報復攻撃に際しては、アフガニスタンを支持したことで、欧米でも非難された経緯がある。

二〇一一年一月、長年の腐敗政治を問われたムバーラク大統領はその職責を追われることとなり、その後を襲ったのは、モルスィー大統領であった。彼はムスリム同胞団の指導者であったが、そのイスラーム偏向の姿勢と共に、準備不足から来る政策の動揺と不安定感が国民的な不評の的となった。そして結局は、軍司令官であった現在のシーシー大統領が就任することで、軍事政権に復帰することとなった。イスラームとの関係は、やはり抑制的で、ムスリム同胞団はテロリスト集団のレッテルを貼られてしまった。

（五）中央アジア諸国

以上見てきたように、現代史において、中東の四大国におけるイスラームとの関係性は揺れ動いてきた。そしてその大要は二一世紀の今日まで変わりないと言えよう。他方その間、イスラームの国際社会における裾野は遥かに広がった。

一つにはソビエト連邦の崩壊により、中央アジア諸国の独立が促されたが、その大半がイスラームを標榜する国々であったことだ。カザフスタン、キルギス、タジキスタン、トルクメニスタン、ウズベキスタンの五ヶ国はすべてイスラームを主な宗教とする国々であり、伝統的にはナクシュバンディー派の神秘主義が勢いを取り戻している。またカスピ海西岸だが、チェチェン共和国もイスラームを信奉して、ロシアからの完全な独立を求めたが、それは現在鎮圧されている。他方、ロシア国内でのロシア正教の復興も目覚ましいものがある。

前述のようにトルコは熱心に海外布教を目指しているが、それには中央アジアを対象としている面も大きい。中央アジアの住民の多くはトルコ系であることや、それこそオスマン帝国以来の蓄積も少なくない。当時よりの数々の交流の古文書は、まだ十分に整理されずに、アンカラ大学図書館などに埋もれたままになっている。神秘主義のヌルジー・ジャマーアト教団を使って、中央アジア諸国との関係強化にも努めている。またイランと国境を接する国々もあるので、「シーア派国際主義」と称されるように、海外への影響力増大には熱心である。

中央アジア諸国においては、イスラーム化はソ連邦亡き後の新たなアイデンティティを提供しているとも言える。一時期心配された過激派の温床になる恐れは現在は減少したが、しかしそれは反政府運動の拠点になり得るので、イスラームとの関係を巡っては、今後のあり方を模索中ということである。当面は国際社会でも数の増大は、看過できない。イスラーム協力機構という国際組織が政府レベルで結成されている。イスラーム諸国の政治的協力や連帯を強化すること、そしてイスラーム諸国に対する抑圧に反対し、解放運動を支援することを目的とする。その加盟国はムスリムが国民の多数を占める中東、アジア、アフリカなど、五七ヶ国などからなり、世界のムスリムの大部分を代表している。中央アジア諸国もこの中の重要な加盟国になっている。(4)

またイスラーム世界連盟という民間団体が、サウジアラビアのマッカに本部を置いて、世界のムスリム諸団体の連携を図っている。イスラームの原点に当たる場所に本拠地を置いて、宗務はもとより災害対策など多様な人道的活動も展開している。またしきりにタイムリーな国際会議を開いて、世界のイスラームを巡る世論の指導にもあたろうと努めてきている。ここでも中央アジア諸国は、小さくないグループを形成しており、新規加盟諸国として注目されている。

以上の大規模な組織に限らず、世界には実に多様なムスリム関係諸団体が、分野別、あるいは地域別に構築されてきている。アカデミックなものもあれば、実践活動を主にしているものもある。いずれであれそれらの多くは、互いにネットで連携されているので、イスラーム・ネットワークは地球上のどのような小さなところも漏らさずに、覆っているといった様相である。この動向はひいては、周辺の中国や東南アジア諸国におけるムスリム社会に対して、政治的な覚醒をもたらしてきている。

このような中、二〇二一年八月、アフガニスタンでターリバーン政権が息を吹き返した。それ自体強烈なメッセージを発信する一大事であるが、その影響の全容は国内外を通じて、まさしく今後の注目点となっている。

二　諸課題とイスラーム：テロ、人権・共生・ジェンダー、政治・経済制度論、新解釈・新宗派

イスラームの裾野が広がったという時に、もう一つ注目される動きは欧米である。多数のムスリム移民が欧米に流入したこともあるし、また欧米社会の世論や文化的な潮流として、イスラームとは対立ではなく、対話を求める時代に移ったことも挙げられる。癒しを求める欧米の諸国民が、そのような必要性からもイスラームを受け入れるケースが少なくない。例えば政治

面でも、ロンドン市長はムスリムが就任した。つまり欧米における対イスラームの関係性に抜本的な変化が見られるようになったのである(5)。

この新たなイスラームの舞台の拡大は、イスラームに対して様々な新たな課題を突き付けることになっているとも見られる。それらの主要かつ今日的な諸課題を本節では取りまとめてみたい。

(一) テロ問題

指導者の暗殺や無差別大量殺人などのテロ事件は、古来絶えないとも言える。しかし一九八一年のエジプトのサダト大統領暗殺事件を皮切りとして、イスラームを大義名分に掲げたものが多数横行するようになった。二〇〇一年九月一一日の米国同時多発テロ事件は人々の記憶に新しい。ただしその一連の恐怖心も、残虐行為で知られた「イスラーム国」(二〇一四年六月樹立宣言)の指導者であったアルバグダーディーが二〇一九年に米軍により処刑されて、一応の波は静まってきた。しかし二〇二一年秋の、アフガニスタンからの米軍撤退はテロリスト暗躍の新たな火種となりつつある。

この間の四〇年間を通じて、多数のテロ行為がイスラームの旗を掲げたことから、イスラームの対応が迫られることとなった。一番被害を被ったのはイスラーム自身であったと言いつつ、テロ活動はイスラームで拒否されており、イスラームを理解しない人たちのすることだ、という調子の反論をイスラーム諸国は繰り返すこととなった。そのための国際会議も幾度も世界各地で開催された。総力戦の格好で、広報活動が展開された。そして今一応テロの火が落ち着き始めているのを見て、二点明記する必要がある。

第一は、やはりイスラーム側が説明したとおり、テロ活動の原因はイスラームではなかったということである。残忍な行動の原因は社会経済、そして政治的な不満そのものなのである。その解消と不公正の除去のために他に手段がなければ、誰でも溺れる者は藁をもつかむこととなるのである。イスラームがテロの誘因であると非難した人たちは、もう口を閉ざしてしまうだけなのであろうか。

第二には、テロ活動に対処するために、イスラーム側が随分と時間と労力を費やす結果となったばかりか、精神的に専守防御となり、かなり萎縮してしまったということである。本来の平和と安寧のメッセージの発信にかける意欲を今一度奮い立たせるべき時代がやってきたという認識がまだ持たれていないと見受けられる。新型コロナ感染症のために行動が制限されるのは世界的であるにしても、新たな意識覚醒を図るべきタイミングであるとの思潮が生まれ出てきてもおかしくない。

（二）人権・共生・ジェンダー問題

一九九〇年、「イスラームの人権宣言」（カイロ人権宣言）が採択された[6]。

イスラーム諸国会議機構（現在はイスラーム協力機構）が採択したこの宣言は、一九四八年、国際連合で採択された世界人権宣言を意識しつつ、イスラーム固有の概念や特色を明示するものとして作成された。前文及び二五ヶ条から成る同宣言では、人権に関するイスラームの視点の概観、イスラーム法が同宣言のあらゆる条項の法源であることが告げられた後、条項により権利や義務を持つ者が区別される規定の仕方もある。例えば第六条には、女性は尊厳において男性と平等であり、自分の姓を維持する権利があること、また男性の家族を扶養する義務が明記され、第七条には児童は教育を受ける権利のあること、及び両親は子供たちに与える教育方針を選定する権利を有するが、いずれもイスラーム法の原則と倫理的価値観に従うものであると明記された。

このような特定の文化や地域性を反映する宣言は、他にも採択されているところであるが（「人権に関するアフリカ憲章」など）、このカイロ宣言はイスラーム諸国の新たな法的義務というより、他の地域的人権規範と同様、国際人権法の枠組みや概念を批准国の義務として優先させつつ、その宗教における人権概念を反映することにより、人権に対するイスラームの価値観や概念への尊重を連帯的に表したと言える。

そこで一九四八年、国際連合において採択された世界人権宣言を見るのが順序ではあろうが、それは広く知られた内容であるので、ここでは一巡するにとどめる。前文及び三〇条の項目にわたって定められたものには、生命・自由・幸福追求権や法の下の平等といった包括的なものと、より個別なものとがある。思想・良心の自由、信教の自由、学問の自由、表現の自由、集会・結社の自由、居住・移転の自由、外国移住・国籍離脱の自由、職業選択の自由や財産権の保障、住居等の不可侵や通信の秘密、人身の自由及び刑事裁判手続上の保障、裁判を受ける権利、国家賠償請求権、刑事補償請求権、生存権、教育を受ける権利、勤労権、労働基本権などが挙げられる。

これら両者の宣言文を目前にすると、ほとんどの人権論議はイスラームの前では霧散してしまうことを想像するのに苦労はしないだろう。つまり批判の声が飛んできても、それはイスラームに含まれているところであり、すでにクルアーンなどの法源に示されているという結論になるのである。

イスラーム側は飛んでくる火の粉を払うのに、何も苦労しないということである。つまり、イスラームではそもそもあらゆる基本的人権はアッラーが人間を創造された時点より保障されているし、何の問題もないという、暖簾に腕押しのような反論を繰り返してきた。これからもそうなるのであろう。つまりそれ以外の論理がないし、それで十分と考えるのがイスラーム式なのである。

ただし同一論理の蒸し返しだけでは、あまり説得的とは言えないかもしれない。そこでイスラーム諸国では盛んに国際会議を開催してきたし、多数の論文も発表されてきた。

他方、その割には、イスラームでは人権が十分に擁護されていないのではないか、という疑念を持たれがちだという結果である。イスラーム諸国も相当人権意識は高いし、順守すべきものとの義務観念も低くはないので、しっかり広報して外界の誤解と無知を払拭する必要がある。

一例として、いわゆる社会的共生の問題への取り組みを取り上げてみよう。[7]

二〇一九年五月、世界ムスリム連盟はその本部所在地であるマッカにおいて、「中庸と穏健の諸価値」と題する国際会議を開催し、一三九ヶ国からの参加者を得た。その会議の結果、マッカ宣言が発出された。その要点は以下のようになっている。[8]

・宗教的多様性は、当初よりイスラームに含まれている。
・人類は平等であり、一つの源を共有する。
・テロや強制に対しては、戦いを継続すべきである。
・文化的宗教的な多様性は支持する。
・諸文明間の対話を呼び掛ける。

・女性の訓練と社会的参画を呼び掛ける。
・若人、特に世界の若いムスリム間の対話を呼び掛ける。

壮大な規模の開催は大変な事業であり、多数の参加者の確保は会議が大成功であったことを示している。しかしその開催場所はマッカという非ムスリムには立ち入り禁止となっている場所であり、またこの会議の模様やマッカ宣言などのメディア対策はほとんど見られず、事後のホームページ（アラビア語のみ）での発表に留まっている。つまり国際メディアに登場し、広報されなければ、世界に発信することにはならないのである。欧米からの参加者やオブザーバーも招待し、その努力と結論を十分に国際社会に周知させる必要がある。しかし誇りもあるのであろうが、自己充足しており、事足れりとする姿勢は、あまりにもったいないのである。

カタルのドーハ大学（イブン・ハルドゥーン人文社会研究所）でも幾度も同種の会合を開催していることを、現地新聞では報じてきている。それも知る人ぞ知る、というだけの扱いである。以上の諸例はいずれもアラブ世界で相当機敏に、社会的共生はイスラームが保障していることを生真面目に表明してきていることを示している。次の声明文も同様である。

二〇〇六年、世界イスラーム首脳会議はイスラーム法学アカデミーを創設したが、同アカデミーは二〇一八年一一月、「イスラームにおける共生に関する声明」を発出した。右声明の中では、共生はイスラームの初めから担保されているとの趣旨で二八本に上る議論を紹介した。またこれらもアラビア語版のみである。[9]

機敏な反応ではあっても、開陳される議論はすべて異口同音である。もちろん宗教的にはそれが是認されるとしても、外の世界との対話においては、やはり論法の工夫不足という印象と芳しくない結果を残しているのではないだろうか。アラビア語は誇りの的であるとしても、使用人口で世界最大なのは、英語であることは言うまでもない。

さて以上のようにアラブ・イスラーム側は共生問題に関して、機敏に対応してきている。それはあたかもテロ問題があり、それへの対応で迅速さが求められたので、その癖がついたとさえ見られるというのは、皮肉と聞こえるだろうか。いずれにしても、視線を日本に向けてみよう。

従来、本邦唯一の全国的組織である日本ムスリム協会は、テロ事件に際しては随時非難声明を出してきた。しかし社会的共生問題に関しては、全く動きは示していない。その必要がないと考えるということは、その種の問題が強くは受け止められていないということにもなる。

他方日本で機敏な反応があったのは、非ムスリムのイスラーム研究者たちであった。二〇二〇年五月には、日本中東学会主催で「人類共生と宗教」と題する公開講演会を多数の講師を招いて企画された。ただし新型コロナ感染症の問題のために、実施は一一月に延期されて、オンラインで行われた。いずれにしても本課題に関する大規模な取り組みとして、新鮮なものがあった。

このように研究者間において、イスラームを巡る新規な諸課題が熱心に、また機敏に取り上げられるという傾向は、例えばいわゆるジェンダー問題も同様である。「イスラーム・ジェンダー学構築のための基礎的総合的研究」という壮大な研究事業が、鋭意進められているのは、国際的な標準に合致しているという意味でも、大変に安心材料になっている。ヒジャーブの是非論、頻発する離婚問題、広くは男女関係の諸問題については、日本のムスリム社会はほとんど沈黙を守っている。

(三) 政治・経済制度論

イスラーム諸国における諸動向は第一章で見たが、それとは別に政治・経済制度を巡る議論がある。

自由と民主主義を求めるのが、「アラブの春」であったが、軍事独裁制の打破という政治制度上の課題は大きく、重い問題である。イスラームの伝統的な政治制度は、カリフ制であることは前述した。それは政治・軍事・宗教の権限を合わせて一人に集中させる方式である。しかし歴史的には、そのカリフをいさめるだけの力量とカリスマを持ち合わせたウラマーと呼ばれる学識者層がいた。かれらはカリフの諮問委員会とも言えるが、それ以上に勧告や助言をして、カリフはそれを尊重するという仕組みである。

ところが全く宗教的な権威をもたないトルコ系の奴隷王朝など、地方支配者の発達のために、スルターン制が出現することとなった。それはいわば中央の天皇に対する、地方豪族なのである。このカリフとスルターンの二分制を改めて、旧制度のように両者が合体したものを再現したのが、オスマン帝国におけるスルターン・カリフ制である。一人がすべてを牛耳る制度の復活であった。

以上の長い歴史と伝統がイスラームによって支えられてきた。それだけにそれを覆す勢いは、自然と削がれることとなる。軍事政権に対しては、シビリアン・コントロールの感覚は育ちにくいし、独裁者や専制者に対しても、一義的には抵抗感が薄くなる原理である。

中東各地でも選挙は実施され始めているが、その公正さや透明性は国際監視団が派遣されても十分ではなさそうだ。エジプトでの選挙妨害や不正カウントの諸例は日常茶飯事とも言えよう。イスラームではカリフを選出する一つの方法は、指導者たちによる忠誠誓約制度（バイア）であった。特定の候補者を支持する旨会席の場で表明するのであるが、これは実質選挙なのだから、選挙制はイスラームに存在しているという主張にもなってきた。

新たな制度を導入すれば、それが魔法の玉手箱のように自動的に良好な結果をもたらしてくれるという誤解もしばしば混乱を招いてきた。同様の感覚がもたらしたものとして、憲法を作り、議会という制度があれば、それが機械的に新たな政治をもたらすという期待感も含んだ誤解が、一九世紀以来広く見られた。それは日本で言うと鹿鳴館であり、欧米に対する飾り窓のようなものでもあった。

それに対比されるのが、経済論である。この分野では、有り余る石油資金を前にして、実に実り豊かな経済システムが考案されてきた。イスラームでは経済制度論は元来貧困であったとも言える。それは、クルアーンには経済用語も満載されているし、それは俗欲として排除されていないことを考えると、少々不思議でもある。しかし中東の経済は圧倒的に商業中心であったことが、経済制度論が貧困となる背景であったと理解される。

そのような中で挙げられる、経済制度上の特徴点は次のようになっていた。

・私有財産制度ではあっても、すべてはアッラーに帰属するという理念から、相互扶助、福祉、公平さ、不確実性の回避などの経済倫理が強調された。
・利子（リバー）や賭け事（ムカーマラ）の禁止――不労所得で非等価交換として利子は禁じられ、また不確実性を排除する視点から賭け事も禁じられている。
・寄付制度（サダカ）の活発さ――すべての財はアッラーのものなので、貧者に分け与えるのはアッラーにお返しするという理解である。年率数パーセントの義務的な寄付は喜捨（ザカート）と称される。喜捨はいろいろの機会に行うこととなっており、断食月、巡礼月など、イスラーム法学で定められている。

・ワクフ制度――信託基金であり、使途指定の寄付・遺産制度である。これが有効に働いて、多数の礼拝所（マスジド）、公共水飲み場、図書館、学院などが建造されることとなった。子々孫々、自分の家名が残ることにもなる。しかしこの制度はしばしば相続税回避の手段となり、また広大な土地を占めると国税を圧迫することにもなる。多数の職員を抱え込むことにより、適材適所の人材登用も難しくなる。こうしてワクフ制度は制限を加えられるようになってきている。

・そのほか、貿易関連では、共同出資者間の利益分配制度による融資制度や手形制度などがあったが、それらは貿易実務上の手段として必要に迫られて採用されたものである。イスラームは禁止していないが、それ以上にイスラームに依拠しているわけではない。さらには利子禁止を回避するために、増額買戻し制の売買契約（同一物品をより高額で買い戻す条件を付した契約）なども中世以来普通に見られるようなったが、それはイスラーム法違反とは見なされなかった。

こうした中、二〇世紀に入ってから、新たな無利子銀行理論の発達を見たのである。そして今や世界で三百を越えるイスラーム金融機関が六五以上の国に存在し、資産規模は世界の五〜六％、約七千五百億ドルに上るとされる。またイスラーム金融は、世界通貨基金や世界銀行などで認められている。またイスラーム諸国の大学レベルの経済学の授業は、その三割程度がイスラーム経済学、残りは一般経済学を履修することとなっているようだ。

最近の進展で注目を集めたのは、イスラーム債券の提唱とその発行である。スクークとよばれるが、債券売却で集めた資金が運用されて、その収益が配当金として分配される仕組みを作ったのだ。また保険業（タカーフル）は、元来不確定な将来への投資として避けられてきたが、当然現代社会における実需が大きく、相互扶助の精神をもって開業が認められることとなった。日本経済にとっても将来の大きな可能性を秘めている点も忘れられない。東南アジアに進出した日本企業が実施した業績はあるが、日本国内での受け入れは法的には整備されてもまだ実績は報告されていない。

この分野は伝統的なイスラームのあり方を刷新して、その活動が現代社会の中で新たな適応能力を発揮している好例としての意義は大きい。この新規開発によって、イスラーム諸国の経済に新しい光が指すようになったといって過言ではない。しかし具体的にどのような分野でどの程度の貢献をするのかは、まだまだこれからの問題である。非イスラーム圏との広義の融和と協調の流れの中で、今後とも大きな前進が見られることが期待されている(10)。

(四) 新解釈・新宗派

様々な動向を示してきたイスラームではあったが、その教義や儀礼など宗教本体にはほとんど変動はなかったと言えよう。宗派的にも新たな主要動向は観察されないし、解釈的にもほぼ不動に近かった。その大きな一因はやはり、過激なテロ活動とそれに端を発したイスラーム批判が世界的に広まったということであろう。

そこでイスラームは新たな動きを示すというよりは、解釈的にもむしろ従来の路線を確認して、護身に最善を尽くす立場に置かれたのである。新規の活動よりは身の潔癖を証明するための、自助活動に専念しなければならなくなった。萎縮したというのは過言かも知れないが、結果的にはその類の兆候を示したと見られる。

他方、欧米を中心としてイスラームの刷新を求める声は、相当恒常的に聞かれるようになった。男女関係、人権問題、政治制度などを問題視する見解は増幅してきた。しかしそれらは、萎縮気味のイスラームの本山では馬耳東風となっているのが現実である。サウジアラビアも世界宗教対話センターを開設して、常に世論を喚起し、新たな気運を醸成するとの強い意志は示してきた。しかしそれも人権問題などで批判の絶えないオーストリア国民間のサウジ批判のために、二〇二一年四月、オーストリア議会は同センターのウィーン支部の閉鎖を決定した。[11]

イスラーム信仰の真髄は生かしつつ、どのように現代的な諸課題と取り組み、またさらには科学の分野などでも生産的な貢献を進めるのか、といった発想の模索は続けられている。そうした努力と世界的な共生のための寛容性が今後どのように発揮されるのであろうか。それは古くも新しい課題である。[12]

＊註

（1）*Encyclopaedia of Islam*, Leiden, Brill. 三世紀にわたって執筆、編纂されてきており、現在はオンラインでも公刊されている。初版は一九一三－三八年、第二版は一九五四－二〇〇五年に刊行され、第三版が二〇〇七年に開始された。

（2）*Turkish Religious Foundation Encyclopaedia of Islam*. 一九八八－二〇一三年。増補二巻は、二〇一六年出版。なおこれの短縮版全八巻も、二〇〇九年に出された。

（3）一九七八年九月、イラン経由でサウジアラビアを訪問した福田赳夫首相（当時）より、筆者が直接に聴取した。

（4）中央アジア諸国のイスラーム復興運動については、Katya Migacheva and Bryan Fredrick, *Religion, Conflict, and Stability in the Former Soviet Union*, Santa Monica, Rand Corporation, 2018.

（5）二〇一六年、労働党のサディク・カーン氏がロンドン市長に当選した。同氏は、パキスタン系の出自であり、スンナ派とされる。ちなみにオバマ前米国大統領はプロテスタント教会にしきりに通ったが、そのミドルネイムはムハンマドであり、父親フセインからの隠れムスリムだとの噂が絶えなかった。

（6）カイロ人権宣言の全文は、"*THE CAIRO DECLARATION ON HUMAN RIGHTS IN ISLAM*".Organization of Islamic Cooperation.

（7）拙論、Social Inclusion for Muslims in the Arab world and Japan, *Dharma World, Religions Role in Building an inclusive Society*, Tokyo, Autumn 2020 Vol. 47.25 - 27.

（8）Wathiqa Makkah al-Mukarrama, https://ar.wikipedia.org/wiki/Makkah_Declaration 参照。

（9）http://www.iifa-aifi.org/5002.html 参照。

（10）吉田悦章「金融先進国のイスラーム金融」、福田安志編『イスラーム金融のグローバル化と各国の対応』調査研究報告書 アジア経済研究所 二〇〇九年、二九-五二頁参照。

（11）二〇一二年、サウジアラビア国王のイニシアティブによってKAICIID（アブドラ国王国際諸宗教・諸文化対話センター）のサウジアラビアとスペインに続く三カ所目のセンターが、ウィーンに開設された。

（12）拙著『アラブ人の世界観』国書刊行会、二〇一二年。文明観や未来観については、特に、一七〇-二二五頁参照。

第六章　神道の未来　鎌田東二

はじめに

「苦しい時の神頼み」という言葉がある。ふだんは特に神様のことなど考えもしないし、特段信仰もしていないが、病気や災難や苦難があると、その時だけちゃっかりと「神頼み」をして事態を転換してもらおうとするようなちょっといいかげんな行動やそれを生み出す心性を言う。現代の使用時には、少し皮肉っぽく言う文脈的・状況的ニュアンスがある。

いつ頃からそのような言い方がされるようになったのかよくわからないが、『ことわざを知る辞典』では、安土桃山時代から類語が使われていたと説明している。「苦しくて自分の力ではどうにもならなくなると、人は神仏に頼り、何とか救いを求めようとする。転じて、日頃疎遠な人や義理を欠いている人に、苦しい時だけ助けを求めることのたとえ。」と語句の一般的意味を説明し、「安土桃山時代から『せつない時の神頼み』の形でよく使われた古いことわざで、『苦しい時』は、『せつない時』のほか『かなわぬ時』『ずつ（術）ない時』などともいわれます。今日では『苦しい時』が多用されていますが、どれが正しいということではなく、方言を含め、当事者にとって最も実感のこもった表現であれば、どれを使ってもよいでしょう。また、『神頼み』は『神たたき』とされることもありますが、意味は変わりません。」（北村孝一『ことわざを知る辞典』小学館、二〇一八年）とその成立ちを解説している。また事例引用として、谷崎潤一郎の小説『痴人の愛』から、「苦しい時の神頼み、――私はついぞ神信心をしたことなぞはなかったのですが、その時ふいと思い出して、観音様へお参りをしました。そして『ナオミの居所が一時も早く知れますように、明日にも帰ってくれますように』と、真心籠めて祈りました」という文章が引かれている。

だが、よくよく考えてみれば、このような言葉が諺《ことわざ》となるにはそれだけの経験的な根拠があるということである。多くの人がそうした事態を生涯に一度や二度ならず経験している。これまでの自分を振り返っても「苦しい時の神頼み」をしなかった人の方が圧倒的に少ないのではないだろうか？

では、その時の「神」とは何か？　どのような「神」に「神頼み」したのかとなると、どうやら日本人はそれほど突き詰めて祈りの対象となる「神」のことを考えてはこなかったようである。漠然と「神頼み」や「神仏頼み」をする。そのような曖昧で漠然とした神観・仏観・神仏観であっても、特に矛盾を感じているわけではないし、困っている様子でもない。原理的に問い詰めることなく曖昧なままに放置しておくというのは、日本人の心性と言えるかもしれないが、最初からそのような「日本人」一般を「曖昧」に想定しておくこと時代が「曖昧」極まりない態度なので、自己矛盾を感じる。

とはいえ、英語圏にも「The danger past and God forgotten.」という慣用表現はあるし、これが「苦しい時の神頼み」とか「喉元過ぎれば熱さを忘れる」とかの日本語の諺に対応するものとされているので、「苦しい時の神頼み」それ自体は日本人に特有の心性とまでは言えないということくらいは言えるだろう。

ともあれ、本章では、「苦しい時の神頼み」という諺を頻繁に使う日本人の心性と「神」観を基盤に、その「神」観を中核に持つ「神道」について、過去現在未来を簡潔に振り返り、見通してみたい。本書のほとんどの章は現代の課題に多くの記述を割いているが、本章では、一般に日本独自の民族宗教と目されてきた伝統宗教である神道を歴史的な形成過程の概要を含めて論述していきたい。

一　神道の起源とその特徴

神道が日本独自の民族宗教であるという一般的な見方を否定する人は少ないと思うが、しかしその神道がどのような起源を持ち、いかなる特徴を持つかについては、神道学者や宗教学者の見解は分かれている。まず、起源について、日本列島が形成されて最初の文化期とされる縄文時代に神道の起源を求めたのが神道学者の西田長男《ながお》、哲学者の梅原猛、考古学者の小林達雄などで、筆者もその流れに位置する。たとえば、縄文考古学者の小林達夫は、「縄文世界から神社まで」（鎌田東二編『日本の聖地文化』創元社、二〇一二年）の中で、「縄文的伝統の心が弥生・古墳などを経て、古代まで連綿と継承されている事実」、「神社成立はそれほどに根深い伝統に由来するものだった」と述べている。これに対して、稲作農耕に基づく農耕儀礼などを神道の大きな特徴と見る見解が弥生起源説で、神道学者の安津素彦や上田賢治や安蘇谷正彦などを挙げることができる。

神道の起源にはもちろん「神道」という言葉もなかったであろうが、その萌芽となる実態があった。それが「神道」という名前を持ち、確実な実態を持った文化構造体や体制となった神道の成立時期をどの時代に見るかについても見解は分かれている。大きく、七世紀後半から八世紀初頭の天武朝・持統朝・藤原不比等の時代、つまり、律令体制期に神道の制度的成立を見たのが梅原猛や上山春平などで、この時期を神道成立の画期と見做す研究者は少なくない。続いて、平安時代初期の八～九世紀に神道の成立を見たのが高取正男で、平安時代後期の院政期の一一～一二世紀に確立したとするのが井上寛司、またさらに時代が下って室町時代の一五世紀の応仁の乱前後の吉田神道成立の頃と見るのが黒田俊雄である。これらの神道の起源や成立期をめぐる見解の相違は、神道の根本特質をどこに見るかによって変ってくる。稲作農耕や天皇制や神社体制や神祇官の確立や宗教としての思想や儀礼の整備や教団的活動の有無など、指標や物差しをどこに置くかによってその起源と成立期の特定が変ってくるのは理解できる。(1)

半世紀近く神道を実践的に研究してきた私は、これらの神道をめぐる先行研究や学説を念頭に置きながら、拙著『神と仏の出逢う国』（角川選書、二〇〇九年）などで、自分なりに次のような仮説を打ち出してきた。

日本の神道を生み出した根本条件は「プレートの十字路」を持ち、それにより激しい地殻変動が起こり、自然災害が頻発するという日本列島の自然形態である。したがって、神道の最大の特質を、日本列島の地質や地形や海流や風土という自然条件に見るのが私の根本的な見方である。プレートの十字路としての日本列島に生れた自然の荒ぶる神々に対する畏怖・畏敬の念から立ち上がってくる信仰の総体、それが神社という形態を持ち、祈りを捧げ、祭りや神楽を執り行う施設としての神社を有する神道として制度化されていく。

その最初期の制度的確立は七世紀後半の律令体制期で、その頃に伊勢神宮や出雲大社の原形も出来てきて、神祇信仰と神社制度の骨格が固まり、それが『古事記』（七一二年編纂）や『日本書紀』（七二〇年編纂）に反映され、やがて一〇世紀前期の『延喜式』（九二七年編纂）「神名帳」（『延喜式』巻九・一〇）に記載された三一三二座（式内社二八六一社）の国指定神社制度の確立となる。このような神社制度の成立と変遷を生み出す神祇信仰の核心に何があるのかと言えば、間違いなくそこに、「神」の威力に対する畏れとそれを社会生活に有効配分（活用）できるような祈りと祭りの実践があった。

この畏怖の対象となる神々の総称がやがて「八百万《やおよろず》の神」という呼び名となっていき、『古事記』や『日本書紀』などの最古のテキストに記録されることになった。この「かみ（神）」という語は、古語では、イカヅチ（雷神）・カグツチ（火神）・ノヅチ（野神）・ククノチ（木神）・ミズチ（水神）などの「チ」の付く語群、ヤマツミ（山神）・ワダツミ（海神）・アヅミ（安曇・阿積）・ホヅミ（穂積）・ミミ（人名の最後に付けられることが多い）などのミの付く語群、ムスヒ（産霊）・ナオヒ（直霊）・マガツヒ（禍霊）・オモヒカネ（思兼）などのヒ付く語群などが一つの神名カテゴリーとしてあり、加えて、モノ（物・大物主神）、ヌシ（主・大国主神）、タマ（魂・大国魂神）、オニ（鬼・鬼神）、ミコト（命・尊・国常立神）など、実に多様な神聖の霊威・霊性を表現する語群がある。こうして、日本列島の自然万物や森羅万象のはたらきの中に「カミ」の生成と顕現を見て取る感知力が最終的に「神」という総括語として一般用語として用いられるようになり、「八百万の神」という『古事記』や『日本書紀』の表記ともなり、「ちはやぶる神」という『万葉集』の枕詞ともなっていった。

このように、神道は、第一に畏怖・畏敬の念に基づく天地自然の祭祀にある。その祭祀が行われる特別の場所がやがて神社となって常設化されていく。

たとえば、『日本書紀』の第十代崇神《すじん》天皇五年、国内に「疾疫」による死者が多数出た。そこで、翌六年には、百姓流離し、反逆したので、徳治が困難となり、天皇は「神祇」に「罪を請う」て、祭祀を執り行っていくうちに、天皇の大叔母の倭迹迹日百襲姫命《やまとととひももそひめのみこと》に神明が憑き、大物主神《おおものぬしのかみ》の神示があり、国が治まらないのは大物主神の「吾意」であるとの託宣があった。そして、大物主神の子の大田田根子《おおたたねこ》によって自分を祭ればすぐに平和になり、海外の国も「帰伏」すると語ったので、大田田根子命を探し当て、「大物主大神」を祭る「主」とした。さらに、「倭大国魂神」や「八十万神」を祀り、「天社・国社・神地・神戸」を定めると、「疫病」は収まり、国は鎮まり、五穀はよく稔ったという。これも最古の「苦しい時の神頼み」の一事例と言える。

このようにして、「神」の顕現を感知し、畏怖畏敬する場がさまざまな由緒と事情により神社化されていき、その周辺に住み着いた子孫や氏子崇敬者に尊崇されるようになる。その尊崇や祭祀を受けて、神々は子孫や氏子崇敬者を守護する。こうした守護―崇敬の関係構造がやがて一般に「氏神様」とか「産土様」とか「鎮守の森」と呼ばれるようになる。

そこで、まず「神道」について、作業仮説的に次のように規定しておく。「神道とは、旧石器時代からのさまざまな神観念や精霊観念、霊魂観念を受け継ぎながら、一万年以上にわたる日本列島の風土の中で練成されてきた、神話と儀礼と神社を伝承の核とした世界観と信仰と儀礼の体系であり生活の流儀である」。

神道は、世界宗教と言われる仏教やキリスト教のような教えの宗教ではない。よく言われるように、民族宗教である神道には明確な教義はなく、教祖も教団もない。神社は教団ではなく、共同体の祭祀場ないし祭祀機関である。仏教が悟りと慈悲の哲学宗教、儒教が仁と礼の倫理宗教、キリスト教が愛と赦《ゆる》しの救済宗教、イスラームが祈りと慈《いつく》しみの献身宗教だとすれば、神道は畏怖と祭りと美の宗教であるというのが私の大局的な捉え方である。

このように、仏教やキリスト教やイスラームのような世界宗教とは違って、日本列島のこの特異な自然条件の下に形成されてきた民族宗教と言える神道に明確な顕在的教義はないが、しかしそこに次のような潜在教義を見出すことができるというのが私の次の仮説である。それを、「あらはれ（表現）としての神道」の七つのあらわれの潜在教義と考える。

①「場」の宗教としての神道──森（杜）の詩学、斎庭《ゆにわ》の幾何学・聖地学、場所の記憶

②「道」の宗教としての神道──教えではなく、生活実践、いのちと暮らしのかまえ。いのちの道の伝承文化

③「美」の宗教としての神道──もののあはれや気配の感覚地、清浄、すがすがしさ、感覚宗教、芸術・芸能宗教

④「祭」（儀礼）の宗教としての神道──祭祀による生命力の更新・鎮魂（たまふり）

⑤「技」（わざ）の宗教としての神道──具体表現の技術。ワザヲギの術。エロス

⑥「詩」（物語性・神話伝承）の宗教としての神道──世界やいのちを物語的にとらえる

⑦「生態智」（エコソフィア）としての神道──いのちのちからと知恵を畏怖・畏敬し伝承し、暮らしの中に生かす

神道は、「場」「道」「美」「祭」「技」「詩」として表れており、その表れの総体の中に「生態智」が息づいていると捉える。「生態智」とは、「自然に対する深く慎ましい畏怖・畏敬の念に基づく、暮らしの中での鋭敏な観察と経験によって練り上げられた、自然と人工との持続可能な創造的バランス維持システムの知恵と技法」である。「神道」にはそのような深層的な「生態智」がさまざまな形態と位相において詰まっている。それを取り出し、現代の生活や未来の

文化・文明のありように活用したいというのが私なりの「神道的信仰復興運動」の問題提起で、その実践事例として、本章の最後に天河大辨財天社《てんかわだいべんざいてんしゃ》と猿田彦《さるたひこ》神社と石《いその》神社・葉山神社の事例を挙げてみたい。

二　神道の神の多様性と神道教義・思想の形成

先に述べたように、神道の神々は多様であり、「八百万」であるが、その中心的な内実は「天地・自然」である。神々を「天神地祇《てんしんちぎ》」と総称するのもその一つの表現語である。

このような神道の神感覚を、室町時代の神道家の吉田兼倶《かねとも》は『神道大意』の冒頭で、「夫れ神と者天地に先て而も天地を定め、陰陽に超て而も陰陽を成す。天地に在ては之を神と云ひ、万物に在ては之を霊と云ひ、人に在ては之を心と云ふ。心とは神なり、故に神は天地の根元也、万物の霊性也、人倫の運命也。無形して而も能く有形物を養ふ者は神なり」とか、「心に天地を感ずれば、則ち天地の霊我心に帰す。心に草木を感ずれば則ち草木の霊我心に帰す。心に畜類を感ずれば則ち畜類の霊我心に帰す。心に他人を感ずれば則ち他人の霊我心に帰す」と述べている。また、彼のもっとも体系的な「唯一宗源神道」の主張の書の『唯一神道名法要集』の中の最後の「唯一神道制戒」の中では、「吾が唯一神道は、天地を以て書籍と為し、日月を以て証明と為す」と述べている。また同書では、「天地の心も神也。諸仏の心も神也。鬼畜の心も神也。草木の心も神也」と記している。このような「天地日月」を「書籍」とし「証明」として、至る所に「神」の顕われを見てとる感覚が神道の感覚と言えるであろう。

そして、このような思想は、教派神道の一派であった禊《みそぎ》教の流れを汲む身曾岐《みそぎ》神社のＨＰでも、「私たち日本人は、自然に逆らわず、年ごとの実りに感謝し、時にはおそれを感じながら、自然と共に歩み、生きてきました。また私たち日本人は、物みなすべてにいのちがあると感じてきました。木々や草花、虫や動物、山や川、あるいは身近な道具にさえ、いのちの存在を感じ、一つの物も粗末に扱わず、大切にしてきたのです。神道とは、天地自然を教典としたいのちの信仰です。自然を物と見て搾取するだけの近代文明は、すでに限界を迎えました。ここ八ヶ岳の南麓、日常のストレスから解放され、大自然の息吹を感じながら、自らのいのちに息づく本来のリズムを取り戻してみませんか？　神道が目指すものは、そのような究極の『自然体』なのです。」と述べられているところにも引き継がれている（https://www.misogi.jp/syugyou/）。

『日本書紀』には、用明天皇が「信仏法、尊神道」、孝徳天皇が「尊仏法、軽神道」の心で接したと記されている。文献上、「神道」という語は、「仏法」と対比する形で出てくる。用明天皇（？－五八七）の条に「信仏法、尊神道」と出てくるのが初出で、次に孝徳天皇（五九六－

六五四）の条に「尊仏法、軽神道」と出てくる。

が、仏教伝来の最初期には、仏教は信じるか信じないかという信仰の対象であった。しかし、その時点で、神道は信仰の対象ではなく、神々も神道も在ることが前提で、それを尊ぶか軽んずるかの違いがあるだけだという認識があったことがわかる。

ここに、最初の神道と仏教（正確には「仏法」）との差異の認識が出ている。つまり、「仏法」には「法」という教えの体系であるから、それを信じるか信じないか、信不信をはっきりと表すことができる。しかし、「神道」はそのような「法」を持たず、教えの体系ではないから信不信ではなく、慣習的に行われてきた形式を「尊」重するか「軽（不敬）」視するかの対象でしかない。つまりそれは、古来維持されてきた先祖伝来の伝承の集積だから、それを大事にするか大事にしないか、敬うか敬わないかという二つの態度しかない。信じるとか信じないとかというように、はっきりとその対象の真偽性を事分けることはできないという構えである。ここで、「教えの体系としての仏法（仏教）」と、「伝承の集積としての神道」との違いがはっきりと出ている。とすれば、本叢書のシリーズの「信仰復興」という観点からすると、神道は「信仰復興」するほどの強力な信仰的体系性や実体性を持っていないということになる。

とはいえ、それから五〇年以上が経って「仏法」がある程度定着してくると、今度はその「仏法」も新しいとはいえ一つの新伝統となるから「尊（敬）」するかしないか（「軽（不敬）」）

という態度で接することとなる。その時、孝徳天皇は「仏法」を尊び、「神道」を軽んじたのである。

それでは、どのような態度が「神道」を軽んじることであったかというと、それは摂津国の生国魂社の境内の樹を伐ることが「軽神道」に当たるというのであった。「軽神道」のふるまいとは具体的に神社の樹を伐ることにあった。神木とされているような樹を大事にしない態度、それが「軽神道」のしわざである。つまり、古社で尊崇されてきた神木・霊木などの古木を伐ることが神および神道を軽んずる行為であると認識されていたということである。それは、草木にも宿る「神」を否定し、そこに蔵されてきた「生態智」をないがしろにする行為であるからである。

神道の教義や思想は、このように、天地自然や巨木や巨石などに対する畏怖畏敬や尊崇を中核として成立してくる。

三　神道の未来

こうして、神道が島嶼列島という特異な日本列島の自然地理的条件と風土のもとに形成されてきた歴史を踏まえると、神道の信仰と思想の根幹には自然畏怖とそれへの讃仰があることは間違いないであろう。そのことは、『古事記』や『日本書紀』の国生み・神生み神話にも反映され、また『古今和歌集』以降の部立ての「春夏秋冬」や俳句の季語などにも反映している。

その上に、律令体制期以降の天皇と中心とした統治システムや国家制度と絡まり、神社神道が延喜式内社などの社格を付与されながら、朝廷や幕府の祭政政策のもと各地域共同体との関わりの中で維持されてきた。神社神道と日本国家との関係は、現在の神社神道や各都道府県の神社庁や神道政治連盟やそれとの密接な関係を持つ日本会議などの政治活動と結びつき、皇室崇拝と保守思想との接点となっている。

しかし、一方で、二〇〇〇年以降の人口減少や多発する自然災害の中で、神社を維持する社会的条件と資源は弱体化しつづけている。そのことは、『千と千尋の神隠し』(宮崎駿監督、スタジオジブリ、二〇〇一年制作)に象徴的に表現されている。つまり、『となりのトトロ』において「森のヌシ」として生き生きと発動していたトトロは、『千と千尋の神隠し』の中では本当は立派な威厳のある「河のヌシ」でさえ「腐れ神」となってどろどろの汚染に正体不明となってしまっている現実を戯画的に表現している。そのことは、増田寛也の『地方消滅』(中公新書、二〇一四年)や、それを踏まえて問題提起した鵜飼秀徳の『寺院消滅——失われる「地方」と「宗教」』(日経BP、二〇一五年)で取り上げられた地域と寺社との構造的関係の推移にも如実に表れている。要するに、地域共同体の中核的宗教的拠点であった神社の存続は危機的な状況にあるということだ。この現実を踏まえてどのような再建策があるかについては、コミュニティ仏教やコミュニティ神道としての寺院や神社にとって、前途に希望を持てるような明確な方策はない。その意味で、「信仰復興運動」はたやすくできることではない。

とはいえ、これまでの伝統と蓄積と実験的な取り組みを総点検すれば手がかりがないわけではない。私自身は神道が未来に生き延びていくための方向性は、①「カミ」と呼ばれてきた自然信仰の再認識と深化、また生活の中での具体的な実践方法の提示、②それに関連して、多様な神格・神威・神性の再評価と再アピール、③そして、その具体的な表現として現われ洗練されてきた芸能や芸術やものづくりの再発信と再創造だと考えている。保守的な層は、天皇や皇室の伝統が神道の中核にあると見るかもしれないが、しかし、天理教や大本教などの「世直し」を志向する教派神道や神道系新宗教においては、皇室的伝統や神観から自由な根源神や隠退神（元神）の甦りを志向する教派もあり、一様ではない。

このようなことを考えたのも、ジョセフ・キャンベルの『神話の力』（早川書房、一九八〇年）の中に次のようなことが書かれていたからである。ある国際的な宗教会議のために日本を訪れたジョセフ・キャンベルは、別のアメリカ代表であるニューヨーク州出身の社会哲学者が「神道の司祭」（神社の宮司のことか？）にこう言っているのを立ち聞きした。「私たちはたくさんの儀式に参加したし、あなたがたの神殿もずいぶんみせていただいたが、そのイデオロギーがどうもわからない。あなた方がどういう神学を持っておられるのか、理解できないのです」と。すると、相手の日本人は、考えにふけるかのように長い間を置き、ゆっくりと首を振ってからようやく言った。「イデオロギーなどないと思います。私どもに神学はありません」。では何があるのかと聞くと、その宮司は「私たちは踊るのです」と言ったというのである。「私たちは踊る」、ここに伝承としての宗教であり、自然感応の宗教である神道のかたちがある。そしてそれは、神楽や民俗舞踊などの芸能や芸術として具体的に表現される。

そこで、共有できる神道の未来的価値資源を上記の三点に定め、その三つの方向を深化展開している神社として、奈良県吉野郡天川村坪ノ内に鎮座する天河大辨財天社、三重県伊勢市宇治山田に鎮座する猿田彦神社、宮城県石巻市雄勝《おがつ》町大浜に鎮座し「雄勝法印神楽」を伝承してきた石神社（奥宮）と葉山神社（里宮）の活動を事例検討したい。天河大辨財天社は水の信仰の地球的意味を問いかけ、水の惑星的ネットワークを拡張し、猿田彦神社は猿田彦大神が持つ「先駆け」と「開かれ」の神性を社会発信しつつ再創造の実験をし、石神社と葉山神社の雄勝法印神楽は東日本大震災で被災した地域共同体の復興と絆の結節点となった。

①天河大辨財天社の事例～天河大辨財天社と神仏習合と芸能

次に、神仏習合文化と芸能奉納の典型事例として奈良県吉野郡天川村坪ノ内に鎮座する天河大辨財天社について述べてみたい。

　詳しくは柿坂神酒之佑《かきさかみきのすけ》・鎌田東二『天河大辨財天社の宇宙——神道の未来へ』（春秋社、二〇一八年）に記したが、天河大辨財天社の主祭神辨財天を祭ったのは役行者《えんのぎょうじゃ》であるとされる。天河では、役小角が大峰山で修行中、最初に辨財天を感応したが、女神であるので修験の本尊にはふさわしくないとして、丁重に天河に祀ったとされる。二番目に感応したのが地蔵菩薩で、これまた厳しい修験の本尊にはふさわしくないとして退けられ、川上村に「捨て地蔵」として祀られた。そして、三番目に現れ出た蔵王権現こそ荒々しい山岳修行の本尊にふさわしいとされ、修験道の本尊となったという。

　現在の天河大辨財天社第六五代柿坂神酒之祐宮司は、この役小角に付き従った前鬼・後鬼のうち、前鬼の子孫であるとされ、二月三日の節分祭の前日の二月二日の夜、「鬼」をお迎えする「鬼の宿」と呼ばれる特殊神事が行なわれる。その夜、天河大辨財天社で祈りが捧げられた後、宮司以下参列者全員が宮司宅に移動して、「鬼」を迎え入れる。宮司宅の座敷には祭壇が設けられ、祝詞奏上と玉串奉奠《ほうてん》が終わると、祭壇の前に二つの寝床が敷かれ、枕元に大きな「おにぎり」が二個置かれる。神職が桶に聖水を汲みに行っている間、祭員崇敬者全員で大祓《おおはらえ》詞《ことば》と般若心経と各種真言を唱え、聖水を汲み終わった神職が戻ってくると、座敷の襖《ふすま》が閉められ、その襖の前に聖水の入った盥《たらい》が置かれ、そこで神職が夜通し寝ずの番をする。そして翌早暁、神職が盥の底を点検する。その中に土や砂や小石が入っていれば、「鬼」が前の晩に訪れてきた証拠だとし、それは神ないし祖霊としての「鬼」が訪れてきたのだから、次の一年、宮司は神主として神に奉仕する資格を得ると解釈される。もし、盥に何も入っていなかったら、「鬼＝神」がやって来なかったのだから宮司は神主として奉仕する資格を失い、宮司職を他の者に譲らなければならないと解釈される。「鬼の宿」は、奥深い山里の冬から春に転ずる季節の神迎え＝祖先霊迎えの神事である。ここでは「鬼」は災いをもたす恐ろしい悪神ではなく、子孫に愛と恵みと守護を与える祖先神なのである。

中世の修験文献に「吉野熊野中宮」とも「男女冥会・金胎一如」とも称えられた吉野熊野の繋ぎ目にある奥深い水源の山里に鎮座する天河大辨財天社に「鬼の宿」という習俗が生まれ、すでにそこに発生していた日本の水の神信仰とインド起源のサラスヴァティ＝弁才天信仰が結びつき、習合しつつ独自の天河辨財天信仰となっていく。鎌倉時代末の天台僧光宗による『溪嵐拾葉集』には、「吉野天川の地蔵弁才天」とか「日本第一の弁財天」として、「厳島の妙音弁才天」や「竹生島の観音弁才天」に先立って特記されている。

この実に濃厚な神仏習合文化の典型事例であったがために、天河大辨財天社は明治維新期以降の神仏分離政策以降、大きな打撃を受け、神社はさびれはてた。しかし、昭和四〇年代になって、徐々に「信仰復興」の波に持ち上げられ、日本の神社の中でも極めて特異な活性化した山中神社となったのである。前掲拙著でも論じたが、その「信仰復興」過程は大きく四つの時期に分けられる。

一、霊能者による天河発見の時代
二、アーティストによる天河「感応」の時代
三、若者たちによる天河「探遊」の時代
四、大習合文化としての天河水の文化の創造の時代

一つ一つの事象については、前掲書を参照していただきたいが、昭和四〇年代から顕在化した霊能者による「テンカワ探し」の背景には、高度経済成長をひた走る日本社会の深層に潜む埋蔵文化を発掘し、見直そうとするアンダーグラウンド運動があり、その後の「ディスカバー・ジャパン」や「エキゾチック・ジャパン」のブームの中、日本の秘境、日本の隠れたる文化に注目が集まったことも影響した。昭和四九年には、スプーン曲げなどの超能力・オカルト・ブームが起こっているが、UFO・神霊・占いに対する関心も高まっていった時期に、霊能者の「テンカワ探し」が行なわれ、隠されていた日本の秘境「テンカワ」が世に出てきたのである。

天河社復興の源泉となっているのは、神仏習合文化の再発見であった。天河社では『般若心経』の神前読経や弁才天の「オン・サラスバティ・エイ・ソワカ」の真言、役行者に対する「南無神変大菩薩」の真言が祭儀のときにくりかえし唱えられ、参拝者の唱和にも熱がこもる。また、例大祭には神道式の神事のほかに高野山の僧侶たちによる読経、宮司以下参列者一同による『般若心経』および真言の読誦唱和、山伏《やまぶし》姿の聖護院《しょうごいん》門跡一行による採灯護摩厳修が行なわれ、神道、仏教、修験道の儀式が融合した不思議な儀礼空間が現出した。本殿の内陣に弁才天や十五童子の仏像が祀られているのを拝することができるのも通常の神社ではありえない形態であった。天河社は現代においてもっともラディカルに神仏習合文化を再創造した神社であった。

それに関連して、奉納芸能の豊富な拡がりが天河社の習合文化の底辺を支えている。山深い村（天川村）の神社にしては珍しいほど立派な能舞台をもっている。そしてそのことがそこでの奉納や瞑想やその他さまざまな儀式・パフォーマンスの遂行を可能にしている。芸能の神でもある本殿の弁才天と真正面から向き合うかたちで上演される奉納芸能や瞑想・パフォーマンスは、その特殊な空間的配置に助けられてきわめて集中しやすく、そこで「啓示」や「霊示」や神秘体験を得たという人が多いのもその磐座《いわくら》や地形や社殿構造が大きく影響する。天河は現代の「パワースポット」ブームの原点でもあった。

昭和六〇年三月二三日の『日本経済新聞』朝刊には、「聖地で宇宙と交信」、「奈良・天川に芸術〝巡礼〟する若者たち」という見出しの記事が掲載されている。その冒頭は「『テンカワへ行ったか』～そんな言葉が今、若いアーチストの間で頻繁に交されている」という書き出しで始まっている。

先に述べたように中世の修験道の秘書『金峰山秘密伝』には、天河社は「金剛・胎蔵の中間」、「男女冥会の相、胎金不二の像」をもつ社とされ、「吉野熊野宮」とも呼ばれていたが、森の文化の見直しやエコロジー志向も、森の中の社たる天河社の豊饒さを印象づけた。弁才天＝サラスヴァティが水の神であり自然神であることが、水の惑星たるガイアの地球意識に同調しようとするディープ・エコロジカルな志向や希求と共振したのである。

天河社には本殿下に巨大な磐座があり、その磐座の中心には穴があいていて地下水脈に深く通じているとか、そこには八大龍王が住んでいるとかの伝承があったが、本殿の建て替えに際してこの磐座と龍穴が露わになった。

こうして、一九八〇年代から大きな注目を集めてきた天河大辨財天社は、アニミズムとシャーマニズム、自然信仰もしくはディープ・エコロジーとハイテクノロジー、神道と仏教と諸宗教、ニューエイジ・サイエンスと芸能と宗教が渾然一体となって融合した、きわめてファジーでカオスモス（カオス＋コスモス）な習合文化の一大拠点であり、実験場であり、日本の神社神道の「信仰復興」を牽引した神社の代表と言える。

②猿田彦神社の事例

猿田彦神社が「信仰復興」の事例として取り上げられるのは、一九九六年から宇治土公貞明《うじとこさだあき》宮司の発案によって始まった本殿遷座祭のためのさまざまな諸行事が特筆すべき豊かさを持っているからである。猿田彦神社では、一九九七年から二〇〇八年まで十年余に及んで「おひらきまつり」を開催した。

当初、一九九七年一〇月の遷座祭時に奉祝祭として開催した「おひらきまつり」を一九九九年以来、毎年一〇月に継続して開催してきた。その趣旨は、祭神である猿田彦大神やアメノウズメミコトの特性である「道開き」と「結び」の精神と「鎮魂・芸能」を世に楽しく面白く実践していくところにある。つまるところ「おひらきまつり」とは、世の開かれと結びを祈り、祭りや芸能・芸術・学問などの活動を通じて真に創造的な平和な世の到来を祈念し、招来する試みであった。

その「おひらきまつり」を行う文化団体の「猿田彦大神フォーラム」の世話人代表を音楽家の細野晴臣らが務めた。そして、細野をリーダーとする音楽集団・環太平洋モンゴロイドユニットは毎年独自の「細野現代神楽」を奉納演奏をしたのだった。(2)

一九九〇年代後半の日本の閉塞感を打ち破る「先開きの神・先駆けの神」としての猿田彦大神が注目を浴びるようになったのは、この猿田彦神社での「おひらきまつり」の開催がきっかけであったといっても過言ではない。八方塞りの感があればあるほど、サルタヒコの神の道開き精神を力強く訴えられ、求められたのである。「おひらきまつり」は、そうしたサルタヒコ的な精神と力の結び開かれを呼び覚まし、異質なもの相互の出会いと協働を実現させ、芸能・芸術を活用して万民平和術としての「アート・オブ・ピース（平和を創造する諸技法）」を開発していった実践事例であった。

祈りは一人一人の心の中で行われる。それは個々の霊性を通して発動する。しかし祭りを一人で行うことはできない。個々の祈りとさまざまな力の結集と協力なしには祭りを行うことは不可能である。祭りは協働的な生の讃歌であり、共に在ることの感謝とさらなる結びの呼びかけであるが、猿田彦神社の「おひらきまつり」はそのような協働的・共在的ネットワークを生み出す創造性を発揮したと言える。

③石神社・葉山神社の事例

二〇一一年三月一一日に東日本大震災が起こって以来、被災地復興の過程で、改めて日本の宗教文化の特質と現代におけるありよう、地域に伝わる神楽や獅子舞・虎舞などの民間伝統芸能の持つ意味と力が問われた。その過程で得られた結論は次の三点である。

一、日本列島の各地域に神道神社と仏教寺院の両方が共存してきたことが日本の社会の安定に大きな社会インフラとなっていた。

二、神社も寺院も共に共同体の結集と維持に関与した。神道神社は、元々地域共同体の結束と結集を祭りという形で組織し、それを伝承してきた伝承的宗教文化であり、「社会のケア」や「自然のケア（自然の恵みに対する願いと感謝のシステム）」を主眼としてきたが、仏教は本来内面に目を向ける瞑想的・観想的な宗教的・哲学的思想と実践であり、「心のケア」という現代的な課題に対する深遠な理論と経験のリソースを内包している。が、仏教は特に江戸時代の寺壇制度により、心のケア仏教からコミュニティ仏教へと変容する。

三、各地域における仏教寺院には宗派性（天台宗・真言宗・臨済宗・曹洞宗・浄土宗・浄土真宗・日蓮宗など）があるので、地域共同体と仏教的信仰共同体は必ずしも同一ではなく多様性が見られるが、神社が持つ共同体結集力は各神社の祭神の違いはあっても氏子地域の同一性と結集は担保されている。そこで行なわれる祭りの神事や神楽などの芸能奉納は地域共同体の連帯や絆を確認強化する機能を有しているが、今後それをどのように維持していくか、複数神社の兼務化や寺院消滅が指摘されている中で予断は許されない。そのような地域神社の行末を占う被災地の神社として宮城県石巻市雄勝町大浜に鎮座する延喜式内社の石神社とその里宮《さとみや》の葉山神社を挙げておきたい。

たとえば、被災地域の神社のいくつかは、被災当時は多くの神社が高台や小高い丘や山裾に鎮座しているために氏子たちが神社の境内に駆け上がって命拾いをしたというところが何社もあり、神社が地域の安全を守るまさに「鎮守の森」の機能を果たしていることを確認する事態となったし、一時期避難所として小中学校のような公共施設とともに地域の生命と安全を守る重要な役割を担ったのも事実であった。だが、そのような緊急時の救済機関となっていた神社も氏子が市外や県外に流出してしまうと祭りを行なうことも困難になる。財政的にも人員的にも将来的に神社を維持していくことは容易《たやす》くはない。

先に述べたように、日本は四つのプレートの集積地帯で盆地の多い山岳列島である。が、同時に、列島であるということは四方を海に囲まれているということでもある。米山俊直は『小盆地宇宙と日本文化』(岩波書店、一九八九年)において、岩手県遠野市の遠野盆地を基本モデルとし、奈良盆地、亀岡盆地、篠山盆地、綾部・福知山盆地、峰山盆地、京都盆地など日本の各盆地を逐一検討し、各地の「小京都」について考察を進めている。加えて、米山は、乾燥地帯と湿潤地帯、あるいは砂漠と森林という地質・地形・生態系の違いから、「O文明」と「F文明」の二文明類型を取り出している。「O文明」とは「オープンランド」もしくは「オアシス(Openland or Oasis)文明」の略、「F文明」とは、「フォレスト(Forest)文明」の略である。世界史は、オープンランド（平地・大陸）文明とフォレスト（森林）文明との極があり、古代はオープンランド型文明、近代はフォレスト型文明で、その中間に、西洋のローマ文明と東洋の漢文明のＯＦ（オープンランド・フォレスト）型文明があったと米山は位置づけている。

この文明類型論に対して、日本文明は、もう一つの別種の「ＯＦ文明」であると主張したい。つまり、「オーシャン・フォレスト文明（海森文明）」としての日本文明である。豊かな海洋資源と森林資源との生態智的な共存の知恵と技術を編み出してきた日本列島文化と文明構造を未来世界に繋ぐ生きた事例として検証し、「信仰復興」に活かしたいのである。それは、「森は海の恋人」文明の可能性でもある。それを日本列島の生態智として抽出し、未来に活かす。魚類学の田中克の記事「巨大防潮堤は禍根を残す」（毎日新聞二〇一二年八月三〇日付）によれば、東日本大震災で被災した三陸沿岸域に地震後新たな干潟が沿岸部に生まれているという。そこでアサリの稚貝が湾奥部に大量に発生していることがわかったのだ。湾奥部は埋め立て地であったが、地震による地盤沈下で海水が浸入したために昔のように自然に干潟や湿地に戻った。これによって森と海の境界域である干潟や湿地が生態系の多様性維持に不可欠の地帯であったことが改めて再認識された。だが、それを踏みつぶすかのように、最大高一七メートル、最大底辺八〇メートルもの巨大防潮堤建設が進みつつあるのが現状である。残念ながら、宮城県石巻市雄勝町の葉山神社の前にも巨大防潮堤が造られた。

だが、三陸沿岸では、牡蠣養殖業の畠山重篤らが「豊かな海は豊かな森に支えられる」との洞察を持って「森は海の恋人」運動が始まっていた。東日本大震災で養殖業も壊滅的な打撃を受けたが、畠山は「海に恨みはない。海と漁業は必ず復活する」と訴え、牡蠣養殖業復活をリードし、二〇一二年、国連から世界の「フォレスト・ヒーロー」（森の英雄）として表彰を受けている。

このような畠山らの「森は海の恋人」運動こそ、「自然に対する深く慎ましい畏怖・畏敬の念に基づく、暮らしの中での鋭敏な観察と経験によって練り上げられた、自然と人工との持続可能な創造的バランス維持システムの技法と知恵」である「生態智」の一例である。

東日本大震災「三・一一」後、私は、二〇一一年五月を皮切りに、半年に一度ずつ、被災地沿岸部約一〇〇〇キロを十四度にわたり定期的に巡り、拙著『現代神道論——霊性と生態智の探究』などで、そのつど現地状況を報告すると同時に次のような問題点を指摘してきた。

1）日本列島の沿岸部の古くからの神社・仏閣は海岸線に近い小高い河岸段丘などに立地していることが多く、東北被災地の津波浸水線上に多くの神社があり、避難所になっている事実とその安心・安全装置としての機能であったこと。

2）延喜式内社などの各国（都道府県）主要古社は、縄文遺跡など先史時代の遺跡および古代遺跡と近接し、縄文時代からの信仰と切り離せないこと。

3）東北（陸奥国）延喜式内社一〇〇社の内、石巻市や女川町のある牡鹿半島に一〇社も密集していることが地震や津波などの自然災害の多発を関係があると考えられること。

4）それに関連して、伊豆国に九二座の延喜式内社があることの意味も、地震や火山の噴火などの自然災害と密接な関係があることと推定できること。

5）日本を代表する「日本三大祭り」の一つに挙げられている「祇園祭」の発生が貞観一一年（八六九）に起こった貞観地震を直接的な契機としていると考えられること。

こうして、日本列島に生まれた神社・仏閣など「聖地・霊場」が、自然の恵みに深く依拠し、それに対する敬虔なる畏怖・畏敬の念を以って維持されてきたことの地質学的・生態学的・自然地理学的意味を再確認し、日本の聖地文化の具体例といえる延喜式内社が、自然災害の襲来（「祟り」とも捉えられた）に対する防災・安心・安全装置や拠点でもあったことも確認できるだろう。

鵜飼秀徳は前掲『寺院消滅――失われる「地方」と「宗教」』（日経BP、二〇一五年）の中で、「消滅可能性都市」に宗教法人がどれくらい含まれているかという石井研士の試算に基づき、一七万六六七〇の宗教法人の約三五・六％の六万二九七一法人が消滅する可能性があると指摘している。二〇四〇年には全国自治体の四九・八％、神社本庁所属神社の四一％、高野山真言宗傘下寺院の四五・五％、曹洞宗所属の四二・一％が消滅する可能性を持つと言う。寺院消滅の危機は人口激減だけではない。島田裕巳『葬式は、要らない』（幻冬舎新書、二〇一〇年）や鵜飼秀徳『無葬社会』（日経BP、二〇一七年）が主張しているような葬儀の簡略化や廃止や先祖代々の遺骨を納めてきた菩提寺のお墓を撤去する「墓終い」も増加する一方である。寺院消滅や神社消滅の危機は日本の伝統文化や共同体の構造を大きく変化させる要因となる。全国に約八万社ある神社本庁傘下の神社と約七万近くある仏教寺院が、日本の地域共同体の自然・文化・社会的な安全・安心の拠り所となることができれば日本社会の安定に寄与することと測り知れないほどである。曹洞宗やテーラワーダ仏教の藤田一照や山下良道は、『アップデートする仏教』（幻冬舎新書、二〇一三年）や『〈仏教3.0〉を哲学する』（春秋社、二〇一六年）などの中で、①仏教1.0（檀家制度に支えられた葬式仏教・コミュニティ仏教として形骸化していった日本の大乗仏教）②仏教2.0（瞑想修行の実践的プログラムと実修を具体的に提示したテーラワーダ仏教）③仏教3.0（テーラワーダ仏教による批判的吟味を踏まえて仏教本来の瞑想修行を取り戻した大乗仏教）と主張している。

「仏教1.0」である檀家仏教・コミュニティ仏教は、本来の仏教の核心を顕在化できないまま日本の地域社会の衰亡と運命共同体のように頽落してしまった。そこに「仏教2.0」である、ヴィパサナ瞑想などの心を見つめる修行法や実践プログラムを持つテーラワーダ仏教（上座部仏教、いわゆる「小乗仏教」）が入ってきて、マインドフルネス瞑想などのブームとも連動して、仏教の革新をもたらした。その仏教本来の瞑想修行に立ち返りつつ仏教をアップデートしていく「仏教3.0」の更新が求められているというのが藤田や山下の問題提起である。

それに対して、神社あるいは神道はどうであるか？

①神道1.0（天皇制を頂点とした律令体制以降の神社神道や近代のいわゆる国家神道）

②神道2.0（天皇制以前から存在してきた神祇信仰や自然崇拝を中核とした自然神道や古神道）

③神道3.0（自然神道を核とし国家神道を内在的に批判突破した神神習合や神仏習合や修験道をも内包する生態智神道）

とその伝統性と可能性を抽出してみたい。『古事記』や『日本書紀』が天皇の統治とその歴史や事跡を記録した最古のテキストであることはよく知られている。律令体制以降、日本に「天皇」という独自の概念と体制が中断されることなく、少なくとも一三五〇年ほどの歴史を有していることは否定できない事実である。しかし、その日本の歴史と伝統は、多層性を特質として持つ日本の一つの有力な層ではあるが、唯一の層ではない。それ以前に、さらに基底となっている神祇信仰があり、その神祇信仰の根的に冒頭で記したような四枚プレートの十字路である日本列島の多層性に基づく多層的な自然崇拝がある。それを踏まえて「生態智神道」として一般化し、地球時代の対話可能な宗教思想としてヴァージョンアップしていく。そのような神道の未来が構想可能であろう。

おわりに

私は、日本の宗教史を大きく、①神神習合、②神仏習合（神儒仏習合も含む）、③神仏分離、④新神仏習合諸宗共働の四期に分けている。日本列島の一万年以上の歴史過程で、神仏分離は江戸時代から一部の藩で行なわれていたとしても、全国規模で実施されたのは僅か百年に満たない。それまではほとんど習合時代の習合列島だった。

二宮尊徳は、この日本の習合文化の内実を、「神道は開国の道なり、儒学は治国の道なり、仏教は治心の道なり」と述べているが、簡にして要を得た言い方である。神道は日本という列島、そこでの地域、そしてその上に成立した国を拓き、今日まで維持してきた。それはまず、列島の自然の息吹を「ちはやぶる神」として崇め、畏怖畏敬する道であった。対して、儒学は

「国を治める道」として社会秩序をもたらす「修身斉家治国平天下」（大学）の道であった。対して、仏教はマインドフルネス（sitta）を取り上げるまでもなく、「心を修める道」である。

神道には教祖も教義も教団もないが、しかし、神社がある。場所がある。鎮守の森がある。祭りがある。ワザがある。詩（神話や祝詞）もある。そして、何よりも自然の中で、自然畏怖し畏敬しその声に従おうとしてきた「生態智」がある。

そうした生態智が「草木言語」から「草木国土悉皆成仏」までを繋ぐ動力であった。多くの人はそれをアニミズムだと言うが、それは単なるアニミズム以上の万物即身成仏思想である。

二宮尊徳は、神道は「開国の道」、儒教は「治国の道」、仏教は「治心の道」と言い、その習合性を、「神儒仏正味一粒丸」とか「三味一粒丸」とかと名付け、それを服用したらどれほどの難病でもよくなると説いた。この時、その丸薬の割合は、神道が半分、儒教と仏教で合わせて半分と説いた。その割合に尊徳のリアリズムがあった。

その日本列島の習合的リアリズムとそこで生まれた芸能や芸術を再確認する必要があるというのが、神道の未来と信仰復興を考える際の私の結論である。

＊註

（1）神道の起源について、島薗進『教養としての神道――生きのびる神々』（東洋経済、二〇二二年五月）「第1章　神道の起源を考える」は、要領よく諸説の論点をまとめていて参考になる。

（2）細野晴臣の「現代神楽」の活動については、細野晴臣・鎌田東二『神楽感覚』（作品社、二〇〇八年）を参照。

＊参考文献

梅原猛『海女と天皇』朝日新聞社、一九九一年。
上山春平『天皇制の深層』朝日新聞社、一九八五年。
高取正男『神道の成立』平凡社、一九七九年。
井上寛司『日本の神社と「神道」』校倉書房、二〇〇六年。
黒田俊雄『『王法と仏法――中世史の構図』法蔵館、一九八三年。
鎌田東二『神と仏の出逢う国』角川選書、二〇〇九年。

第七章　非宗教者の信仰復興――福島県下の大規模災害を事例として

弓山達也

一　問題の所在

本章の目的は非宗教者の信仰復興に注目し、それを大規模災害下（直後を含む、以下同様）の記録から読み解くことである。そのためにまず具体的にはスペイン風邪における福島県下の宗教行事の催行を明確にしつつ、そこで病いや死を受容する背景として生と死の連続性の感覚が非宗教者から表明されていくことを明らかにしていく。次いで東日本大震災直後の非宗教者の宗教行事との関わりに、これと同じ感覚を看取できることを確認しつつ、大規模災害によって分節化される非宗教者の信仰復興について論じていきたい。

本章の直接的な着想はコロナ禍における宗教行事の催行の自粛にあった。それは二〇二〇年・二一年八月のお盆・帰省シーズンに際して都道府県知事の注意喚起、大規模祭礼の中止や縮小、神社界からの初詣の前倒しや分散参拝の呼びかけなど、宗教行事の自粛に接し、一〇〇年前のパンデミックであるスペイン風邪禍では、宗教行事は開催されていたのだろうかという疑問に端を発している。その後、朝日・毎日・読売各新聞をサーベイした管見（弓山、二〇二一）では、スペイン風邪禍では年中行事も人生儀礼も各地の祭りも行われており、そうであるならばコロナ禍とスペイン風邪禍における宗教行事自粛と催行との違いは何に起因しているのかを探ることは意味のあることと思われた。またここで福島県下に注目するのは、スペイン風邪禍の地方紙を渉猟した速水融『日本を襲ったスペイン・インフルエンザ』で、東北地方で「最大の被害」と指摘されているものの、福島県のみ地方紙が「利用できず」詳細が記されておらず（速水、二〇〇六：二二四、一一六頁）、その空白を埋めることが求められるためである。そして東日本大震災で宗教行事が復興のシンボルとして再開されてきたことを思うと、大規模災害下の宗教行事を検討する意味で被災地を取り上げることは的外れなことではないだろう。

そのため本章の方法は福島県下の大正期の地方紙（『福島新聞』『福島民報』『福島民友』）から関連記事を収集し、独自の対比表を作ること(1)から始めた。次いで郷土誌やスペイン風邪に関わる福島県下の医療・看護・教育団体史の参照、そしてスペイン風邪に実母を亡くした野口英世の書簡を紐解いた。さらに同じように東日本大震災直後（二〇一一年の春から夏にかけて）の宗教行事の催行とこれに関わる人々の動向を同じ地方紙より収集。中心的な担い手にはインタビュー調査を実施した。

この中で郷土誌と団体史は、「最大の被害」とされるスペイン風邪の記述が皆無に等しかった。『福島県史』をはじめ、県下三地域、例えば浜通りの『いわき市史』、中通りの『福島市史』、会津の『会津若松史』のいずれにも本文・年表にスペイン風邪の文言は見られない。スペイン風邪に関わる情報収集や訓令の発布は内務省の管轄であったが、具体的な取締に関わる『福島県警察史』にその記載はない。同時にスペイン風邪は医療崩壊や学校休校を引き起こしたが、『福島県医師会史』『福島県看護史』では触れられておらず、『福島県教育史』で、日本の教育の一九一八年の項目に「この年、一〇月から翌年にかけてスペインかぜ大流行」と書かれているのみである。

このように公的な記録で三八・五万人（内務省衛生局編、二〇〇八：一〇四頁）、超過死亡による試算だと四五・三万人（速水前掲：二三九頁）とも言われ、日本の人口の〇・七〜〇・八％が死亡した大規模災害であるにもかかわらず、スペイン風邪の記憶・記録が乏しいことは速水（前掲：四二九－四三二頁）でも、また米国の事例について『史上最悪のインフルエンザ』（二〇二〇：三九四－三九九頁）でも指摘されている。またコロナ禍に触発されて、スペイン風邪禍の宗教研究がなされる中でも同様に資料・記録が少ないとの言及があり(2)、当時の地方紙を用いて資料を整える基礎的作業から始める本章の意義は少なくないだろう。さらに同じ

年月	スペイン風邪関連		社会・世相	
1918年 10月	22日	小名浜小学校休校状態［新 1027］、授業再開［報 1030］ 郡山煙草専売支局休業［新 1027］ 若松第三〜五高校休校［新 1030］		
11月	5日 10日 15日 15日 24日	福島高女1週間休校、福島中なども［報 1106］ 野口鹿子（英世実母）死去［報 1112］ 若松市人口の半数が罹患、これまで死者 67 名［新報 1117］ この日まで県下罹患者 19 万、死亡者 5 百名［報 1205］ 福島市で 11 月になって死者 55 名［新 1125］ 石城郡罹患者 2 万名、炭鉱で感染者増［報 1107］ 久之浜で死者［新 1112］ 会津地方で小学生罹患 2 千名［新 1115］ 若松市で蔓延、製糸会社で罹患者多数［新 1030］	4日 23日 23日	小名浜港起工式［報 1104］ 福島市、公会堂で休戦祝賀会［新 1123］ 郡山町、神社境内で休戦祝賀式［新 1125］
12月	15日 20日	若松聯隊で 14・15 日に新兵 7 名死亡［報 1218］ 若松市、これまで死者 120 余名［報 1222］ 第二師団管下に患者 1500 名［新 1229］	19日	横内直温葬儀に 1500 名［報 1221］
1919年 1月		吾妻村達沢 150 名全員罹患［報 0201］	1日 2日 4日	信夫山に新暦正月暁参り［新 0103］ 売り出しで賑わう郡山［新 0103］ 福島市消防出初式［報 0105］
2月	1日	内務省衛生局、立子山、小国、吾妻、3 村視察［新 0205］ 天皇に吾妻村 276 名中 270 名死亡の惨状を奏上［新 0206］ 県警察部、警戒すべき旨の通牒発布［友 0201］ 昨年末まで県下罹患者 30 万余、死者 7 百名［友 0201］ 内務省、予防法の注意を発布［新 0205］	3日 4日	旧正月で賑わいの買初め［新 0203］ 福島市森合成田山の節分予告［友 0202］
7月			13日	相馬野馬追、3 日間で 10 万余［新 0711-14］ 高田町田植祭［報 0714］、小平潟天神祭、若松市豊年踊、［友 0719・23］など各地で夏祭り
8月				各地で盆踊り［友 0808・11 新 0809］
1920年 1月		好間村のみで 1200 名［新 0110］	1日 2日	御山繁盛　暁参り［友 0105］ 二市十七郡とも新年宴会特に賑わう［友 0105］ お祭のような初売出し［友 0105］ 出初式、拝賀式、名刺交換会など賑わう［新友 0105］

表1　スペイン風邪禍における諸活動の制限・催行

地方紙を用いて同様の宗教行事の催行という共通の着眼点を得て、スペイン風邪禍と東日本大震災直後の動向を論じることで、一〇〇年に近い時代を隔て、大規模災害下の宗教的応答の一つの形（非宗教者が示す信仰復興）が明らかになるなら、それは注目に値することである。そして現時点（二〇二一年秋）で終息は見えないコロナ禍が明けた後の宗教的動向を占う上でも、さらには今後も私たちを脅かす感染症と宗教との関係を問ううえでも貴重な知見を提供できるものと考えている。

二　スペイン風邪禍の宗教行事

ここでは、表1に従って、コロナ禍にお

ける制限された諸活動と催行されたものとの対比を見ていく（本文中、表にない事項は出典を明記、年表・本文中『福島新聞』『福島民報』『福島民友』をそれぞれ［新］［報］［友］と略記し、続く四桁数字は月日を意味する）。

（一）諸活動の制限と催行

【諸活動の制限】　スペイン風邪は一九一八年一〇月より始まる前流行と翌一九年一二月より始まる後流行に分けられる。福島県地方紙における明確なスペイン風邪の第一報は写真1の一九一八年一〇月二五日の「流行感冒平町を襲ふ　軒毎に患者総数約三百名」［報］である。すぐさま各紙ともこの感冒が例年のものとは異なり、伝染性が高いこと、基礎疾患のある者が重篤化しやすいこと、飛沫感染であること、人混みを避けうがいをすることなどを報道している［報 10126、新 1028・30］。相前後して郡山・若松の学校休校の報が入り、一一月になるとこれに加えて死者数も記されるようになる。特にこの段階では若松市の感染者数の多さが際立っており、一一月二五日までに約三万人と県下で最も多い(3)［報 1205］。これにともない若松製糸会社や陸軍第二師団若松聯隊とその附属病院の窮状が伝えられている。

一九一九年一月、二月になると諸活動の制限よりも、ピンポイントの惨状がクローズアップされる。特に吾妻村は村民二七六名のうち二七〇名が死去し、内務省衛生局の視察を経て、天皇への奏上となった（写真2）。この二月の記事類をもって前流行の報道は見られなくなる。

後流行については一九一九年一二月三一日に「危険な悪性感冒　予防注射も肝要だが」［新］の記事が見られるが、一般的な予防法や全国的な概況になっていて、県下については触れられていない。一九二〇年になって「流行性感冒　好間村のみで一千二百名」［新0110］と、特に炭鉱での蔓延が伝えられ、県下で流行があったことが確認できるものの報道はなくなっている。速水（前掲：一七八、二三〇頁）は前流行について「一箇所に三週間からひと月し

流行感冒《りうかうかんばう》平町《たひらまち》を襲《おそ》ふ
軒毎に患者總數約三百名
―藝妓ばかり廿四名も臥床
石城郡平町にては流行性感冒猖獗を極め一戸二名位づゝ冒されたるもの多く總數三百餘名に達したるが同町藝妓にて同病に罹れるもの二十四名に達し大恐慌を來し居れりと（平電話）

写真１　『福島民報』1918年10月25日

流行性感冒《りうかうせいかんばう》と
聖上御軫念《せいじやうごしんねん》
耶麻吾妻村の慘狀も奏上
流行性感冒が空前の大流行を來し昨今殊に猛烈を極め一度之に罹るや急性肺炎を併發し斃れるもの頗る多く淺野長武氏夫人寧子の方和田海軍中佐夫妻、松本赤十字眼科部長夫人を始め名士少からず殊に本縣耶麻郡吾妻村の如きは人口二百七十六人中二百七十名の死者を出し生存者僅かに六名と云ふ慘狀を呈し毫も終熄の模樣なし、伊集院元帥、内田外相、高橋藏相、幣原外務、神野大藏、栃内海軍、小橋内務の各次官亦之が爲め病床にある有樣で當局では極力之が撲滅に努めつゝあるが畏くも葉山御用邸に御避寒中の　聖上皇后兩陛下には此由聞召され甚く御軫念あり侍醫頭を御座所に召され詳細御下問ありたるやに洩れ承はる、右に就き床次内相は聖旨の有難さに感泣し直に電報を以て全國の各地方官に命じ之が報告を爲さしめ其の報告を侍從を經て奏上したりと

写真２　『福島新聞』1919年２月６日

か留まらず」、後流行は「嵐のようにやってきて、短期間のうちに去っていった」と指摘している。スペイン風邪は一年半の長きにわたって日本に逗留したイメージがあるものの、地方ごとに見ると、速水の言うように、少なくとも福島県下では一九一八年一〇月から翌年二月、一九二〇年初頭のみの流行だったといえよう。

【諸活動の催行】　さてこの時期の宗教行事を中心とした諸活動の催行について見ていこう。表1に記したように自粛や中止はほとんど確認できない。若松市を中心とした死者の増加が懸念された一九一八年一一月下旬には、写真3のように第一次世界大戦の休戦の祝賀会が大々的に開催されている記事の下に「人殺し感冒」の見出しを見ることができる。[新 1125]。壊滅的な被害を吾妻村が被った翌年正月も、福島市の信夫山《しのぶやま》初詣（暁参り）をはじめとする福島と郡山の賑わい、若松市についても「兵隊さんのお正月」[報 0105] の見出しで、「至る所軍人の姿」「活動館大入」と記されている。この他、節分、前流行と後流行の間であるから相馬野馬追には一〇万人の人出、夏祭りもお盆も通常通り開催されていたことがうかがえる。

(三) スペイン風邪禍でなぜ宗教行事が催行できたのか

【〈近代〉と〈伝統〉】　さてスペイン風邪が「猖獗《しょうけつ》を極めた」時期において、宗教行事のみならず、祝賀会、新年会、冠婚葬祭などが開催されていることは、前掲拙稿でも全国で見られることを指摘した。地方紙では正月の様子がやや詳しく記載されているが、福島市信夫山の参拝

歡《くわん》は盡《つく》せり
（何れ劣らぬ廿三日の賑へ）
福島や郡山に於る
休戰祝賀會
福島市《ふくしまし》
人殺《ひとごろ》し感冒《かぜ》
枕を並べる縣內務部長邸
親子三人で人を毆る

写真３『福島新聞』1918年11月25日

にも、若松市の正月の過ごし方にも、「惨事」「戦慄」「恐慌」とされたスペイン風邪の影響（縮小するとか、逆に祈願するとか）は皆無である。

もちろん前流行の初期からコロナ禍でいう「三密回避」は説かれていて、一〇〇年前が衛生観念に乏しいとか、予防の知識がなかったとかということではない。また報道には若者（新兵）の死亡は実名と住所を記して「兇事」として伝えられ、生命尊重の念が薄いということでもない。諸活動の制限・催行でいえば、制限された諸活動と催行された諸活動は、相互に無関係と考えた方が自然なのかもしれない。

制限された諸活動を見ると、報道では学校の休校が際立って多い。その他、軍隊における支障、炭鉱や行政などの事業体への打撃があげられる。学校・軍隊・事業体という、いわば〈近代〉以降の組織がパンデミックを受けて諸活動の制限を余儀なくされているのに対して、宗教行事をはじめ、祝賀や式典、いわば「祭り」が滞りなく催行されているのは、後者が近代以前から続く〈伝統〉に属しているからであろう。もちろん〈近代〉と〈伝統〉は人々の生活の中で分かちがたく結びつきつつも、別の時間と空間が流れている。

こうした二つの時空間の区別・共存は、スペイン風邪禍で起きた知識人たちの振る舞いにもあらわれている。例えば『原敬日記』によれば、首相は一九一八年一〇月二六日に三八・五度の発熱。それがスペイン風邪と判るも二日ほどで下熱し、二九日に平温になるや、三日後には新聞記者団の晩餐に、その翌日も郷土の支持者との午餐に出向いている（原、一九九八、三一－三二頁）。永井荷風（一九八〇：一〇六頁）は前流行の際（一九一八年一一月）「感冒猖獗の折から、用心」と記し、また長期の体調不良にもかかわらず、浄瑠璃の稽古に行き、休戦祝賀ムードの日比谷の雑踏に身を置いている。与謝野晶子「感冒の床から」（一九一八年一一月）は前流行で子どもから家族全体がスペイン風邪に罹ったことから、この年の米騒動やシベリヤ出兵の世相を批判する内容になっている（紅野他解説、二〇二一）。しかし「死の恐怖」（一九二〇年一月）では後流行の死の恐怖と生の希求が語られ、その上で「人事を尽くして天命を待とう」「こうした上で病気に罹って死ぬならば、幾分其れまでの運命と諦めることが出来るでしょう」と諦観が綴られている（紅野他前掲：一一〇頁）。つまり病いや死を避けるべきものとして、その前で萎縮する〈近代〉と、病いや死をも受容する〈伝統〉との対比であり、共存である。イリッチ（一九七七：一〇三‐一〇五頁）の用語で言い換えれば、〈近代〉を特徴づける「操作的制度」的な管理され制限される時空間と、その対極にある「祭り」に興じる「自律的・共愉的な」時空間との対比であり、共存とも言えよう。

【諦観と生と死の連続性】　ではなぜ〈伝統〉は、病いや死をも受容できるのであろうか。ここには死生観が密接に関わっていると考えられる。一事例を前述の壊滅に瀕した吾妻村と同じ耶麻《やま》郡に属する翁島村《おきなじま》（両村とも現猪苗代町《いなわしろ》）で野口英世の実母鹿子が一九一八年一一月一〇日にスペイン風邪で他界したことに見てみよう。母の死をめぐっては、英世と父代わりと言える恩師小林栄との書簡が残されている。

小林は学校の先生らしく、鹿子の容態の変化から亡くなるまでを詳細に綴り、葬儀についても出席者名はもちろん、供花の大きさまで記している。それに対し英世の返信は母の死を知ってから約三ヶ月後。決して長くはない書面には「大に驚き」としながらも「兼而より覚悟の上なれば人生観より已むなきこと、諦め申し候」（丹、一九七七：二五〇頁）としたためられていた。母の死はもちろん、恩師の厚情を前に、ここでも先の与謝野晶子同様の「諦め」が語られている。

英世や与謝野晶子の諦観を単に病いの前に諦めているととるのは早計だろう。英世は先の文言の後に「生と死との境界は此世のことのみで生前と死後とを考ひれば現生は単ニ一時の足留めニ過ぎざることを感じつゝあり候」と続ける。そして手紙の最後の方には「生死ニ境なしとは小子の確信ニ御座候」という生と死が連続している死生観を開陳する。さらに母が亡くなった瞬間にババハマの勤務先で母を思い出したとも述べる。つまり母が亡くなっても母を感じることができるからこそ、諦めることができるというのだ。与謝野晶子も死は「絶対」であり、生は「相対」であるが、「絶対は相対の中にあり、（略）生にして楽しくば死も楽しく、死して悲しくば生も悲しく、否寧ろ苦楽悲喜の交錯が絶対の存在其物」と、死があるからこそ、生を意識することができ、前述の「諦めることができる」という（紅野他前掲：一〇九頁）。

こうしたスペイン風邪による死に対する諦観は先の与謝野晶子だけでなく、広く見ることができる。例えば（後の秩父宮）雍仁《やすひと》親王が一九二〇年一月に罹患し、やがて容態は悪化し、三月初旬まで病床に伏すこととなる。その後も予断を許さない状態だったようで、雍仁親王は侍従医の「村地がどんなに頑張って治療をしてくれても、俺に寿命がなければ治らないよ」（秩父宮家編、一九七二：二〇三－二一五頁）と述べたという。菊池寛（二〇二〇：六三頁）は短編小説「簡単な死去」で、年の瀬、主人公の新聞記者（菊池寛も新聞記者で、自身を重ねていると考えられよう）が同僚の死に際して「手近な人が、もろくもやられて居るのに、自分は無事に正月を迎えて居る。そう云う無意識の欣びが皆の心をいつもより、そわそわと浮き立せて居る」と述懐する。永井荷風（前掲：一六〇－一六一頁）は一九二〇年一月一二日から体調を崩し、翌日は四〇度まで発熱している。一九日は遺書をしたためるものの、二二日はやや復調し、「目下流行の風邪に罹るもの多く死する由。余は不思議にもありてかひなき命を取り留めたり」と、生還を「（生きていても）甲斐のない命」と記している。武者小路実篤（二〇一二：一三九頁）は中編小説「愛と死」を、主人公の小説家にスペイン風邪で亡くなった許嫁が神になったと思う、「それより他仕方がないのではないか」と語らせて締めくくっている。

このように病いや死を前に示される諦観が広く同時代の知識人に共有されていたことが判る。そしてその背景には先述の与謝野晶子の死があるからこそ生を意識することができる、武者小路実篤の許嫁を神と思い続けられる、いわば生と死の連続性の感覚があるだろう。同時期の新聞に興味深い記事がある。それは『東京朝日新聞』の「コドモシンブン」という子ども向けコーナーで、前流行が過ぎた七月一三日の「お盆」という記事にはこう書かれている。

今日からはお盆です。お精霊さまを迎へたり送つたりする時です。お盆になると、今こそ生きてゐる私共も、やがては、かうして私達の子供や孫たちに、迎へ送りされる仏様になつてしまはねばならないか、生命のある間によく働き、よく快楽を楽んで置きたいものと、つくづく思ひます。

このような感覚が過去のものだからこそ、子ども向けにメッセージを送らなければならないのか、それとも子どもでも判ることが綴られているのか、今後の検討に委ねたいが、死者を迎え、そして自分たちが死んで迎えられる心構えが読み取ることができる。かかる生と死の連続性が背景となって、伝統的空間の諦観を成り立たせていると考えられよう。

三　東日本大震災後の宗教行事

(一) 宗教行事の自粛と催行

スペイン風邪禍と同様の大規模災害として、福島においては二〇一一年の東日本大震災があげられよう。ここでは宗教行事が縮小されつつも、復興のシンボルとなって開催されていることを夏の諸行事に見ていこう。

福島県下の夏の宗教行事は千年の伝統を誇る南相馬市の相馬野馬追《そうまのまおい》から始まる。行事は平将門が合戦に使用する馬を素手でつかまえ、神馬として妙見に奉納したことに由来すると伝えられ、中村神社、太田神社、小高神社の三つの妙見社の祭礼となっている。例年、七月下旬に開催され、三日間で二〇万人台の人出がある。しかし二〇一一年の福島第一原発の事故で、南相馬市の一部地域には避難指示が出され、小高神社は警戒区域に位置した。五月段階では開催を危ぶむ声が聞こえたが、六月一八日に行事の中心である甲冑競馬や神旗争奪戦は中止するものの神事は開催、小高神社での神事は多珂神社で行われることが決められた。行事直前の『福島民報』[0722]は大きく紙面を割き、「鎮魂と復興」の中央の見出しのもと、「今年は野馬追を復興のシンボルと位置づけ、犠牲者への鎮魂の願いを込めて行われる」と行事の性格の転換を伝えている。

『福島民報』『福島民友』を読むと、福島県下のその後の宗教行事でも一時期は自粛を検討しつつも、縮小開催にこぎ着け、そこでは「鎮魂と復興」がキーワードになっていることが判る。七月三一日には警戒区域であるために開催ができない富岡町の麓山の火祭りは町民の仮設住宅のある大玉村で披露され、青年会会員の「津波で亡くなった祖父のことを思い担ぎ、みんなで地元に帰ることを願った」との声を伝える[民0801]。旧暦の七夕に合わせて開催される福島七夕まつりは中止を検討した時期があったというが、予定通り催行し、全国から復興の短冊が寄せられた[友0807]。福島市の夏の風物詩となっているわらじ祭りは例年の二日間開催を八月六日の一日に縮小し、「復興」をテーマに掲げた［友0807］。四〇万人台の見物客が訪れるいわき市の夏の風物詩である平七夕まつりは例年通り八月六日～八日に開催されたが、時間を短縮し、また通常盛り込まれるじゃんがら念仏踊り大会を中止し、じゃんがら慰霊祭として開催の性格を明確にした［報0806］。

ここであげられているじゃんがら念仏踊り（以下「じゃんがら」）については後述するが、八月のお盆になると福島県浜通りのじゃんがらの記事が多く見られるようになる。じゃんがらの登場は、宗教行事に由来しない、いわゆる地域の夏祭りでも見られ、「絆強め　夏満喫　いわき豊間・薄磯・沼ノ内復興祭」では中止の危機を乗り越えて祭りが催行され、じゃんがらが打たれたことが報じられている［報0822］。このことについては、次に二つの事例を見てみよう。

(二)　じゃんがら念仏踊り

じゃんがらは、福島県浜通りに伝わる民俗芸能で、江戸初期に現いわき市で始められた太鼓と鉦《かね》、そして、歌と踊りによって演じられる新盆の踊念仏で、現在、約一〇〇団体がこの民俗芸能を伝承している（いわき市総合図書館配付資料二〇一六：一頁）。また現いわき市出身の浄土宗僧侶袋中上人が一七世紀に沖縄にじゃんがらを伝えたことが、エイサーの起源になったとも言われているが（福島県、一九六四、二三巻：八七二頁、長尾他、二〇〇八：四一頁）、いわき固有の、そして震災の慰霊追悼を担う民俗芸能として各種の復興イベントで、しばしばこの民俗芸能が新盆とは関係なく演じられてきた。

しかしながら、じゃんがらは滞りなく伝承されてきた訳ではない。平田公子と降矢美彌子（一九九四）はじゃんがらを伝える九三団体にアンケートを実施し、そのうち三六団体から有効回答を得ている。それによると新盆の対応として、三三・三％が時間や宗教上の理由で断られるなどの対応の変化が起きたと回答し、じゃんがらの将来について保存させたいが困難が多いが六三・九％、発展すると思うが〇％となっている。つまりじゃんがらの伝承は、日本各地の多くの伝統芸能や地域の祭りと同様、担い手不足や価値観・ライフスタイルの多様化にさらされ、発展させる困難さは震災の四半世紀前にはすでに明らかになっていた。それが震災によって、担い手の離散、用具の流失、さらには次項でみるように鉦や太鼓の騒がしさが震災後の喪の雰囲気にそぐわないとの配慮によって、その催行は風前の灯となっていた。その中でじゃんがらを伝承し、むしろ震災前とは違った意味づけで催行にこぎ着けた二つの事例を検討してみたい。

【いわき海星高校（現小名浜海星高校）】　いわき海星高校は福島県いわき市の小名浜にあり、

県立の水産高校という性格から、海外の同様の水産系学校の訪問をよく受けるという。そのような際にじゃんがらが「郷土の民俗芸能」として生徒たちによって演じられ、二〇一〇年にはクラブも立ち上がった。そして同年一〇月にソロモン諸島とクック諸島より高校生が来校し、文化交流でじゃんがらが披露された。同校は東日本大震災により壊滅的な被害を受け、廃校がささやかれた時期があったという。生徒も一名が亡くなり、一名が行方不明となった。亡くなった生徒は地震発生後に高齢者の避難を手伝い、やがて祖母の安否を心配して出掛けたまま行方が判らなくなり、翌日、遺体で発見された［報・友0814］。こうした中、クラブ活動としてじゃんがらに関わった生徒が二〇一一年六月、亡くなった生徒の供養ためチームを再結成をはかり、二一名が参加し、翌月から活動を再開した。

生徒たちは「津波で命を落とした仲間のために踊りたい」［報0718］といい、クラブの顧問教員がなくなった浴衣、鉦、太鼓を他校から借りたり、支援を受けて調達したりしたという。そして同校が保有する海洋実習の練習船公開にあわせてじゃんがらを初披露し、八月一三日の初盆には遺族の前での演舞となった（菅原、二〇一六：五五頁）。同級生の一人は「天国から観てもらえたらいいなと思いながら踊った」［友0814］と語る。

ここで注目したいのは生徒たちが東日本大震災と友人の死を経て、それまで海外からの訪問者に見せる演し物《だ》だったじゃんがらに慰霊・追悼行事としての性格を復権させ、生と死をつなぐ意味を見出そうとしていることである。同校では二〇一一年度に一八回のじゃんがら披露があり、その後もコロナ禍までは毎年四〇~五〇回、小名浜を中心に海外を含む各地の復興イベントにて演舞を行っている。

筆者は二〇一六年五月に小名浜のイベント会場で、同校のじゃんがらにはじめて触れた時、イベント参加者の多くが同校生徒の亡くなったエピソードを知っており、特別な思いでじゃんがらを見つめている姿を目撃した。ある来場者は演舞を見て「可哀想にね。あそこの高校生、死んじゃったんだよね」とつぶやいた。さらに筆者は同年八月にいわき駅前での他のじゃんがらサークルとの披露に練習から同行した。練習の合間に教室に貼られた演舞への感想が書かれた葉書や手紙を見ると「お年寄りの中には涙して、見ておられる姿」や「若く尊い祈りの真を注ぎ込んだと賞賛」が綴られていた。やがて演舞がいわき駅前で始まると、沿道はもちろん横断歩道橋からも人びとが注視し、合掌して見守る人びとの姿も観察することができた。県立高校という制約があることが想像されるが、生徒たちにとって民俗芸能というパフォーマンスが慰霊や追悼の宗教行事に転換した例といえよう。

【久之浜】いわき市の北端の久之浜には大久自安我楽念仏踊継承会がある。この地域のじゃんがらは一時期途絶え、二〇〇四年に継承会が復活させている。東日本大震災で久之浜は約五〇名の死者を出し、継承会も避難生活を強いられ、その中でじゃんがらによる慰霊活動が行われた（遠藤他、二〇一五：六九頁）。

ただそのプロセスは平坦ではなかった。じゃんがらの実施について、震災直後から話し合いが始まったものの、一部の会員から「遺族感情を逆なでするのでは」との声があがったという。というのも同地区でのじゃんがらは青年会の行事、子どもたちの継承する行事という性格以上のものではなく、どちらかというと地域のイベントに近いものだったという。その中で世話役が「じゃんがらを踊る意味を問う」ていった［友0812］。そして八月に地域の盆踊りが中止される中、供養祭として地区内寺院僧侶を招いてじゃんがらを行い、同月二七日の奉奠《ほうてん》祭花火大会で演舞を行うこととなった。

二〇一二年の一周忌は、主婦層の団体である千日紅の会が花供養として取りまとめ、全国から花を募る形で献花台を設け、じゃんがら、フラダンス、読経などが行なわれた。その中で比較的復興イベント色が強い千日紅の会とじゃんがらを追悼行事としてとらえ返そうとする継承会が別行動となり、継承会は二〇一六年には近隣の四倉での海岸供養の演舞となった。一方、千日紅の会は二〇一八年には海岸から内陸部にはいったハイジの里山と呼ばれる個人敷地での開催となり、海岸で行われる地域の復興イベントからプライベートな性格が強まっていった。

筆者はこのプロセスを継承会の遠藤諭氏にうかがったことがある。彼はこう述べる。

消防団で助けられたかもしれない、遺体をモノとして扱わなければならなかったことに罪悪感があった。手の感触が残っていて、残像があった。それを整理するためにじゃんがらがあった。供養のために自分たちは行った。報道では、その意味を判らず、イベントがあった、可哀想なことがあったというだけ。（略）

こういう時〔震災の年〕だからこそ、じゃんがらをやりたいという我々の思いがあった。商工会青年部の活動で子どもたちに伝える伝統芸能としてのじゃんがらから、震災を区切りに、〔供養としての〕じゃんがらが二分されていった。あの世とこの世とを、亡くなった人と現世の人とをつなげる会話のできる環境をつくる、時間を戻すのがじゃんがら。歌詞や意味や鳴り物の意味が判ると祈り方が、空気感が変わっていく。〔同じ慰霊祭で行われる〕よさこいやベリーダンスやフラダンスとは違う。　（〔　〕内は筆者補足）

彼は別のインタビューで「世話になった人たちが苦しんで亡くなっていった。その苦しみを少しでも和らげるためにできることをしたい」と語っている［友0812］。じゃんがらが献花台を中心にベリーダンスやフラダンスを展開したイベント志向の花供養と袂を分かったことも象徴的である。もちろん、震災前までは、じゃんがらもまた保存し子どもたちに継承していかなければならない地域のイベント行事であった。それが震災を経て、「あの世とこの世とを、亡くなった人と現世の人とをつなげる会話のできる環境」を醸成する、文字通り生と死との連続性を担保する慰霊や追悼の宗教行事になっていったと考えられよう。

（三）民俗芸能から宗教行事へ

二つの事例から東日本大震災後に非宗教的な民俗芸能が宗教行事に転換する過程を見てきた。もちろん大規模災害下に祭りや民俗芸能が特別な感慨を持って催行されること決して珍しくなく、研究者も注目してきた。例えば阪神淡路大震災後の祭りや巡礼を検討した三木英は、そこに「被災者の連帯」や「共同性の感覚が強化されていくことを実感」するとみなす（三木、二〇一五：六〇－八二頁、一一〇頁）。それが地域に根ざした民俗芸能に由来するものならば、より一層連帯や共同性の機能は強まるといえよう。民俗（芸能）研究は、それを「傷ついた地域社会を再生させる契機」（橋本、二〇一六：一二七頁）、「コミュニティをつなぐ最大の力」（同、二〇一五：一九六頁）、「人々が地域に集い郷土芸能のために地域へ戻るという潜在的機能」「地域を支えるチカラ」（見市、二〇一三：九七頁）、「地域コミュニティの連帯感を高めるのに重要な役割」（二本松、二〇一三：二二四頁）、「ワレワレ意識ネットワーク」（金菱、二〇一四：五八頁）といった言葉で説明してきた。

宗教の役割の一つがこうした連帯や共同性といった「束ねる」「つなぐ」横の統合にあることは間違いない。後継者不足で開催が立ち行かず、開催が立ち行かないから後継者も集まらないという負のスパイラルに苦しんでいた民俗芸能が、大規模災害を契機に、人々を束ね、つなぐ行事としての性格を獲得していくことは興味深い。本章で取り上げたじゃんがらはそもそも地域の行事であったところから、その機能がはっきりと示された事例といえよう。さらにじゃんがらでは横の統合に加えて、歴史性や超越性といった縦の統合も見逃すことができず、ここが非宗教的か宗教的かの違いとみなすこともできる。

すでに論じてきたようにいわき海星高校の生徒は亡くなった級友の姿をリアルに意識し、彼のためにじゃんがらを打った。久之浜のじゃんがらの遠藤氏も「あの世とこの世」「亡くなった人と現世の人」とをつなぐ役割をじゃんがらに見出していった。民俗芸能が親や先祖から受け継がれたものであることが人々に歴史性や、歴史を越えた超越性を意識させる。言い換えれば、植田今日子（二〇一三：五七頁）が指摘するように、毎年同じ季節に繰り返される行事だからこそ、「来年の今頃」や「次回の行事」といった「「回帰的な時間」をつくりだすための定点をもたらす」。つまり民俗芸能はルーティンワークであるとともに、不条理や苦悩をともなう大規模災害下では、その催行が親や先祖からの縦のラインや超越的な視点から現状をとらえる契機を与えることになるといえよう。じゃんがらは盆行事であることから、こうした親や先祖とのつながりの再認識という縦の統合をもたらしやすかったと考えられる。いずれせよじゃんがらの事例から、民俗芸能が人々の横の統合と先祖に連なる縦の統合を得て、宗教行事への転換したことが理解できる。

四　非宗教者の信仰復興

本章では、スペイン風邪禍で宗教行事が催行されたのも、また東日本大震災直後に民俗芸能が宗教行事として性格を転換させたのも、そこには生者が死者とつながっている生と死の連続性の感覚があることを明らかにしてきた。スペイン風邪禍の宗教行事の催行を見る時、それが病いや死をも受容する〈伝統〉の時空間の中で営まれ、その受容を可能するのは、生者が死者とつながっている、生と死との連続性の感覚が背景にあったと考えられよう。だからこそ病いや死を目の当たりにして諦めることすらできたことを野口英世や与謝野晶子などの言説に見てきた。そして東日本大震災直後にじゃんがらが宗教行事として催行されたいわき海星高校でも久之浜でも、当事者によって死者とつながっている、生と死との連続性の感覚が述べられていた。

ここで示唆的なのは、野口英世などの知識人にせよ、またじゃんがらの担い手にせよ、特定教団の宗教者ではなく、在俗の非宗教者であるということである。もちろんここで宗教者の示す宗教性より非宗教者の生と死の連続性の感覚が宗教的に高いとか低いという議論をしているのはない。大規模災害下にあって、非宗教者から自ずとこうした感覚が、しかも明確な死生観をともなって口にされているところに注目したい。これを稲場圭信（二〇一一：一五頁）のいう「無自覚の宗教性」、つまり「無自覚に漠然と抱く自己を超えたものとのつながりの感覚と、先祖、神仏、世間に対して持つおかげ様の念」と呼ぶこともできよう。ただ「無自覚の宗教性」が、日本人の多くに共有されている、おかげ様、感謝の意識に根ざしているのに対して、本章で見てきた生と死の連続性の感覚は、病いや死に直面することによって生じる不安・絶望・悲しみを前に、無力さや限界に消え入りそうになる自己を辛うじて保とうするレジリエントな平衡感覚、武者小路実篤の言葉を再掲すると「それより他仕方がないのではないか」という「諦め」の感覚ともいえよう。むろんこの感覚は稲場の指摘する無自覚の宗教と地続きの、つながりの感覚や利他主義と通底し、その分節化のタイミングによって、違った現れ方をするといった方が適切だろう。

信仰復興という言葉には、宗教性が湛えられていた教団内や周辺から、宗教者によって信仰が自覚化、再興されるという含意がある。しかし大規模災害のような国民全体（パンデミックのばあいは世界規模で）の悲嘆によって、宗教性が教団から横溢し、その裾野を拡げ、世人を覚醒するのかもしれない。こうした非宗教者の宗教性が組織化されたばあいは新宗教に連なることになるだろう。スペイン風邪禍の一九一九年に大本聖師の出口王仁三郎《でぐちおにさぶろう》が京都・亀岡に天恩郷造成を着手し、翌年、太霊道主元の田中守平が岐阜・恵那に大本院を完成させ、広汎な宗教運動を具現化したのは決して偶然ではない。もちろん非宗教者の宗教性が伝統教団の枠に回帰するばあいもあるだろうし、大規模災害の悲しみがいつしか癒えた時、その昂《たか》まった宗教性も沈静化するのかもしれない。

コロナ禍は三密回避をはじめとする宗教活動の大きな支障を世界中で巻き起こしたが、同時に冒頭に述べたように、墓参りや初詣といった大衆的宗教行動（多くはこれを宗教と認識していない）の根強さも示した。日々の集団礼拝や宗教施設の参拝をオンラインで代替する苦戦や、その一方、その意義の再認識も世界中から聞かれる。大規模災害は教団活動に多大なダメージを与えながら、一方で教団内に湛えられた宗教性を揺さぶり、教団外の宗教性を活性化し、革新し、新しい何かを産み出していくのかもしれない。

＊註

（1）コロナ感染防止による福島県立図書館閲覧時間制限のため網羅的な記事検索が行えず、一九一八年一〇月

－一九一九年三月、同年七・八月、一〇月－一九二〇年三月が中心となっている。

（2）「スペイン風邪と日本の教会」研究会の四論文（『富岡キリスト教センター紀要』一一、二〇二一年）は、いずれもそのことを指摘している。

（3）その他は郡山二・七万人、福島一・二万人、平・三春・川俣が一万人である。

＊参考・引用文献

会津若松史出版委員会編、『会津若松史』七、会津若松市、一九六七年。

イヴァン・イリッチ（東洋・小澤周三訳）『脱学校の社会』東京創元社、一九七七年。

いわき市史編さん委員会編、『いわき市史』一〇、いわき市、一九八五年。

いわき市総合図書館配付資料二〇一六「じゃんがら念仏踊りの歴史展」

植田今日子「なぜ大災害の非常事態下で祭礼は遂行されるのか」『社会学年報』、二〇一三年、四二頁。

遠藤諭・橋本裕之・日高真吾「鼎談　震災から学ぶ伝統芸能の役割と「感謝と祈り」を伝える活動」『民族学』、二〇一五年、一五二頁。

金菱清『震災メメントモリ』新曜社、二〇一四年。

菊池寛『マスク』文春文庫、二〇二〇年。

A・W・クロスビー（西村秀一訳）『史上最悪のインフルエンザ』新装版、みすず書房、二〇二〇年。

菅原孝夫「伝統芸能の底力――高校生のじゃんがら念仏踊り」『詩人会議』、二〇一六年、五四頁。

丹実『野口英世』二、講談社、一九七七年。

秩父宮家編『雍仁親王実紀』吉川弘文館、一九七二年。

内務省衛生局編『流行性感冒』東洋文庫、二〇〇八年。

永井壮吉『断腸亭日乗』一、岩波書店、一九八〇年。

長尾順子・三宅茜巳・加藤真由美「デジタル・アーカイブを用いた地域間資料の教材化」『年会論文集』、二〇〇八年、二四頁。

日本看護協会福島県支部編・刊『福島県看護史』、一九八六年。

二本松文雄「東日本大震災後の福島県相双地方の社会と民俗」『民俗文化』、二〇一三年、二五頁。

橋本裕之『震災と芸能――地域再生の原動力』追手門学院大学出版会、二〇一五年。

橋本裕之「無形民俗文化財の社会性」『追手門学院大学地域創造学部紀要』一、二〇一六年。

速水融『日本を襲ったスペイン・インフルエンザ』藤原書店、二〇〇六年。

原敬『原敬日記』五、北泉社、一九九八年。

平田公子・降矢美彌子「いわきの「じゃんがら念仏踊り」伝承の実態について」『福島大学教育実践研究紀要』、一九九四年、二六頁。

福島県編・刊、『福島県史』、一九六四‐七二年。

福島県医師会史編纂委員会編『福島県医師会史』上、福島県医師会、一九八〇年。

福島県教育センター編『福島県教育史』五、福島県教育委員会、一九七五年。

福島県警察史編さん委員会編『福島県警察史』一、福島県警察本部、一九八〇年。

福島市史編纂委員会編『福島市史』一三、福島市教育委員会、一九七五年。

紅野謙介・金貴粉解説『文豪たちのスペイン風邪』皓星社、二〇二一年。

見市健編「シンポジウム　日本大震災と岩手県沿岸の民俗芸能」『総合政策』一五－一、二〇一三年。

三木英『宗教と震災』森話社、二〇一五年。

武者小路実篤『愛と死』新潮文庫、二〇一二年。

弓山達也「スペイン風邪禍でなぜ宗教行事は催行されたのか」『宗教研究』九五（二）、二〇二一年。

付記：本章は科研費（19K21750）による成果の一部である。地方紙検索については、コロナ禍であるにもかかわらず福島県立図書館の格別のご配慮を賜り、大正大学大学院の能藤隆正氏にお手伝いいただいた。記してお礼を述べたい。

第八章　新宗教と利他のゆくえ――現世主義的楽観からの展開

島薗　進

一　利他主義の興隆？

若い世代の利他主義

『「利他」とは何か』（集英社新書、二〇二一年）の編者、伊藤亜紗は、「はじめに――コロナと利他」を次のように書き始めている。

コロナウイルスの感染拡大によって世界が危機に直面するなか、「利他」という言葉が注目を集めています。たとえば、フランスの経済学者ジャック・アタリは、二〇二〇年四月一一日に放送されたＮＨＫの番組「ＥＴＶ特集　緊急対談　パンデミックが変える世界～海外の知性が語る展望～」に出席し、パンデミックを乗り越えるためのキーワードとして「利他主義」をあげています。深刻な危機に直面したいまこそ、互いに競い合うのではなく、「他者のために生きる」という人間の本質に立ちかえらなければならない、と。実際に、人々のあいだにも利他的な行動が広まっているようです。なかでも顕著なのは、若い世代の動きです。

「若い世代の動き」の一例として伊藤があげているのは、二〇二〇年にコロナ対策で国内住民に一律配布された一〇万円の特別定額給付金の使い道についての調査結果である。少なくとも一部を寄付にあてたいと答えた人の割合は、二〇代が三七パーセントともっとも多くなっている。ビジネスの世界でも「利他」を勧める言葉が増えているのではないか、という。盛和塾（一九八三―二〇一九年）によって企業リーダーに学びの場を提供していた稲盛和夫は「利他」を説くのを常としたが、その著書は今もよく読まれている。たとえば、ファッション業界でも「利他」が話題になる場面が増えているという。

アタリの推奨する利他主義

ジャック・アタリの二〇一六年の著書、『２０３０年ジャック・アタリの未来予測』（プレジデント社、二〇一七年）も版を重ねているようだが、第一章「憤懣《ふんまん》が世界を覆い尽くす」、第二章「解説」、第三章「九九％が激怒する」に続いて、第四章は「明るい未来」と題されている。そこでは「自分自身に働きかける」との見出しのもとに、「自分の死は不可避だと自覚せよ」から始まる一〇段階の教訓が示されていく。どうすれば「自分自身になれるか」という問いに沿って進むが、その5は「自分の幸福は他者の幸福に依存していることを自覚せよ」である。

その説明は、まず「自分と世界は相互依存していることを自覚するのだ」と始められる。「他者を喜ばせることができないのなら、あるいは他者の役に立てないのなら、それは自身の成功とは程遠い。そしてとくに、次世代に対して利他的になることは自分自身の利益なのだ」。親が子どもを大事にすることに注意を喚起していると読める。「このような自覚があってこそ、自由という理想から利他主義という理想への本格的な転換が始まる。こうしてこそ、憤懣から激怒への逸脱が避けられる」。これは押し付けられた利他ではなく、納得した上での利他である。「誰もが利他主義を理性的かつ情熱的に熱望し、利他主義が人々の心の奥底に根づかなければならない」（一八八－九頁）。

第一〇段階は「最後に、世界のためにも行動する準備をせよ」と題されていて、「無数の「自分自身になる」が統合すれば、世界は変わる。なぜなら、彼らは当然ながら利他主義者だからだ」と説明される。そして、これは今や現実となっているという。「こうしたことを理解する人たちはあっという間に増えた。希望の輝きである彼らは、世界に関する分析を行なった。自分自身になる選択をした彼らは、自分たちの目的は利他主義を通して達成できると悟ったのである」（一九三頁）と述べる。教師、医師、農民、企業の幹部、看護師、起業家、労働者、学生など、さまざまな生活を送る人々が利他主義に目覚めて、そこから世界変革の希望が見えてきているというのだ。

二　新宗教の利他主義を問う

新宗教の利他主義——金光教

ジャック・アタリの利他主義に対する期待、また実際にそのような気運が広がっており、世界の変革が可能になるという現状理解を読んで、私は日本の新宗教の信仰世界を思い起こした。ここで、新宗教というのは、一九世紀の初め頃から起こった日本の宗教運動と宗教集団のことを指している。もっとも発展が盛んだったのは、一九二〇年代から六〇年代頃までで、たとえば一九三〇年に成立した創価学会は七〇年頃に七五〇万世帯の会員を呼号する大教団に発展した。霊友会、立正佼成会、世界救世教、ＰＬ教団、生長の家などもこの時期に大発展をとげた新宗教教団だ。これに先立つ時期にすでに発展期を迎えた教団には、黒住《くろずみ》教、天理教、金光《こんこう》教、本門佛立宗《ほんもんぶつりゅうしゅう》、大本などがある。

このうち、金光教は一八五九年に金光大神（赤沢文治、一八一四－八三）が創始した習合神道系の新宗教である。岡山県の新倉敷に近い大谷村の農民が、日柄方位の信仰、金神信仰、石《いし》鎚講《づちこう》などに関わった後、天地金乃神《てんちかねのかみ》という独自の救済神の信仰を打ち立てたものである。神前に横向きに坐して、人々の悩みを聞き、神の教えを説く救済儀礼を「お取次」とよび、これが布教の大きな力となった。

この金光大神が信徒に語った言葉を集成した『金光大神理解』（村上重良・安丸良夫編『日本思想大系67　民衆宗教の思想』岩波書店、一九七一年）から利他主義につながるような言葉を例示したい。

人が人を助けるのが、人間である。小児《こども》がこけて居るのを見て、直《すぐ》にをこしてやり、又、水に落て居るのを見て、直《すぐ》に引上《ひきあげ》てやられる。人間は万物の霊長であるから、自分の思ふやうに働き、人を助ける事が出来るのは、難《ありがたい》レ有事ではないか。牛、馬、其他の毛物《けもの》は、我子が水に落ちて居ても、引上る事は出来ん。人間が見ると、助けてやる。牛、馬、犬、猫の痛い時に、人間、介抱して助けてやる事は、誰でもあらうがな。人間、病苦災難の時、神様、人間に、助けて貰ふのであるから、「人の難儀な時を助けるのが人間である」と心

得て信心しなさい。（四二〇頁）

「人救けたら」——天理教

天理教は一八三八年に奈良盆地の農家の主婦であった中山みき（一七九八－一八八七）が神が自らに宿り、救済の教えを鼓吹する経験をしたことから創始された新宗教である。主神は天理王命《てんりおうのみこと》とも月日親神《つきひおやがみ》ともよばれ、人類を産み出した原初の神とされる。教祖中山みきは浄土宗の素養もあり、修験道の影響も受けたが、自ら『みかぐらうた』や『おふでさき』といった神から授かった言葉を記した聖典を通して教えを広めた。病気を治す力があると信じられた「おさづけ」という儀礼があり、苦しむ人を神の力、信仰の力で癒すことを「おたすけ」とよんだ。

天理教教会本部編『天理教教祖伝逸話編』（天理教道友社、一九七六年）にも、教祖が信徒に「人救け」を勧める「人救けたら」と題された逸話が収録されている。加見兵四郎という信徒は一三歳の長女が突然、両眼が見えなくなり、続いて兵四郎自身の目が見えなくなる。教祖の話を聞くと突然、目が見えるようになり、帰宅すると娘の目も見えるようになった。目が見えないことが「手引き」となって、神の教えに出会うことができたのだ。

しかし、その後も、兵四郎の目はすっかり治ったというわけではなかったので、教祖を尋ねてわけを聞こうとした。その時の教祖の答えは以下のようなものだった。

それはなあ、手引きがすんで、ためしがすまんのやで。ためしというは、人救けたら我が身救かる、という。我が身思うてはならん。どうでも、人を救けたい、救かってもらいたい、という一心に取り直すなら、身上《みじょう》は鮮やかやで。（二七九頁）

「身上」というのは、病気などからだの困難のことを指すもので、それが鮮やかに癒されることを予言するものだったが、事実、そのようになったという。

新宗教の利他主義の研究

「人救けたら我が身救かる」に似た表現は、新宗教でしばしば耳にする。そして、伝統仏教でよく言われる「自利利他」とか、「自利利他円満」という表現をも思い起こさせる。この天理教教祖の言葉では、「人を救ける」というのは宗教的な癒しを行うという意味に受け取る人も多いだろう。その場合はそのまま利他主義の現れとは言いにくいかもしれない。だが、積極的に他者に関わって、他者の幸せを願い行動することを勧めているのは確かである。

利他主義的な教えがもっと前面に出ている新宗教教団として、修養団捧誠会の例を見てみたい。修養団捧誠会は天理教からの分派であるほんみち（天理本道）に所属した出居清太郎《いでいせいたろう》（一八九九－一九八三）が、ほんみちを離脱して一九四一年に発足させた、さほど規模が大きくはない新宗教教団である。筆者は一九九二年にこの修養団捧誠会の調査研究の成果を、『救いと徳――新宗教生活者の生活と思想』（弘文堂）という編著にまとめ、九九年には『時代のなかの新宗教――出居清太郎の世界 1899-1945』（弘文堂）を著した。

『救いと徳』では、「救いと徳――和合倫理とそのかなた」という章を執筆しているが、そこでは「愛他主義」を鍵概念の一つとして用いた。「愛他主義」は altruism の訳語でエミール・デュルケムが『自殺論』で用いている用法を主に参照したものだ（尾高邦雄責任編集『世界の名著47 デュルケーム ジンメル』中央公論社、一九六八年、一七一頁）。現在は「利他主義」と訳されることが多いが、もちろん同じ意味である。

『救いと徳』を受けて、新宗教における利他主義（愛他主義）に論究した研究書に、ロバート・キサラ『現代宗教と社会倫理――天理教と立正佼成会の福祉活動を中心に』（青弓社、一九九二年）、稲場圭信『利他主義と宗教』（弘文堂、二〇一一年）がある。

利他主義と「社会貢献活動」

『天理教教祖伝逸話編』の「人救けたら我が身救かる」は布教活動の勧めとも読み取れるもの

だが、キサラや稲場が取り上げている例では、むしろ布教には直結しない「福祉活動」や「社会貢献活動」が念頭に置かれている。たとえば、親と死別したり、親と暮らせない子の世話をする、貧困者や障がい者を支援する、災害が起こった時に被災地で支援を行う、といった活動である。たとえば、天理教では一九七一年に「災害救援ひのきしん隊」が発足し、今では全国の多くの地方行政機関も災害直後の早期に災害救援ひのきしん隊の出動を期待するまでに至っている。

稲場圭信は櫻井義秀・三木英編『よくわかる宗教社会学』(ミネルヴァ書房、二〇〇七年)で「宗教的利他主義とボランティア」という項目を担当し、「利他主義」を次のように規定している。

社会学で使われる「利他主義」という意味の英語 altruism は、利己主義 egoism の対概念として、社会学者コント(一七九八‐一八五七)により造語された。日本語における「利他」はもともと他者を思いやり、自己の善行の功徳によって他者の救済につとめることを意味する仏教用語であるが、社会科学では利他主義につとめる内的要因として、自己満足、自尊心、罪の意識からの解放などを指摘する。内的要因を含まない純粋な利他主義が存在するか否かというような終わりなき議論を避けるために、ここでは、「社会通念に照らして、困っている状況にあると判断される他者を援助する行動で、自分の利益を主な目的としない行動」と行動論的に利他主義を定義しておく。（一六六頁）

ここで念頭に置かれている利他主義的行動の典型はボランティア活動だが、新宗教ではもっと日常的な実践において利他主義を意識している例が多いように思う。

三　修養団捧誠会の利他主義の教え

利他主義を説く出居清太郎

利他主義が具体化される場面という点で、修養団捧誠会は興味深い事例となる。この教団では、日常生活における対他関係に多大な関心が向けられる。『救いと徳』によって、修養団捧誠会の教祖、出居清太郎の教えの言葉を集めた書物から抜き出してみよう。

どのような人でもすべて「神の子」である。それを否定してはならない。人の目にはしょうのない人にもまごころをつくしきる。それはバカバカしい姿にも見えるだろう。阿呆な姿にも見えるだろう。算盤勘定に合わない非常識な姿にも見えるであろう。しかし、それが大恩に報いる道であることを知っていただきたい。（出居清太郎『捧誠読本』第二巻、一九六五年、一七四頁、修養団捧誠会東京ミセスの集い編『無条件実行——教えの基本を求めて』修養団捧誠会東京ミセスの集い刊、一九八〇年）

どんな逆境にあっても人をうらまず、ねたまず、人の仕合わせを喜んであげることが大切である。（『ことたま集　大極のみちびき』修養団捧誠会、一九八七年）

社会、国家はもちろん、電車、汽車の中もすべて「うち」である。これをなかよく真内輪（中和）たらしめるには協力、助け合い、分けあいが必要である。……

俗に鬼のような心を持つことは良くないというが、鬼のような心とは、綱領九条にあるさかしま心をいう。この心は、いついかなる時にも、たえず心の中に充満している。この世に生を受けた子供でも、最初大切に育てられたものは弟妹たちの可愛がられるのを見ると、それをつついたり、傷つけたりする。兄弟姉妹の間でも、このように嫉妬心があるのである。また日常生活においては、近隣の食物のにおいも妬み心を起すもととなる。十分反省すべきことである。己の欲するものを、まず人にあげよ。己の欲するものとはなにか、美しいものである。人に美しいものを差しあげよ。己だけよいものを持ち、贅沢しようとするのは鬼の心である。相並ぶ二軒の店舗があるとする。今日自分の店の商店を買ってもらえば、明日は隣の店で買ってくださいと頼む心を持つべきで、これこそ真心である。うちわとは、我が家ではなく、汽車、電車の中、社会、国家すべてである。わが家同様に美しくするよう努力せねばならぬ。（出居清太郎『いのちの糧』修養団捧誠会教学院、一九七三年、一七四-五頁）

利他的行為が幸せをもたらす

以上の例では、利他的な行動をすること、利他的な心をもつことの重要性を説いているが、その結果として「自分や所属集団が幸せになる」ということについては述べていない。しかし、出居清太郎の語録を見ると、結果として「自分や所属集団が幸せになる」ということが強調されているものがむしろ多い。

神の子として自覚し、人の道をわきまえ、人種がいかに違ってもお互いに助けあい、どんな苦労も分かち合っていくことこそ人としての道であり、誠の道である。

やさしい気持ち、尊敬愛する気持ちが捧誠の心である。捧誠の気持ちで心を動かし、心通りに体を動かしていくならば幸せは間違いない。誠の心なくして希望をもつことは間違いである。

また、誠の心なくして体を動かすことも間違いである。誠の心でこそ必ず自分の目的が達せられるのである。（前掲『無条件実行』一九八－九頁）

出居清太郎は結果を期待して行う功利的態度を否定して「無条件」で利他を実行するように認めているように読めることもある。しかし、「無条件」で行為すると結果として幸せになる、という語りも繰り返し現れてくる。

教え導き育てるためには、「言葉」と「物」と「肉体」とが正しく交流しなければならない。病人を助けようとするならば、言葉をかけるだけでなく、粥を煮て口にも入れてあげる。ある場合には、財布の中も勘定せずに無条件で与える。この奉仕によって尊敬もされ愛されもする。このような時に使われる百円は、一万円にも相当するだろう。またその心――その至誠は天にとどく。人は感情（勘定）ばかりに走って、大事を忘れている場合が多い。人を助けるためには、たとえ侮辱され、踏みつぶされようと、無条件でなければならぬ。（前掲『捧誠読本』第三巻、一九七五年、一〇三頁、前出『無条件実行』一七八－九頁）

これは意図的に自己利益を追求するのではないが、利他的な善行の結果として超越者から恵みを授かる、おかげを受けるということで、功利的とは言えない。しかし、この区別は微妙であってきっぱりと分けられるものでもないだろう。

誠の道を踏み励むと儲かる。自分さえ良ければ良いという方法は儲けるのである。もうけるは蹴るのだ。儲かるのは可能の意で、自然にそなわってくるのである。己を虚しうして働いておれば正利はかならずある。せっかく努力して苦労艱難しながら、露頭に迷うような結果とならぬよう、たがいに親しみを交し、信じ合い、愛し合ってゆかねばならぬ。誠の教え、誠の愛につながり、正利を得て最後の勝利者になるようにせねばならぬ。（前掲『いのちの糧』八五頁）

新宗教の利他主義と現世救済観

利他的な善行が報いられるというのは、けっして新宗教だけで説かれていることではない。伝統的な救済宗教でも説かれてきたものである。しかし、伝統的救済宗教では来世において報いられるという観念が伴うことが多かった。死後に天国・極楽で安楽な永生を得るとか、生まれ変わってより善き次の人生を過ごし、あるいは解脱を得るといった信仰である。しかし、現世救済の教えという性格が強い日本の新宗教では、救いは今ここの人生で実現するという信仰が優勢である（拙著『新宗教を問う』ちくま新書、二〇一九年）。そうすると、善行の結果としての幸せはこの世で得られるということになり、利他と自利との距離が縮まることになる。

そのわかりやすい例は、他者との人間関係の改善、すなわち「融和」や「和合」をよしとする教えである。

徳を積み、徳を及ぼすとは、良いことをなし人から喜ばれることである。（前掲『いのちの糧』一四八頁）

相手を喜ばせ、自分もまだ喜ぶということは、日々の生活で大切なことである。（前掲『ことたま集　大極のみちびき』二、一七四頁）

刀をつきつけられた時、ご苦労さまと言えばさやにおさまる。（同前）

言葉一つが他人の心に響き、人を喜ばせ、その人を活かし、あるいは迷わせ、苦しませ、悲しませ、疑いを起させることははかり知れない。魂を磨けばあたりの良い、優しい、和やかな、人を喜ばせる言葉が出る。言葉はことの和で、すべて円満であり、平和であり、○であるべきである。地球も円く、人や鳥畜類の目も円く、また草木一切も円く生長させられている。円満ということが自然の法則である。言葉の力により、その出し方、使い方により人々の生活が円満に行われ、生きがいのある生活が生れてくるのである。(前掲『いのちの糧』一二一―一二二頁)

円滑な人間関係のための心構え

このような一節を読むと、商業、サービス業、営業等において、人あたりの良さやなめらかな人間関係が職業上の成功につながることと関わりがあるのではないかと感じる。あるいは、どのような職場や家族においても、人間関係上の調和を尊ぶことの利点、言い換えると「協調性」についての教えに近いのではないかと感じるのである。次の例も同様である。

枯木、しおれた木は、枯れ気、しおれた気である。かかる気持でいる時「はい」という言葉を聞くと、その人たちの心は花が咲くのである。そして「はい」といった人の心も花が咲いたように、ますます愉快になり、自然に迷いもとけるのである。また用事を頼まれたような場合、「これが終わったらしますとか「あの時、一度にいってくれればよいのに」など思ったりすることはよくない。「ハイ」と顎を下にむけて答え、それから、顔を上にむけてニコニコする態度が必要である。（前掲『いのちの糧』一一三－四頁）

これらは道徳的処世術として読むこともできるかもしれない。相手にサービスをつくしたり、お世辞を言ったり、波風の立たないように表面上迎合することで人間関係がうまくいくということの教えと受け取れないこともない。修養団捧誠会の会員には各地の旅館業（宿泊業）の関係者が多かった。出居清太郎は「お世辞も必要だ」と教えたといわれ、捧誠会員の中には他者への賞賛の言葉を好む傾向があると評する人もいる。巧言令色が好まれているという辛辣な見方をする人もいるが、数年間にわたって参与観察を行なった私自身はそのようには感じなかった。やや過剰かもしれないが、道徳性と結びついた善意を表すエチケットが重んじられていると捉えることもできるだろう。

日常的交流での柔和さが信頼感の条件となるのも事実だろう。出居清太郎の教えの全体を見れば、響きの良い言葉には良い心と良い行為が伴わなければならないとされているのは明らかである。表面を装うこと繕うことを勧めているわけではない。だが、修養団捧誠会の会員が「人を喜ばせる」心構えで作り出した擬似的主従関係や仲間意識や安心感によって、実際に信頼関係が育てられ、商売上ないし集団運営上の利点が得られるという事態は確かにあるに違いない。そうした成功は、「徳積み」の結果として得られた幸福と解釈されることだろう。

四　利他主義と和合倫理の展開

新宗教と和合倫理

修養団捧誠会を例として、以上に見てきたような新宗教における利他主義について、『救いと徳』では「和合倫理」という観点からの分析を試みている。試論的なものにとどまっているが、あらためて考え直してみたい。

和合倫理というのは、「和」「和合」「調和」に力点を置く道徳意識で、他者との利害や思想の対立が基本的には克服できるはずだという楽観を背景としている。自ずから葛藤のない集団の安定状態をあるべき状態として見なしやすいことにもなる。調和と一致は、戦前には天皇を頂点とする、伝統的なものとされる上下関係への随順として理解されることが多かった。しかし、近代社会の自由な社会関係の領域においては、和合は個々の関係の調整の集積によって実現される側面も増大していった。そして、個々人の利他的な行為がそれを可能にしていると理解されることも多くなる。

近代の和合倫理では適切な人間関係のあり方に細かな配慮が払われる。各々の関係の適切さのかなりの部分は、相互の微妙な上下関係として意識されている。敬語や贈答の習慣に示されるように、微妙な上下関係の秩序に応じた複雑な礼や行動の型の体型があり、これを習得することによってこそ和合はきわめて「自然に」実現される。和合倫理はヒエラルヒー的な秩序感覚と相性がよいが、それは必ずしも規範的理念体系に支えられたリジッドな秩序である必要はなく、個々の慣習的関係の集積であることが多く、場合によっては柔軟に組み替えることができるようなものである。そしてそれらは、利他主義的善行の新たな展開と理解されるのだ。

和合倫理と利他主義

和の実現には経験的な裏付けがある。和の規範に従う少数の人たちの間では、事実、その道徳意識に基づいて調和が実現していると感じられることが少なくない。実際に家族や自分の所属する身近な小集団や縁故関係の範囲で調和を実現し得たという経験が積み重なって、和の理想が生活信条や道徳的信念に近づいていく。身近な関係の範囲での和の実現の経験をモデルとして、もっと広い関係にも及ぼしていこうとする。新宗教の発展はこうした道徳意識の動向と深く関わって展開した。さまざまなレベルのリーダーが率いる大小の宗教的共同体は、和の理想の具現体と見なされた。利他的な奉仕活動がそれを実現すると感じられた。

多数者からなる集団の調和が重んじられるのだから、個人の独自の意思や欲求はある程度、犠牲にされねばならない。しかし、それは自己犠牲と意識されない。集団全体の利益になることが、自ずから自己の利益にもなると感じられるので、集団と個人の対立とは自覚されにくい。したがって集団の規範に対して無自覚でそれを「自然」なものと考えやすい。集団の秩序は超越的な規範や理念に基づく戒律や規則によってではなく、和を求める人々の善意の力で「自然に」実現できると考える。これにうまく加われない人は、何かが欠如した人として排除される傾向がある。和の道徳の抑圧的な側面であるが、これはなかなか自覚されない。

和合倫理と成功物語

近代化が進み、経済成長が重視され、業績主義や競争的な社会環境が強化されていくと、和合倫理の枠にはまらない行動様式も広まっていく。近代化の推進力となるような徳性としての「勤勉」や「倹約」は和合倫理の枠にはまるようなものとして機能することが多かったのだが、次第に個人の富と社会的地位の達成に向けられたものと感じられるようになる。集団主義が優位とされる日本社会だが、それなりの個人主義的な傾向が強まってくる。このような変化は、第二次世界大戦後を通じて進行してきた。一九五〇年代から七〇年代が発展期の修養団捧誠会は、こうした傾向に適合するような形で、独自の和合倫理と利他主義を説いていたと見ることができる。

ここで、ある会員の体験談を参照してみよう。『救いと徳』ですでに紹介した事例である（七八－九頁）。藤田隆さん（仮名）は、五〇歳のとき事業経営に失敗し、財産すべてを失って単身赴任し、住宅会社の営業マンとして裸一貫で出直した経験を語っている。ところが、入社後わずか二年半ほどで営業成績全国一位の表彰を受けるという成功を得ることができた。

顧みますと、初めて〇〇〇〇様のご紹介で教祖にお会いさせて頂いた時、教祖より、「あなたは物や地位を捨てても健康でしょう。低い心で出発するんですよ」と諭されました。当時はあまり実感がわきませんでしたが、今日になって痛切にあの言葉の偉大さを、体験を通して実感させて頂くのです。

……薄暗く崩れかかったような六畳一間のアパートの部屋で、テレビもなく携帯ラジオ一個と電気炊飯器と簡単な自炊道具と寝具のみ、一から出直す決意は堅くても建築営業マンとしてはまったくの素人でした。その時はただ、みおしえを天から与えられた仕事に生かし実行する、すなわち感謝の心でお客に接する、お客にしてみると、家を建てることは一世一代の事業である。お客の立場に立って細心の配慮、満足される施工後のアフターサービスに至るまで完璧を期しました。

私は〇〇の地に誰一人として知人も友人もありませんでした。全然知らぬ初めて会う一人のお客様に完璧に仕事をやる事による信頼から次のお客の紹介を受けました。当初は一戸の専用住宅を手始めに店舗付住宅、共同住宅からマンション、高層ビル等、「お客様の信頼は神来なり」との教えどおり、客が客を呼び、短期間にして住宅メーカーでは全国有数の〇〇〇〇社におけるトップの座にのし上がらせて頂きました。

これはひとえにみおしえを胸に頂いての無条件実行の賜と信じます。……人間どん底に落ちようとも綱領二に示されているとおり、「心の底から何事にも感謝の誠を捧げ艱難辛苦も神慮の試練として迎え喜びとする心構えを養う事」と、心の持ち方使い方により人生が変わる事と、自分が変われば人が変わり、社会が変わる事を、体験を通して痛切に感じさせて頂きました。

利他主義と幸福の結びつき

この体験談を、利他主義と結びついた和合倫理の成功物語として読むと、その限界がいくつか見えてくる。一つには、利他主義が藤田さんと「社会」の双方に成功をもたらしたという理解である。藤田さんは自分の職業上の成功と顧客や社会の住宅事情の改善が両立したと考えている。そこにやや過剰な自己評価が含まれていないだろうか。多数者が経済成長の恩恵を被っていると感じていた時代に、自らがその利他主義をもってそれを先導したと感じられている。こういう二重の成功が確かに存在したのだとしても、それは経済成長の長期的継続という事態を背景にして初めて成り立ったものだろう。

また、確かに修養団捧誠会で学んだ和合倫理や利他主義的な考え方が、成功に貢献したのだとしても、必ずそうなるものなのかどうか。藤田さんはたまたま競争の勝利者となり、それを修養団捧誠会の教えに帰しているのだが、それはどれほど妥当なものなのか。藤田さん自身、事業経営に失敗した経験があるわけだが、そのような失敗は道徳性の欠如に帰すことができるものなのだろうか。教祖に出会ったことが転機となって、修養団捧誠会の教えを学ことで運命が好転したと理解されているが、それはどこまで妥当であり、また他者にも適用できることなのか。信仰によって幸せを得ることができるという楽観主義はどこまで維持できるものなのだろうか。

こうした疑念は、利他主義は現世での個人的・集団的幸福につながるという、多くの新宗教が分け持ってきた信念の危うさを露わにするもののように思う。そもそもこの世では、善行がそのまま報いられるとは限らない。これは一神教の世界では、「苦難の神義論」として知られてきた問題である。旧約聖書のヨブ記がそれを代表する。マックス・ウェーバーはこの問題に応えることができるのは、予定説とカルマの継承説だとしたが、来世での救済という信仰はそれにある程度対応できるものではあった。

現世救済と利他主義の結合

しかし、一九世紀以降の科学的世界観の広まりによって、来世による救済という信仰も受容されにくくなってきた。新宗教による現世救済という信仰はこうした変化に対する一つの応答でもあった。だが、信仰によって現世において自己の社会もより幸せになるという信念も時代の刻印を帯びたものであった。経済成長への期待と個々人の運命の好転への期待が広く分け持たれていない時代には、現世救済の思想もまた信憑性を保持することはできにくくなっている。

また、個人の自律がいっそう尊ばれ、社会の個人化が進むにつれて、和合倫理の妥当性も疑わしくなってくる。新型コロナウイルス感染症の際のマスクの着用に見られるように「協調性」は今も日本人の誇るべき徳性と見られるときもあるが、多様性を受け入れることが重視され「包摂」が尊ばれるとともに、日本社会では忖度や自粛によって萎縮するような傾向があり、個性ある意見表明や創造性の発揮が欠けていることが嘆かれる時代にもなっている。

一九八〇年代以来、オウム真理教、幸福の科学など新宗教の新たな教団が青年層の支持も得て登場し、新新宗教とよばれたりしたが、これらの教団においては、もはや和合倫理も利他主義も目立たぬものになっている。そして、一九九五年のオウム真理教地下鉄サリン事件以来、新宗教全体の勢力後退の傾向が露わになってきた。

一九世紀の半ばから一五〇年ほどの間、日本の庶民の間で大きな影響力を保ってきた新宗教が後退し、そこで広く受け入れられていた利他主義の称揚も過去のものになりつつある。それでは、日本の幅広い層の人々の利他主義を支える想像力は今後、どのように展開していくのだろうか。

五　利他と悲劇性の再認識

「利他」とジャータカ「捨身飼虎」

「利他」という語は「自利」と対置される形で、大乗仏教の登場と相即して広まってきたものである。大乗仏教の修行者たちとも結びつく「菩薩」こそが「利他」を代表する。では、その菩薩の像はどのように形成されたのか。ブッダの前生譚であるジャータカが重要な役割を果たしたことはよく知られている。

日本人にもっとも馴染みが深いジャータカの一つが「捨身飼虎」の物語である。法隆寺の玉虫厨子にも「捨身飼虎図」があり、多くの日本人がこの物語に親しんできた一因になっている。また、奈良時代に全国に創建された国分寺と東大寺に収められた金光明最勝王経には「捨身品」があり、この物語が語られている。そのあら筋は次のようなものだ（松本照敬『ジャータカ――仏陀の前世の物語』角川ソフィア文庫、二〇一九年、参照）。

はるかな昔、マハーラタ（大車）王に三人の男の子がいた。王子たちが山中を散策していると一頭の牝虎と七匹の子虎がおり、いずれも飢えて死にかかっている。二人の兄たちは虎の親子に同情はするが、そのまま過ぎ去ってしまう。

マハーサッタ王子の自己犠牲

ところが、末子のマハーサッタ王子は、「私のからだを役立てる機会がきたのかもしれない」と思う。そして「この困窮している母子のトラに我が身を与えよう。これは大いなる善業である。この善業によって生死の海を渡り越えるのだ」と考え、衣服を脱ぎ捨て、虎の前に身を横たえた。しかし、虎は何も危害を加えない人間に噛み付くことができない。そこで、王子は仕方なく、かたわらの竹棒を我が身に突き刺して出血し、崖に登って虎の面前に身を投じた。「この時、大地は大きく震動し、陽が陰って昼間なのに薄暗くなりました。トラたちは、王子のからだを噛み、血をすすって飢えを満たし、山中奥深く去っていきました」。王と王妃、そして兄の王子たちの悲しみはただならぬものだった。兄王子たちは涙を流しながら弟の遺骨を拾い集め、七宝の箱に収め宝塔に安置して供養した。アーナンダがこの物語を語り終えると、ブッダはここにある舎利がマハーサッタ王子の舎利だ。「そしてマハーサッタ王子とは他ならぬこのわたくしの過去世の姿なのだ」と明かす。

この物語は自己を犠牲にする極端な「利他」を描いているが、何よりも容易に解決できない生き物の苦難が前提とされており、それに向き合った過去世のブッダがとった行動も悲劇的なものである。ここで注目したいのは、衆生の存在の悲劇的な条件と利他が結びつけられていることである。仏教で利他主義が求められる前提には、このような悲劇的なものへの眼差しがあった。楽観主義では片付かないような苦難や悲嘆を踏まえること、これからの利他主義にとってこれは重要なことなのではないだろうか。これは、「自利利他円満」や「自他不二」を求めつつも、それが容易に成り立たないような現実があるということを踏まえて、なお利他が求められているということでもある。

宮沢賢治「貝の火」

もう一つ、ここでは宮沢賢治の童話作品を取り上げたい。苦しむ生き物を助けた兎の少年を主人公とする「貝の火」という物語だ（『宮沢賢治全集5』ちくま文庫、一九八六年）。ホモイはやさしい兎の男の子だ。そのホモイがおぼれたひばりの子を勇敢に助け、重い病気にかかる。ようやく治って外へ出ると、ひばりの親子がお礼に来ている。そして、ひばりの国の王様から

「貝の火」という宝珠の贈物を受ける。利他的行為が生んだ大いなる喜びだ。「ホモイは玉を取りあげて見ました。玉は赤や黄の焔をあげてせはしく燃えてゐるやうに見えますが、実はやはり冷たく美しく澄んでいるのです。目にあてて空にすかして見ると、もう焔は無く、天の川が奇麗にすきとほってゐます。目からはなすと又ちらりちらり美しい火が燃え出します。」

貝の火はたいへんな力の源だ。翌日から野馬もりすも狐もホモイのごきげんをうかがうようになる。ホモイはうれしくてしかたない。狐に向かって「お前はずゐぶん僕をいじめたな。今度は僕のけらいだぞ」という。狐は「へいお申し訳もございません。どうかお許しをねがひます」と応じる。ホモイは嬉しさにわくわくして、「特別に許してやろう。お前を少尉にする。よく働いて呉れ」という。

狐は喜んで、ものを盗んできてホモイに貢ぎ、りすも鈴蘭の実をたくさん集めてくる。調子に乗ったホモイは、何もできないもぐらをいじめる。

悔い改めに至るまで

ホモイのお父さんは叱る。「ホモイ、お前は少し熱がありはしないか。むぐらを大変おどしたさうだな。むぐらの家ではもうみんなきちがひのやうになっているよ。それにこんなに沢山の実を全体誰がたべるのだ。」

ホモイは泣き出す。お父さんは「お前はもうだめだ、貝の火を見てごらん。きっと曇ってしまってゐる」と諭す。ところが貝の火を出してみると、これまでにもまして輝きを増している。「みんなはうっとりみとれてしまひました。兎のおとうさんはだまって玉をホモイに渡してご飯を食べはじめました」。

こんなことを数日繰り返すうち、生き物をいじめる狐のいたずらを止められなくなる。怖くなったホモイが家に帰って貝の火を見ると、小さな白い曇りが見える。なんとかその曇りをとろうとみがいたり、油につけたり骨を折るが、曇りはとれない。そしてその夜、貝の火はもう燃えていない。鉛の玉のようになっている。

まだ感謝の気持ちを失わない鳥たちをよんで白い石になってしまった貝の火を見せると、貝の火は鋭くカチッと鳴って二つに割れ、続いてパチパチパチと激しい音がしてまるで煙のように砕けてしまう。その粉が目に入ってホモイは失明する。ふくろうが言う。「たった六日だったな、ホッホ　たった六日だったな、ホッホ」。

利他的行為と悲劇的なもの

仏教では「慢」を戒める。やさしい気持ちをもった子どもがほめられて、いともたやすく威張り出す。戒めを理解させるためにしかけられた策略であるかのようだ。最後にお父さんは「こんなことはどこにでもあるのだ、それをよくわかったお前は、一番さいはひなのだ」と諭す。読者は戒めに納得するかもしれない。それはそうなのだが、とても悲しい物語で、そこにこそ宗教性があるとも言える。そして、利他的な善行が報いられるたと感じるときに、自ずから忘れられがちな悲劇的なものを胸に刻むのではないか。避け難い悲劇的なものにもかかわらず利他的行為はなされ、利他的行為にもかかわらず悲劇的な苦難は起こる。

発展期の時代の新宗教の利他主義は今後どのように展開していくのだろうか。この稿では、それについて具体的に考えていくことはできなかった。だが、現代日本の新たな利他主義を考えるときに、その前提になる宗教性として、悲劇的なものの受け止めがあるのではないか。これが本稿で示唆したかったことである。一九九〇年代以降、スピリチュアルペインに向き合うケアが活性化しつつある。グリーフケアもその一つだ。それは宗教的利他主義の新たな様態と重なり合うものなのかもしれない。

＊参考文献
ジャック・アタリ『2030年ジャック・アタリの未来予測』プレジデント社、二〇一七年、原著、二〇一六

年。

伊藤亜紗編『「利他」とは何か』集英社新書、二〇二一年。

稲場圭信『利他主義と宗教』弘文堂、二〇一一年。

尾高邦雄責任編集『世界の名著47　デュルケーム　ジンメル』中央公論社、一九六八年。

ロバート・キサラ『現代宗教と社会倫理――天理教と立正佼成会の福祉活動を中心に』青弓社、一九九二年。

櫻井義秀・三木英編『よくわかる宗教社会学』ミネルヴァ書房、二〇〇七年。

島薗進編『救いと徳――新宗教生活者の生活と思想』弘文堂、一九九二年。

島薗進『時代のなかの新宗教――出居清太郎の世界 1899-1945』弘文堂、一九九九年。

同『新宗教とは何か』ちくま新書、二〇一九年。

天理教教会本部編『天理教教祖伝逸話編』天理教道友社、一九七六年。

松本照敬『ジャータカ――仏陀の前世の物語』角川ソフィア文庫、二〇一九年。

宮沢賢治『宮沢賢治全集5』ちくま文庫、一九八六年。

村上重良・安丸良夫編『日本思想大系67　民衆宗教の思想』岩波書店、一九七一年。

第二部　座談会「宗教信仰復興と現代社会」

座談会「宗教信仰復興と現代社会」は「現代京都藝苑2021　悲とアニマⅡ～いのちの帰趨～」の一環として、建仁寺の塔頭両足院を会場に二〇二一年一一月二一日（日）午後一時から午後六時まで開催された。

鎌田東二奏する法螺貝の響きで開会が告げられ、次いで各講演者の自己紹介と「悲とアニマ」展を見学しての感想が述べられ、島薗進の司会のもとに座談会が開始された。

水谷　周（一般社団法人日本宗教信仰復興会議代表理事）
島薗　進（上智大学グリーフケア研究所所長・東京大学名誉教授）
鎌田東二（上智大学グリーフケア研究所特任教授・京都大学名誉教授）
加藤眞三（慶應義塾大学名誉教授・内科医師）
弓山達也（東京工業大学教授）
伊藤東凌（両足院副住職）

（一）宗教信仰復興とはなにか

1　シンポジウムの四つのテーマ

島薗　今、宗教は信じられないけど、スピリチュアリティは信じられるという人が増えています。このたび「日本宗教信仰復興会議」主宰のシンポジウム「宗教信仰復興と現代社会」が、「現代京都藝苑2021　悲とアニマⅡ～いのちの帰趨～」の一環として、臨済宗建仁寺の塔頭両足院で開催されることに深い意味を感じています。「悲」の強調は仏教的なものと思われますが、グリーフケアにもつながるのではないかと思っております。

これから、このシンポジウムでは、

（一）宗教信仰復興とはなにか。
（二）今、どういうふうに、宗教信仰が興っているのか。
（三）どんな信仰復興が望まれているのか。
（四）私たち一人ひとりにとって、信仰復興とはなにか。

という四つのテーマをもとに進めてまいります。まず最初は加藤眞三先生のお話です。よろしくお願いいたします。

2 「医師」と「信仰」の立場

◆脳死反対運動をめぐって

加藤　私は「日本宗教信仰復興会議」に、発足から半年ほど遅れて参画しましたので、叢書第一巻『宗教信仰復興と現代社会』の第一部論考篇には参加しておりませんでしたが、二〇二一年五月から理事にしていただきました。今後のライフワークは「日本での宗教や信仰をどうやって活発化させるか」を考えています。

私は医師であり、教育者でもあります。慶応大学の医学部と看護医療学部で教えてきました。あと、大本教の信仰を持つ在家の信者でもあります。私が大学で内科の講師であった時代に、脳死反対運動が始まりました。この脳死反対運動は、脳死者から臓器を取り出し他人に移植するのは倫理的に問題があるのではないかというものでした。日本の宗教界のなかで大本が先頭を切って、脳死反対運動を始めたわけです。

私は肝臓を専門とする内科医です。医師として臓器移植に近い場所に勤務するなかで、自分の信仰している宗教と大学での価値観が正面衝突しました。そのとき本当に深い信仰があ

ったなら、すぐに大本の教えに従うということだったのでしょうけれども、私は、

「科学的に脳死はどうなんだろう」

と疑問を持ち、半年ほどかけて多くの論文を読みました。その結果として、

「脳死は、本当の死ではないのだ」

ということに気がつかされました。そのことで、私は自分の信仰をより深めることができたように思います。それまでは、

「大本では、こう言われているから、こう信じる」

ということだったのですが、

「やはり、出口王仁三郎《でぐちおにさぶろう》が言っていたことは科学的に医学的にみても正しかったのだ」

と気づかされたからです。その後の私にとってこのことは信仰を持つ上で大きな支えとなりました。それは、原発（原子発電所）は安全ですと言ってきた東芝の社員が、原発が必ずしも安全でないことを気づかされたような、大きな驚きでしたが、私は発言し、論文を書き、大学の体制に背を向けることになりました。そのことは私にとって、医療の本道から異端児になるという大きな決断を必要としました。でもその決心のおかげで、鎌田先生につながり、島薗先生につながり、私の世界が広がることになりました。

大本の特長は、

「万教同根、全ての宗教の根は同じである。そこには利他がある」という教えにあると思います。戦前から宗際活動（宗教間対話）を活発に行ってきました。戦後も活動し、二〇〇二年発足の「教団付置研究所懇話会」に参加しています。この教団付置研究所懇話会には仏教の諸派や神社本庁、立正佼正会やキリスト教協議会なども入り、いろいろな宗教が日本の中で宗教間交流をするためにつくられました。最初に開設された部会が生命倫理部会です。第一回会議が増上寺で開かれました。そのときの世話人が大本教でした。そして私は脳死問題について講演する機会を得ました。そこで、いろいろな宗教の方々とつながることができました。

◆「信仰を持つ医療者の連帯のための会」を立ち上げる

加藤　その後も私は教団付置研究所懇話会に参加することにより新しい視野が開けたような気がします。しかし、どうも、皆さんが奥歯に物がはさまったように、自由に物が言えていない印象を受けました。というのは、懇話会の席上で教団を代表して自由に発言するということは恐くて誰もできないのですね。教団のトップが出席しているのであれば、発言できるかも知れませんが、組織の中の一参加者が本音で発言することは難しいのだろうと感じました。

その後、私は、医療者の間で宗教間対話や協力ができれば、もっと面白い会になるのではないかと思い、「信仰を持つ医療者の連帯のための会」を立ち上げました。会の名前に宗教という名称をあえて入れなかったのは、

「参加する人は、宗教や教団を代表するのではないという意味がありました。そして、宗教や教団に入っていなくても、神仏や霊魂の存在を仮説的前提として医療を語れる人が集まって、医療について語り合いましょう」

という考え方を強調したかったのです。その後、医療者だけでなく、市民にも門戸を広げて幅広く活動を続けています。

人類が科学と上手くやっていくためにはどうつきあって行けばよいのかが問われています。たとえば原発などの話になりますと、私はイヤだと考えても、世の中がそうなれば従うことになってしまいますが、医療は科学をその人の病気に対してどう対処するかを個人レベルで決めることになります。ということで、科学を人類がどのように利用できるか、その専門家としての医療者と患者さんや市民とがどのようにインターアクション（相互作用）しながら、人間の健康を保ち増進させるかが医療の本質であり、そのことは人類と科学の共存のあり方を考える第一歩となるのです。

◆「スピリチュアルケア」の担い手調査に注目

加藤　宗教を持つ人は、自分の宗教が他より良いと信じていることが多いのですが、この「信仰を持つ医療者の連帯のための会」で私が強調したのは、

「どの宗教が良い、あるいはすぐれているということではなくて、信仰を持つことによりどのような活動が出来るかが問われているのだということ。そして宗教教団を代表して発言するのではなくて、信仰を持つ医療者の個人として発言する」

という点でした。

現在、医療においてスピリチュアリティとか、スピリチュアルケアが日常の場でも徐々に語られるようになってきました。実は、私自身がスピリチュアルケアに興味をもったきっかけは、島薗先生のところで行われている講演会で、日本でのスピリチュアルケアを初期の頃から先導してこられたヴァルデマール・キッペス神父さんと知り合ったことです。そして医療において全人的なケアがどのようにできるかということ、まさに、その最前線がスピリチュアルケアだと考えるようになりました。それは生きる意味や生き甲斐であったり、死に際して（患者の）死への恐怖にどう対処するかにつながってくるのです。

（もしも）信仰を持つ医療者が最終的に自分の（信仰する）宗教に入信させれば良いとケアを進めてしまうと、おそらく、今の日本の医療界では拒否されます。そういったものではな

く、それぞれの個人のなかの価値観を活かしながら、どのように対処していくかが一番大切だと考えてきました。（現代の日本においても）そういったスピリチュアルケアが終末期医療（緩和医療）の分野で、一般的に語られるようになってきました。

スピリチュアルケアを誰が行うのかという調査を米国で行った論文では、一番担っていた割合として高かったのは家族および友人でした。次に多かったのが医療者。三番目が宗教者です。チャプレン制度が世界で一番進んでいると考えられるアメリカにおいても、家族や友人、そして病をかかえている患者さんにとっては医療関係者の役割が大きかったわけです。

そうであれば、市民や医療関係者に向けて、スピリチュアリティやスピリチュアルケアをもっと知ってもらう活動が日本でも必要なのではないかと思います。この日本宗教信仰復興会議に参加させていただきまして、今後市民や医療関係者に向けて発信していきたいと考えています。以上です。

島薗　ありがとうございます。今の加藤さんのお話のなかに、これからシンポジウムで話し合うポイントにつながるものがいくつもあったと思います。

最後の部分で触れられたスピリチュアルケアの担い手が、まず家族や友人であり、次に医療者、そして宗教者ということは、もし仮にスピリチュアルと信仰を重ねてもらえるとすれば、普通の人、すべての人といいましょうか、専門家でない人たちが死に向き合うことになり、そういうような側面から信仰をとらえ直す必要があるという問題提起でもあります。

次に弓山さんの論文の中で、一〇〇年くらい時代は違うけれども、当時の新聞をみるとスペイン風邪のとき、人びとの信仰が蘇ったようなところがあるとされていますが、その点についてお話しいただけますか。

◆一〇〇年前のスペイン風邪のときの状況

弓山　約一〇〇年前にスペイン風邪が流行したときには、だいたい日本の人口の〇・七%〜〇・八%が亡くなっているんですね。このコロナのとき、祇園祭や三社祭など、多くの神社のお祭りが自粛されました。では、一〇〇年前はどうだったろうと思ったんですね。そうしたら、一生懸命にやっているんですね。お祭りだけでなく、お盆も正月もやっているんですね。なぜ、やっているんだろうかと思い、いくつか当時の日記とか文学者の手記、作品とかみると、一つは諦めみたいなもの、つまり死んでしまったんじゃしかたないという諦めというよりも、むしろ、多くの人が苦しんでいる、多くの人が亡くなっているので、堂々として死を受け入れることができる、というような、ポジティブな意味での諦めが広がっています。
もう一つは、生と死がつながっているという発言が随所に出てきます。生と死がつながっているからこそ、堂々と諦めることができるというようなことが、文学作品や当時の人びとにみられます。そして東日本大震災のときも、同じように生と死がつながっているという感覚が、宗教者ではなくて普通の人びとのなかから示されていることに注目して書きました。

島薗　諦めというのは、仏教的にいえば、明らかにとらえる、明らかに見える、見えなかったものが見えるというような、そういうものと思います。これはすごく大事な論点ではないかと思います。岡田真水さんの「無仏で災厄の時代こその仏教」（本書第一部第二章）のなかでも、法華経の地涌《じゆ》の菩薩のように、一般の人のなかからポッポッと涌き上がってくるような、そういう仏教の見方があってもよいのではないかという示唆がありました。

もう一つ、加藤さんの話のなかで、九二歳で先月（一〇月三一日）亡くなられたドイツ人のヴァルデマール・キッペス神父からスピリチュアルケアを学ばれたとありましたが、キッペス神父はスピリチュアルケアを日本に広めるために、「臨床パストラル教育研究センター」を開きました。それは特にカトリックの教えを説くというのではなく、医療者もいれば、他宗教の方もいるし、普通のボランティアもいるという学びの場でした。

加藤　一応、教育プログラムのなかに「神学」があり、カトリックの神学を教えていますが、それ以外の宗派の方や宗教をもたない人も参加されていました。

3　宗教信仰復興とプロテスタント

島薗　加藤さんはその集まりのかかわりで、あちこちのホスピスなどを訪問されていますね。（ホスピスなども）現代の宗教活動に数えてもよいのではないかと思います。

そこで「宗教信仰復興とは何か」ということですが、ここに集まった論文のなかでは、小原克博さんの「プロテスタント――再生と抵抗の原理としての信仰復興運動」（本書第一部第一章）が、宗教信仰復興というのはプロテスタントのなかで、盛んに用いられてきた印象が強く、いわゆるリバイバル（信仰復興、信仰覚醒）ということが連想されるとしています。アメリカなどではたびたびリバイバルが起きて、人びとが信仰に燃え立つ、「ボーン・アゲイン」（今までの自分が死んで新しく生まれ変わる）というふうな、ルターによる宗教改革が始まりであって、それ以降、信仰復興を繰り返してきたのがプロテスタントの歴史であり、ある段階からはエヴァンジェリカル（福音派）の流れがあると論述されています。

とりあえず、プロテスタントの言葉が元にあるかも知れないという指摘ですが、本書では皆さん、そういう由来にはかかわらないで使っているようにも思われます。そのあたりについて伺ってみたいと思います。

まず、水谷さん、イスラームでは信仰復興にあたるコンセプトがありますか？　また、水谷さんご自身では信仰復興をどのようにお考えですか？

4　イスラームの宗教信仰復興

◆教義の純化運動

水谷　最初の「イスラームにおいて（信仰復興が）どのように考えられてきたか」という点では、一口に「イスラーム」といっても、その名称を知らない人はいないと思います。しかし本日は、専門の方はおられません。どのように話せば適切かわかりませんが、教典がクルアーンであるとか、預言者ムハンマドが教え始めたとか、イスラームにおける絶対主は「アッラー」と呼ばれるなど、そういうあたりはご承知だろうと思います。また、昨今では、二〇〇一年九月一一日のニューヨーク貿易センターの同時多発テロ事件以来、テロをいかに終息させるかということが国際社会共通の課題となってきたことも、ご存じと思います。

もう少し加えますと、イスラームが創始されましたのは、西暦五一〇年ごろと言われております。それ以来、発展し続けており、現在の信徒数は二〇～二五億人近くになろうとしています。統計上では、あと三〇年後にキリスト教徒を追い抜くのではないかといわれています。数は別として非常に勢いがあるということは、常に信仰復興が行われてきているということの裏書きともいえます。どういう形で、どういう意味でかといいますと、一つは逸脱の行為を排除するということです。

特に、酒を飲んではいけない、豚肉を食べてはいけないなどの禁則（タブー）も少なくありません。（本来禁止されてきた）そういうものを犯したり、その他の分派活動を純化するという、教義もしくは原理原則を徹底するという流れです。これが（イスラームの）一つの宗教信仰復興運動です。

そういう意味で、私、誤解していなければ、（イスラームの宗教信仰復興運動は）清教徒も含めて中世のプロテスタンティズムに非常に似ています。それは仏教においても、やはり、純化というか、純粋にしなければという運動が行われてきています。いわゆる中興の祖と称される人は、そういう人でなかったかと思います。イスラームも例外ではなく、純化するという浄化運動が（信仰復興の）大きな動きになっています。

他方、方法論的にはどうするのかといいますと、たとえば、墓参りは禁止されています。お墓は作りません。火葬ではなく、砂漠の地面を掘って埋めたあとは目印を作ったりせず、墓碑など何も置きません。国王でも召使いでも、皆、砂漠の砂に帰るだけというのがイスラームのもともとの教えです。

ところが、インドの有名なタージ・マハルは片隅に礼拝所がありますが、全体としてはお墓です（イスラームのムガル帝国第五代皇帝シャー・ジャハーンが、愛妃ムムターズ・マハルのために建設した霊廟で、一六五三年に完成）。イスラームにおける廟の発達は異常なものがあります。エジプトのカイロには死者の街というお墓の街があります。貧乏な人はホームレスにならず、廟の中に住んでいます。日本の墓よりもはるかに立派です。

そういう迷信や誤った考え、習慣を排除しようというのが（宗教信仰復興の）一つの方向です。クルアーンは動かしようがありませんが、（イスラームでは）クルアーンだけで足りない部分を補足するために膨大な預言者ムハンマドの伝承があります。クルアーンを伝承で補って一つの完璧な体系にしようというのです。伝承には有りとあらゆる恣意的な作文が入ってきます。なにしろ、（ムハンマドが活躍した）七〜八世紀のころは録音機も、ビデオもなく、記憶に頼るか、それが書かれたものです。昔に書かれたものか、今書いたのか、何の区別もつかない書き方ができるわけです。書体や用紙などの問題も出てきます。内容的にも精査しなければなりません。これも純化の一つかも知れません。

◆学僧ワッハーブの登場と「ワッハーブ運動」の流れ

水谷　そこで、別の浄化の仕方として中世以来、中興の祖とは言いませんけれども、イスラームの高名な学僧が出てきます。有名なのが一八〜一九世紀のムハンマド・イブン・アブドゥル・ワッハーブ（一七〇三―一七九二）です。ワッハーブが行ったのは、一つはお墓参りや聖者崇拝の禁止です。もう一つは神秘主義といわれる訓練法（の禁止）です。神秘主義というのは、（クルアーンに）一日五回の礼拝が定められていますが、今でもトルコなどで根強く行われており、ダンスしながらぐるぐる回ると、頭の中がボヤッとしてきて陶酔状態になり、自分はアッラーと一緒になったなどという一体化を体験する訓練法です。こうした神秘主義者が現れ、人気を集めます。これはこれで相当に厳格な訓練法で、階級まで決められており、一定の訓練方法をマスターした者は一階級上がるなどとされています。そしてこの（神秘主義の訓練法についての）研究も大変なものがあります。

ワッハーブは、（神秘主義の訓練法やその思想）全体が、逸脱であると訴えたのです。神秘主義とお墓参り、この二つの排除運動が行われました。これも浄化ですね。一九三八年に建国されたサウジアラビア王国の思想的基盤はこのワッハーブ運動です。ワッハーブを始祖とするイスラム復古運動と、中央アラビアの王族イブン・サウード家が結束して成立したのがサウジアラビア王国で、憲法はクルアーンです。

（このように、イスラームの）信仰復興は浄化運動であったわけです。

島薗　浄化、あるいは純化が（イスラームの）信仰復興運動であったというのは、プロテスタント宗教改革と相通ずるところがありますね。現在ではワッハーブ運動の他にも、ムスリム同胞団などもありますね。

水谷　その後、ワッハーブでは物足りないという人たちが出てきて、これが原理主義になってくるわけです。最後にはアフガニスタンのターリバーンもその先頭を行く集団に位置づけられました。また、ワッハーブとターリバーンの間にはジハード団（実力行使を掲げる過激派組織）など、いくつもあるわけです。

このジハード団がサダト大統領を暗殺しました。一九八一年一〇月六日、サダト大統領はエジプトのカイロで軍事パレードを閲兵中にジハード団に所属する兵隊が機関銃を向けたわけです。また一九九三年二月二六日には世界貿易センター爆破事件を起こしています。二〇〇一年九月一一日の同時多発テロの一〇年ほど前です。

さらに、原理主義の動きとして、今のパレスチナの南部「ガザ地区」を占拠している集団がいます。ハマスです。ハマスはイランの勢力と連携しつつ、原理主義の方途を続けているわけです。このように（イスラームの）原理主義の源泉の一つはワッハーブ運動です。その後もさまざまな分岐をしています。

島薗　ありがとうございました。プロテスタントの動きのなかでも、信仰復興運動が純化、浄化の理念とつながっている点を検討することも、重要なポイントですね。

次に、鎌田さん、神道においてはどのように考えたらいいですか。

5　神道の信仰復興運動

◆亡びた一族の伝承

鎌田　まず、イスラームの信仰復興運動と共通していること、そしてプロテスタントとも共通しているところがあります。それは自他関係がクリヤーになるということです。日本における神道の信仰復興運動というか、神道の自覚がどのように行われてきたかを述べます。

まず第一は仏教が入ってきたときです。仏教が入ってきて、物部氏と蘇我氏の対立が起こり、物部氏が亡びます。聖徳太子たちが蘇我氏と組んで、日本に仏教を取り入れていくという流れがあります。聖徳太子は仏教・神道・儒教を位置づけるわけですが、物部守屋（？－五八七）は殺されています。その物部氏に仮託した文書が、のちに出てくるわけです。

平安時代（七九四－一一八五）、一〇世紀の初めまでには『先代旧事本紀《せんだいくじほんぎ》』（『旧事紀』）ができます。これは神代から推古朝までの事跡を記した史書ですが、亡びた一族である物部氏系の伝承が何であったかを記録したものとされています。これも神道の信仰復興運動だったと思います。同じころには、中臣氏などが宮廷の儀礼を支配し牛耳っていきますので、斎部《いんべ》氏が、

「いや、中臣氏だけの祭祀じゃなくて、わが一族には、こうした伝承がはっきり伝わっています」

として斎部広成《いんべのひろなり》が『先代旧事本記』成立前の大同二年（八〇七）に『古語拾遺』を著します。これなどは自分の家に伝わる伝承をはっきり位置づけていくことなので、奈良時代前後から各家々でこうした動きが起こってきたということは、神道の場合、教団をなしていないので、各祭祀一族の家々のなかで、どのように捉え直すかということが重要な視点としてあります。

◆仏教の影響と神道の自覚

鎌田　日本における宗教改革は一二～一三世紀だったと思います。仏教の純化運動があって、法然の浄土宗、親鸞の浄土真宗、日蓮の日蓮宗、道元の曹洞宗、栄西の臨済宗などが興り、その仏教の影響を受けて、伊勢神道（外宮の神職度会氏によって唱えられたので度会《わたらい》神道とも称される）が生まれてきました。

これは仏教の影響を受けたということと、社会が乱世となり、争乱状態になったため、自分たちの領地が無くなってきます。自分たちが生き延びるための、信仰上の領域を拡大していかなければならないというのが、神道の信仰復興運動の大きな動きです。その流れのなかで室町時代末期に吉田兼倶《かねとも》（一四三五－一五一一）が創始した吉田神道が一つの典型をなしています。

吉田兼倶が拠点とした吉田神社はとても面白くて、境内に「大元宮《だいげんぐう》（おおもとのみや）」を建立し、日本全国の三一三二座の神々を集めて神々のマンションを作り上げていくわけです。主祭神の虚無太元尊神のもとに、日本の全ての神々を祀っているので、この大元宮を拝むことは日本中の神々を拝むことになるというのです。

もう一つ重要なのは、中世に偽書とされるものが出てきます。この偽書の扱いが神道の信仰復興で大きなテーマになります。自分の家に伝わる神道がより純粋で本質的であるという思想を展開するわけです。吉田神道の場合は、多くの人が知っている古典としての『古事記』や『日本書紀』と『先代旧事記』を三部本書と呼び、さらにもっと秘められた『天元神変神妙経』『地元神通神妙経』『人元神力神妙経』の三部神経が教えの真髄と説きます。もっとも、吉田家に伝わる秘書『天元神変神妙経』『地元神通神妙経』『人元神力神妙経』は、吉田兼倶が中心となって偽造したものです。でも、偽書だから意味がないかというとそうではなく、偽書とされるもののなかに信仰のより純化されたエッセンスが投入されていることは間違いないので、私は、吉田神道に注目しております。

◆「信仰の原点とはなにか」という問いかけ

鎌田　ところが、そうした神道は仏教の影響を受けているまがいものの神道で、本当の神道ではないとしたのが近世の国学です。本当の神道は昔からの伝承にもとづくもので、その伝承のもとは『古事記』や『日本書紀』、『祝詞』であるとして研究していくこの近世の国学も、神道の信仰復興運動ですね。そうしたなかで平田篤胤（一七七六－一八四三）が出てきて、復古神道を起こし明治維新につながっていくわけです。明治維新を作ったイデオロギーはほぼ水戸学ですが、水戸学と国学が日本的ナショナリズムの大きな力となりました。

幕末から明治期にかけて、黒住教や天理教、金光教、大本などが出てきます。共通して、「古典である『古事記』や『日本書紀』に書かれている神様が本当の神様かどうか、疑わしい。本当の神様は隠れているのだ」

というもので、天理教もそうですね。天保九年（一八三八）に中山みき（一七九八－一八八七）が創唱した教えで、親神《おやがみ》の天理王命（てんりおうのみこと）を「親神」、元始めの神と説きます。黒住教の場合は、教祖の黒住宗忠《くろずみむねただ》（一七八〇－一八五〇）が天照大神と一体になったと自分に引きつけて教えを説きます。伊勢神宮に対する信仰というよりも、黒住宗忠自身が天照大神と同体になるという、教祖の宗教体験を通して病気なおしや世直しの運動を展開していきます。

今、NHKの大河ドラマ「青天を衝け」に登場する孝明天皇（一八三一－一八六六、在位一八四六－一八六六）は黒住教を強く信奉し、黒住教の神社を京都の神楽岡に作る許可を与えました。そして教祖の黒住宗忠（宗忠大神）を祀る宗忠神社が、文久二年（一八六二）に創建されました。

要するに黒住教・天理教・金光教などの出現により、新たな信仰世界が出てきて、それらをどっと大本教が吸い込んで、明治末から大正時代にかけて大展開をして、スペイン風邪が流行した後の大正一〇年（一九二一）に第一次大本事件、次いで昭和一〇年（一九三五）に第二次大本事件という国家権力による弾圧を受けつつ、第二次世界大戦まで続いたわけです。

戦後はフリーな群雄割拠の状態になって、次第に空白化し、空洞化している現状のなかで、もう一度、信仰の根幹になにがあるのか、信仰の原点とはなにか、ということを問いかけていこうとしているのが、一般社団法人日本宗教信仰復興会議と思っています。私は神仏習合・諸宗共働・フリーランスの神主なので、最後に、私自身の信仰復興運動とはなにかと問われれば、

「私にとって、今回の『悲とアニマ展』が宗教信仰復興運動の一つの具体例です」となります。

6　他の宗教を認める「宗教信仰復興運動」のありかた

島薗　とにかく、純化・浄化ということが（信仰復興運動の）一つのコンセプトになるかと思いますが、それはまた、他を排除するような方向へ向かうことがあるという点が気になるところです。

それから、もう一つは偽書の話が出ましたが、「我こそが純化だ」というのが出てくると、相争うとともに、たくさんの派ができて、勢力を競い合うというのが従来の問題点でもありました。これに対して原敬子さんが「「時のしるし」を読む信仰の感覚――「日本の教会」の信仰復興」（本書第一部第三章）で取りあげているのは、一九六〇年代はじめのローマ・カトリック教会の第二バチカン公会議です。そこではそういうふうに分裂する宗教信仰を、排除する方向に行かないようにするにはどうしたら良いかが考察されます。そしてそれは他の宗教を認める形となるのですが、それがまた宗教信仰復興運動の一つのタイプになってくるのかなと思います。

◆第二バチカン公会議

さらに原論文では、第二バチカン公会議の重要な点として、専門家（聖職者）の信仰に一般信徒が従えというのではなくて、信徒一人ひとりが目ざめ、自覚するということが重視されるようになったと指摘されています。そしてそれが日本のなかでどのように進められてきたかが論じられています。

これが、宗教集団というワクを超えて、一人ひとりの信仰の立場に近づき、弓山さんのような非信仰者の立場も考えていく方向だと思います。ワクを純化していくことと、ワクを越えていくという方向も宗教信仰復興というふうに言える部分もあるように思われます。

では、次に弓山先生、よろしくお願いします。

7　バブル経済期のカルトの出現

◆心に対する関心が高まる

弓山　島薗先生からはキリスト教、水谷先生からはイスラム教、鎌田先生からは日本宗教史を広く俯瞰するお話でしたが、私は違った角度から宗教信仰復興運動について述べたいと思います。本物の信仰がどのようなものか（定義するのは）難しいのですが、この一〇〇年くらいの間に、宗教的なものに惹かれたり、反対に世俗的なものに心が振れて、また信仰的なものの神秘的なものに心を寄せるようになった時期が三回くらいありました。一回目と二回目についてては時間がゆるせば触れさせていただきます。

では、三回目はいつかといいますと、バブル経済のころです。オウム真理教が登場してくるのが一九八〇年代後半です。そのころ、一般の若い人が神秘的なものにグッと心を寄せるような時期がありました。新宗教やいわゆるカルトと呼ばれる教団がいくつも出てきて、特に二〇代後半から三〇歳くらいの人が心を奪われたような時期がありました。

同じ時期に心が大きくクローズアップされるようになりました。（トマス・ハリスの小説で映画化され話題を集めた）『羊たちの沈黙』とか、（二四の多重人格を持つ主人公を描くダニエル・キイス著の）『24人のビリー・ミリガン』や、（元FBI捜査官であったロバート・K・レスラー著）『FBI心理分析官』など、人びとの心を扱った小説や映画、ドキュメンタリーが世界中で、そして日本で大ヒットした時期がありました。

「どうやら、人間の心にはまだ知られていない世界みたいなものがあり、それを掘り下げることによって、いろいろな可能性だとか、克服すべき課題が出てくるのではないか」という自己啓発セミナーも出てきて、心に対する関心が深まってきました。

◆「癒し」という言葉の流行と時代背景

弓山　（一九八〇年代に流行した）もう一つは「癒し」ということばです。この「癒し」は一九八八年（昭和六三）に読売新聞が三大新聞で初めて用いたもので、それまで「癒し」ということばは（耳慣れないものでした。そのころ、たまたま）私の友人の精神科医が「癒しの研究会」を開いたので連絡したところ、電話に出た奥さんが、

「イワシ？　イワシ研究会ですか？」

と返答したくらいでしたので、精神科の医者の奥さんにも浸透していないくらいの、さほど市民権を得たことばではありませんでした。新宗教に対する関心の高まり、心の闇とか奥深さに対する人びとの注目、それから「癒し」というリラックスとは違う（響きに）、人びとが宗教の救いのように心惹かれた時期がありました。

多分、これは、バブルと無関係ではなかったのです。バブル（の本質）とは、

「お金が儲かりまっせ」

「土地がジャンジャン値上がりしまっせ」

ということではなくて、いろんな可能性があるかのように見えるということです。そしてバブル後半に、

「自分は、バブル（の恩恵）にあずかれないかもしれない」

という不安を生み出すわけです。そうした虚しさとか、他の人が楽しそうにやっているのに自分だけがつまらない思いをしているような、そういう相対的な不安感・剥奪感、自分は不幸ではないかという感じが広がっていきました。さらにはバブルで競争で社会が混乱して

いた時期でしたので、人びとは自分の内面とか、人間の魂とかいうものに惹かれていきます。こうして（既存の）宗教に行かずにカルト教団に行ってしまったり、宗教的な救いではなくて一見科学的に見えるような心の探究に行ってしまったのが、三〇年前の一九八〇年代末の特長かなと思います。

宗教信仰復興とはずれるかもしれませんが、多分、多くの人びとが宗教に対して全幅の信頼を持っていたなら、そういう人は宗教に行ったと思います。それが宗教ではなく、「宗教みたいなもの」に行ったというのが（当時の）この国の混乱した姿だったのではなかったかと思います。

これがバブル経済の末期に起きた（第三回目の）状況です。その前の一九七三年の第一次オイルショックのときにも起きました。明治から大正期の西洋に追いつけ追い越せとした末期にも起きました。いずれも経済成長などが高まったのちに一段落し、下落に転じたときに人びとの混乱と魂の救済、そして宗教に行かずに「宗教的なもの」に行く傾向があることをお伝えしたいと思います。

8　禅の立場からの信仰復興

◆純化と多様性

島薗　仏教のことが少し出たので補足しますが、宗教信仰復興運動という点では、しばしば鎌倉仏教はキリスト教の宗教改革にたとえられます。鎌倉仏教のなかでは浄土系、禅系、日蓮系が注目されるわけですが、念仏・禅・お題目など一つに集中するというところが特長で、これは純化・浄化とも（考えられ）、宗教改革に近いのだという議論がなされたことがありました。

このシンポジウムには禅の伊藤さん、浄土宗ご出身の水谷さんがおられますが、それをさかのぼりますと、大乗仏教の運動というのは声聞・縁覚など自分で悟る自力や、戒を受けた僧侶中心の仏教に対して菩薩の仏教であり、一般の人たちに近づいていく仏教でした。これは純化というよりも多様化の面があります。

シンポジウムの会場となりました両足院の副住職伊藤さんに、禅の立場からの信仰復興についてのご意見や、これまでの発表に対してのコメントなどをいただければと思います。

◆平安時代の末法到来と純化としての禅

伊藤　よろしくお願いします。（シンポジウムの発表を聞きながら）ずっと考えているのですが、まず「宗教信仰」ということばですね。宗教とはなにか、（宗教を）どうとらえたらよいのか難しい。もっと難しいのは、信仰とはなにかということです。

一言《ひとこと》で言いますと、現代の禅のとらえ方は海外から広まってきた背景もあって、あまり禅を宗教ととらえないものがあると思っています。仏教における純化という方向でいえば、平安時代の永承七年（一〇五二）から末法に入るとされ、末法の世にはお釈迦さまの教え「教」はあっても、実践する「行」や悟る「証」がなくなり、本当の仏教は亡びてしまうと信じられました。世俗の権力争いが激しくなり、比叡山においても学閥意識が強まるなかで、比叡山にいたエリート僧が山を下り、本当の仏教を求めて海を渡り、その一つとして日本に伝わったのが禅だと思うのです。

当時は仏教本来の戒律を重視しようとする流れと、どうしたら本当の仏道実践ができるようになるかという立場が重なり、現在に伝わる坐禅を中心とした体験実践の修行が確立しました。信仰復興という視点から考えると、禅は仏教においてある種の純化であったと思います。その後、行住座臥の生活自体を禅的に徹底しようとなり、坐禅や瞑想の時間をとり、生活全体をきちんと行っていこうという、生活文化と混じり合って発展してしてきたのではないかと考えます。

◆イタリアの教会での座禅会

伊藤　イタリアの教会で坐禅会を開いた経験があり、そのとき受けた印象は興味深いものでした。参加者から、

「仏教を学びたいとか、禅を学びたいというよりも、むしろ、教会でお勤めしていても、自分の心身のバランスが崩れて、神を信じられなくなり、悪いことが続くと、神のお告げとはいえ、あまりに厳しすぎるのではないか、神は私の方を向いていないのではないか、という気持ちがどうしても生じてしまうのです」

といわれました。さらに、

「そこで、東洋の禅というメソッドを取り入れて、もう一度、集中力を高めたい。そうすれば、再び神の声が聞こえ、やはり神は私を見ているととらえ直せるだろうと思う」

と言うのです。禅の瞑想の体験を、キリスト教の信仰の土台を作るためのメソッド、心身のバランスが崩れたときのリセットのメソッドとして活用しようとする姿でした。禅の教え、坐禅の実践がこのように活用されているのは新鮮な体験でした。この教会での坐禅会に見られるように、海外に行くと禅はあまり宗教として取り扱われません。私は、これは良い側面もあるなと思っています。

◆強烈な挫折・喪失と信仰復興

伊藤　このシンポジウムで、そもそもこれからの時代に、信仰が復興するとどのような良いことがあるのか、信仰がすたれるとどんな悪いことがあるのか、活発にデスカッションされていくといいなと思いました。

自分の個人的な意見を言いますと、先ほど弓山先生が提起された「癒し」の流行は、自分の学生時代にリアルタイムに聞いたことばとして、記憶しています。強烈な挫折とか、想像を絶するような喪失を体験すれば救済が必要だと思います。しかしイタリアの教会の例のように、少し自分を見失ったとか、少し生きづまったときには、少し癒されれば、心身のバランスを取り戻せれば、これまでのように立ち直って過ごしていけるとなれば、（宗教ではなく、宗教的なものの）癒しでよいと考えているのではないかと思います。

もしかしたら、信仰を必要としない姿が増えていったから、信仰がすたれていったのではないだろうか、という考え方もあるわけで、そうした観点からいくと、強烈な挫折とか、大災害とか、いつ何時あるかわからないのですが、通常に暮らしていく上で、現代人がそういう信仰を感じなくてもよいようになっているのは、物が満たされ、人が助け合えるような、人のつながりのなかで解決できることが増えたのではないか、と私はとらえている部分があります。

そうはいっても、時として八方ふさがりになる事態も生じますから、信仰の力が必要となり、もう少し手前で癒しが必要となったりして、バランスをとっているのが日本の現代人だととらえています。

島薗　ありがとうございます。今のお話に関連して、仏教と信仰ということばの折り合いが良いか悪いかという問題もあります。また、強烈な挫折や災害と信仰が結びつくのかというのも重要な問題点です。さらに、信仰復興があるとどのような良いことがあるのかというのも、なかなか面白い論点だと思います。

(二) 今、どういうふうに、宗教信仰が興っているのか

1　信仰復興の多様性と浄化・純化

島薗　さて、シンポジウムの前半の議論では、水谷さんがイスラームを例にとって信仰復興運動を純化・浄化でとらえる発表をされました。これは欠かせない視点であり、そののち、神

道、仏教、キリスト教プロテスタントなどの信仰復興の検討、また、宗教信仰とはやや異なる癒しの興隆についての議論が展開されました。そして休憩時間に加藤さんに伺ったら、「大本には浄化とは違うコンセプトがあります」と話されました。これはこのシンポジウムのこれから検討する予定の、

(二) 今、どういうふうに、宗教信仰が興っているのか。
(三) どんな信仰復興が望まれているのか。
(四) 私たち一人ひとりにとって、信仰復興とはなにか。

というテーマにかかわってくると思いますので、まずこの点から加藤さん、お願いします。

◆それぞれの信仰をカスタマイズしていく信仰復興

加藤　私自身は、これからは多様性が必要になっていく時代と考えています。大本教の出口王仁三郎は万教同根とか万教帰一といい、帰一は一つにまとまっていく方向で、同根は枝葉が広がっていくイメージを持っていたものと、私は感じています。世の中の生活が多様化してきているなかで、個人の信仰が多様化するのは時代の要請だと思います。

実は私、人生で困ったときに一回だけ教祖さまに伺いに行きました。そのときの第四代教祖さまが、

「真剣にお祈りしたら、解答は自ずからもらえますよ」

と話されました。そのことを本山一博先生にお話したら、

「それが本物の回答ですが、そんな答え方をしたら、一般の信者さんは許してくれないんだよ」

と話してくれました。つまり、信仰を祈りとすれば、祈りの仕方を教えるのが本当の宗教であって、その人の生活の選択肢を教えるとか、こうしなさい、こうしてはいけないと決めるのが宗教者ではないのではないか、と私は大本での信仰を通して感じてきました。私にとっての信仰復興とは、それぞれの個人がそれぞれの信仰を実行し、カスタマイズしていく、そんなイメージを持っています。

鎌田　大本教を中心に考えれば、そういう考え方になると思いますが、日本の神道の流れのなかでは伊勢神道、吉田神道、国学とも純化する方向があったと思います。特に吉田神道の場合は多様な三一三二座の神々を含むのだけれど、吉田兼倶の『唯一神道名法要集』に示されるように、唯一なるものを大元の神として森羅万象を包含していきます。また、吉田神道は総合的な立場から、仏教を花実、儒教を枝葉、神道を根と位置づけていきます。なぜそうなって来たかというと、応仁の乱（一四六七－一四七七）などの、乱世の混沌とした時代にはこれだという中心点を打ち出す必要性があったのです。万教帰一も中世に出てきます。末法の

時代にはこれしかないという選択肢を分かりやすく提示する必要があったので、

「これこそが神道、すなわち真道である」

と吉田兼倶は言っています。

出口王仁三郎はこれらを受け取って、これをもう一回、ガーンと開いた、天の岩戸開きをしたということで、それが万教帰一ではなく万教同根です。帰一は収斂していくけれども、同根は山のてっぺんから全てのものが流れてくるとすれば、枝葉が八百万《やおよろず》に分かれてもいいのだという反転した考えになったわけです。それは時代背景に大正デモクラシーの世の中の動きとか、多様化していく社会状況があり、そのなかで自分たちのポジショニングを構築するということがあったと思います。出口王仁三郎は霊性の探求とか、「内部生命」の探求を主張し、

「霊性はみんなに共通しているものだから、キリスト教徒も仏教徒も大本に集まり、大本はそれぞれの霊性を探求する場である」

といっています。そういう意味での万教同根で、多様でありながら普遍性を求めていく思想は大正時代にできたと思います。それは今日の若者のある種の思想と非常にフィットするところがあるので、大本的な考えはニューエイジャーの流れ、現在のスピリチュアリティの思想のなかにも、相当大きなインパクトを与えているといえます。

◆多様性を認めながら、自らは純化を求める「イスラームの信仰復興」

水谷　多様性について、イスラームに関して述べさせていただきます。イスラームは唯一神の信奉であり、（信仰復興運動は）純化・浄化の方向であることは、先ほど申しあげた通りですが、同時にクルアーンには、

「私には私の宗教、あなたにはあなたの宗教がある」

と文字通り出てきます。つまり、それを唯一性というか、多様性というか。他者の信仰を認めるのを大前提として、自らは純化を求めるという発想です。


島薗　私もエジプトに六週間ほど暮らしたとき、仏教の話題を出したら、

「それ、宗教じゃないよ、一神教だけが宗教です」

と言われ、少し詳しく仏教の話をすると、

「仏教も一神教ですね」

と言われたことがあります。今のイスラーム世界ではどうですか。

水谷　イスラームから見た仏教ということですか。

島薗　他の人の宗教を認めるという場合に、三つの宗教、すなわちアブラハムの宗教（ユダヤ教・キリスト教・イスラーム）以外の宗教を、宗教として認めるかという点ですね。

水谷　多分、島薗先生がエジプトに居られたころと変わったかも知れません。現在では、当然（仏教を世界）三大宗教の一つとして、いろいろ意見はあると思いますが、主要な重要な宗教だと認めていると考えられます。宗教対話がイスラームを中心に主催されますが、そうした場に少なくとも仏教もキリスト教も来ています。むしろ、来ていないのはユダヤ教です。

2　信仰と信心

◆平時も有事も祈るのが信仰のあるべき姿

水谷　また、先ほどの追加ですが、一つは経済繁栄があると、たとえばバブルの崩壊のタイミングでさまざまなオカルトといいますか、宗教のようなものが世にはびこり、それは明治以降の繁栄が行き詰まった時期や戦後にも見られたという（弓山さんの）お話がありました。それはそれで理解できたのですが、私の見方からすれば、大きな山は一つであった、それは敗戦であったということです。

敗戦は単に戦争に負けたというだけでなく、敗戦を期に連合軍による日本占領政策で政教分離をはじめ、さまざまな宗教政策が実施されました。それを素直に受け入れてきたのが日本国民です。なぜかというと、日本国民は当時あった従来の神仏に対する不信感というか、

「神も仏も助けてくれなかったじゃないか」

という広い意味の宗教不信感や、

「もうたくさんだ」

という思いが広まり、宗教アレルギーの病魔が非常に強くなったと、私は受け止めております。それが今まで大なり小なり響いていて、その病魔の裏返しがオカルトにつながっているわけです。大きな山場は敗戦であったと思うし、戦後の日本社会における宗教のあり方ということで、ようやく本格的に回帰が叫ばれる段階に来ているのではないかと思います。私はそのように整理しています。

もう一つ、救いの宗教と癒しの宗教と、二つの側面を指摘されましたが、その通りかなと思いますが、いわば、平時の祈りと有事の祈りといってもよいかと思います。(現在の日本において)有事というのは大災害などです。

(日本では)「困ったときの神頼み」といいますが、有事も平時も祈るというのが信仰です。そういう意味では救済も癒しも本質は同じだと思います。こうしたことを認識して言うならば、祈りの重要性です。祈りを信仰と言うのか、言わないのか、表現方法は別として祈りという現象は平時であれ有事であれ、本来一つであり、これが信仰のあるべき姿と考えています。

島薗　水谷さんが大きな山は敗戦であったと指摘されましたが、敗戦による精神文化の転換は日本の場合、特に典型的なことなので、今日のシンポジウムで私たちがどう考えるか、日本で暮らしている人たちにかかわることなので、神道、仏教、無宗教の人もそれぞれそれをどのように考えるかは重要な論点だと思います。

その前に、イスラームの立場に基づく多様性についての発言がありました。それに関して申しあげれば、それは包摂《ほうせつ》、あらゆる立場の人、さまざまな属性を持っている人をその人自身として受け入れる、いわば、あるがままにその人を受け入れる、これがＳＤＧＳ（持続可能な開発目標）のなかでも認められている、世界共通に受け入れる傾向が強まっているものの見方と思います。

たとえば、スピリチュアルケアの場合に、今から死を迎えようとする人に対して、あるべき信仰に導くというよりも、その人自身の今のあり方に即して、どのような支えが提供できるかです。寄り添いや傾聴が重要と言われます。これは、多様性を認めるという方向につながっているし、専門家の立場よりも、あるゆる人をその人自身と認めて、その人に伴走しようとするのだと思います。

これは仏教でいう「方便」とどこかでつながっていて、お釈迦さまは対機説法ともいいますがその人に必要なものを提供する方便という力を見事にもっていらしたわけです。それぞれの人に向き合うのですから、多様であるのは当然なので、多様であることこそ本来のあり方なのだという、そういう面が仏教のなかにはあるのではないかと思っています。

仏教にはさまざまな方向性があって、たとえば念仏や禅は方向が違うけれども、お互いが認め合っていることがあるのではないかと考えています。そのあたりが日本では仏教も諸宗教も雑多にある状態なので、人びとが迷う原因になるように思います。そのあたりを含めて、伊藤さんいかがでしょうか。

◆日本人の祈りと信心

伊藤　祈りを平時も有事もやるのが信仰というのは、たしかに、そのように思います。さらに言えば、祈りについても各宗教の違いなのか、人それぞれが持っているパーソナルなものなのか、作法が違うと思います。それをしっかり教えてくれるのが宗教だともいえます。
もともと日本人は信仰があるから祈るのか、祈りを続けるからそれを信仰というのか、判然としないものがあります。私にはむしろ、日本人の感性では信仰ということばよりも信心の方がなじみやすいように感じます。別になにか特別の作法を教わったわけではなくても、街を歩いていて祠《ほこら》があれば手を合わせていたり、お地蔵さんがあったら水をかけてみたり、「イワシの頭も信心から」ではありませんが、家庭にあっても日常の行動のなかでも、信心ということばと信心に象徴されるごく自然な行為が、日本人の祈りに近いのではないかと思っています。

弓山　今、伊藤副住職のお話を聞きますと、水谷先生の内容は教団所属のことを言われているように思われます。戦争が終わって、

「神も仏もあったもんじゃぁない」

という話は、教団に対してそのように思っていて、たとえば、戦争が終わって神も仏もあるものかといって、正月の初詣が減ったかというと減っていませんお彼岸やお盆の墓参りが減ったかというと、そうではないのです。それは信仰の多様性として、なにかあるのではないかと思っています。何を信仰するかというときに、教団所属の意識であるとか、教団所属の祈りであるのか、そこに限定するのか、もう少し広く、たとえば、

「八坂神社に初詣に行ってきました」

という人に、

「あなたは八坂神社の氏子《うじこ》ですか？」

と尋ねれば（ほとんどの人は）、

「違います」

と言います。多くの人は初詣を宗教と思わず、信仰と思っていないのです。そのような信

仰のありようがあるのではないかという点が、日本の宗教性を考える上で重要なのではないかと私は思っています。

◆「宗教」「信仰」「復興」という三つの概念

鎌田　今の弓山さんの話に続けて、「宗教」「信仰」「復興」という三つの概念を、それぞれ切り出しながら考えていくと、次のような問題点が明らかになってきます。

①「宗教」……一般的に「宗教」の内実を具体的に仏教とか神道とかいうように、一般常識的にワク組みすることは、ある程度できると思います。

②「信仰」……①の「宗教」を前提にして「宗教信仰とは何か」となると、これはなかなか難物だと思います。信仰を有神論の立場と、無神論的な神を立てないところから考えなければならないし、神観の問題が第一義的になる信仰があるわけです。たとえば仏教でも「仏とはなんぞや」といったときに、有神論的な仏観《ほとけ》と無神論的な仏観の二つに分かれると思うし、キリスト教カトリックの神秘主義のなかにも、本当に神が絶対無のようなエックハルト（一二六〇－一三二八、中世ドイツのキリスト教神学者）みたいなところにいく有神観もあります。このように有神論と無神論を深めていくと、そんなにはっきり色分けされるものではないのです。

③「復興」……しかし「宗教信仰復興」では必ず神観、仏観の問い直しが必須となり、それは「今の時代における神の働きとは何か」「現代における仏の働きとは何ぞや」という、働きの方に「復興」の具体的な実践というか、目が向いていくと思うんです。「宗教信仰復興」の「復興」がそこにかかわるわけです。

復興とは時代認識だと思います。つまり、こういう時代状況のなかに一番ささっていく、一番入り込んでいく宗教的実践とは何かということになるので、復興とはまさに、仏教者なり、信仰者なりの時代認識に沿って、どのような行為をくり広げていくのかということが、各自に問われているのかと思います。

島薗　信仰には「仰ぐ」という文字が入っています。上を向く姿です。信心は自分自身の心のなかのように、内を見るということですね。浄土真宗のように、仏教のなかでは一番一神教に近いと解釈される仏教の流れでも、強調されるのは信心です。大本教は信心ですか。

加藤　大本教は信心と信仰の二つを使っています。大本では一神即多神といって、一つの神だけれども、いろんなファンクション（機能、役割）をしていることによって、いろいろな名称がついているという考えです。その神さまを通して本当の神さまを仰ぎ見るという宗教観だと思います。

そして出口王仁三郎は将来の理想の世になったときには宗教がなくなると予言しています。

それはつまり、各人の信仰が花開いたときなんですね。この世が宗教の栄える時代になったときには、もはや宗教はいらなくなる、無になるというのです。

鎌田　理想の世の実現ですね。出口王仁三郎の言い方で面白いのは一即多を巻物にたとえて、「巻けば一神、開けば多神」

と言っているところです。

巻物は巻いていれば一つだけれど、開いていけば図像や文字など書かれているので、多様に展開していることになる、すなわち多様でありつつも一であるとしています。それも一つのビジョン（未来図、構想）ですね。

(三) どんな宗教信仰が望まれているのか

1　宗教における利他主義、他の人のためにする活動

◆敗戦後の新宗教の展開と、現代のGLAの活動

島薗　次に、「どのような信仰復興が望ましいか」というテーマです。日本の敗戦後の宗教界

では新宗教が花開きました。そういう意味では宗教信仰復興の時代だったという見方もできると思います。ただ、そこに何か欠けていなかったかという問題もあります。新しいもの（宗教）が出てくれば、我こそ本物だという、排除に向かうような動きはなかったか。イスラームの信仰復興がときに悪い意味でのジハード、つまりは信仰勢力拡充のための戦い、ひいては聖戦といった方向に行ったり、ときには暴力に結びつくような展開もありました。宗教信仰復興が分裂につながるような、争い合う方向性を強めるようなことがあったのではないだろうか。

加藤　戦後の新宗教の繁栄ですが、それらの活動は婦人が主体だったのではないかと思います。今は共稼ぎ家庭が多くなって、婦人が宗教活動に参加しにくくなっている状況です。現在、信者が減少している宗教は、かつて婦人会の活動を中心にやっていたところではないかと思います。私は、宗教法人ＧＬＡ（東京都台東区）の勉強会にも参加させていただいていますが、ＧＬＡは共稼ぎを前提に、夜八時に集会して一〇時～一一時までワイワイ議論していきます。このように現代人の新しい生活様式や家庭構造に合わせた宗教が（信者の）数を伸ばしています。ＧＬＡはインターネットやオンラインを積極的に活用して現代生活に合わせて活動しています。

◆新宗教の利他の特長〜この世の中で幸せになるためにお互いに助け合う

島薗　戦後の新宗教が発展してきたということにかかわり、私が本書『宗教信仰復興と現代社会』では新宗教についての議論を担当しています。そのなかで利他主義、他の人のためになることをするということを取り上げます。利他は新宗教でもよく説かれます。利他は仏教のことばで、特に大乗仏教の菩薩行に近いことばです。キリスト教も隣人愛という利他の教えを説きます。水谷さん、イスラームではどうでしょう。

水谷　利他は、道徳上も重視されます。

島薗　ところが、それ（利他）が集団の利己につながったりします。人によっては、「人の為と書いて、偽《いつわ》りと読む」といいます（笑）。実は利他の機能が適切に機能していないのではないかと思います。ところが最近、利他ということばが復権していると言われています。最近、東京工業大学の伊藤亜紗さんが『「利他」とは何か』（集英社新書、二〇二一年）を編集しています。そのあたりをどう考えたらよいかに取り組んでいます。

私は新宗教の特長はそれまでの宗教と違って、一人ひとりの幸せのために、そしてそれが他の人の幸せになる、この世での幸せになる、この世を否定する禁欲とか、死んでから救われるとかではなくて、この世の中で幸せになるためにお互いに助け合うという理念だったと思います。それはある意味で時代に合っていた。これが新宗教が成功した理由の一つだと思います。現世利益《げんぜりやく》といいますけど、むしろ現世救済《げんせいきゅうさい》の考えです。

2　此岸と彼岸〜この世の秩序と利他

◆この世の秩序を大事にする和の精神と、彼岸性欠如の問題点

島薗　ただ、今、考えると彼岸と此岸の緊張関係が弱くて、この此岸のなかで完結するということは大きな問題があるのではないかという気がします。

先ほど議論の出た「多様性を認める」というときでも、日本人は和を大事にする。そのなかにはこの世の秩序を大事にするために、それぞれの主張に限界をつけるので、いざというときに体制に流されてしまうというふうな、日本人の和の精神があることを、今、顧みるべきときなのではないか。

日本から見て、キリスト教やイスラームが他を認めない宗教に見えるのに対して、仏教や神道は寛容で多様性を認める宗教に見えるけれども、それは彼岸性が欠けていて、この世の秩序に十分に抵抗できない弱点を持っているのではないかと思っています。これは日本の宗教ということとからんで、私、信仰復興を考えるときには、そういう視点も必要ではないか

と考えています。皆さん、いかがですか。

鎌田　島薗さんの『国家神道と日本人』（岩波書店、二〇一〇年）の議論のなかにもこの問題が出ており、最近の仕事もそことかかわってくると思いますが、日本の宗教文化とは何かといったときに、やはり、天皇を中心に出来上がってきた一つのシステム、文化構造、政治構造、国体論など、こういったものがかなり根強くありますね。それが敗戦にまでつながっていって、敗戦で本当に壊れたかというと、壊れていないわけです。

国家神道的な体制は、島薗さんの分析では今も根強く底流し続けているということだと思いますが、私もそう思います。すると、大本の神観とはかなり真っ向から対立するわけです。大本の神観のなかには幽的というか、本当の神は隠れていて、その本当の神がこの世を大きく救済に向かって転換させていくのだ、という神観があります。しかし、天皇はこの世のものので、つまり顕、この世の政治的事項にかかわることなので、この世のシステムで完結する部分がある。当然、国家の保守体制は、この世の秩序を変えて欲しくないので、変えようとする勢力が現れ出てきたときに、脅威と見なして叩くということが起こり得たと思います。

そのときに神観革命的なものが背景にあるんだけれど、神観革命が現実化しないように、押さえこむということがあり、そこのところを真剣に問いかけずに曖昧のまま、うやむやになってきている点も戦後の社会のなかにあると思うのです。

だから、象徴天皇というのは国家の象徴であるにもかかわらず、国民統合の象徴という二重の象徴性をもっていて、これも鵺《ぬえ》のような存在で、また、そういう曖昧さを戦後の日本社会は戦前から引き継いでいる。これも曖昧さを生み出している原因の一つではないかと私は考えています。

◆利他の効用の脳科学的説明と、宗教現場の独善性

加藤　先ほどの利他の話ですが、利他の行為がその後、その人に返ってきて報われるということではなくて、利他の行為をすることそのものが人間関係を良好にするという幸せホルモンの一種（オキシトシン）の分泌を増やしているという研究報告が最近出ています。つまり、利他をすることそのものが人間にとって幸福なんだと思うんですね。

親切にすると、そのこと自体がオキシトシンを良好にするということで、人間の本質として、そういうものが生理的にあるのだということを宗教家が見抜いていたから、利他を説いたのではないでしょうか。

島薗　そうしますと、脳科学的な新知見の説明によって、宗教をもたなくても利他心だけでよいということになりますでしょうか。

加藤　いや、利他をする行為そのものが自分にとって幸せなんだと自覚できれば、もっと利他

になれるということではないかと思います。そういったことが今まで宗教で用いられてきたけれども、科学的メカニズムでも解明されてきたということではないかと思います。

弓山　その利他が宗教の現場にくると、なぜか独善的になってしまったり、また閉じた集団内部特有の錯誤といいますか、自分たちは正しいことをやっているから、むしろ批判する方が間違っているのだと、転換する構図があると思うのです。普通、宗教でなかったらそうならないけれども、宗教だからこそ起きた悲劇というか、そこに強烈な価値観がともなっているからこそ、反転するような構造があるのではないか。自分たちは正しいことをやっていて、和が大事なんだからということが同調圧力になっている（と思います）。教育現場と宗教で起こりがちですね。

鎌田　日本の宗教が特にそうですね。

加藤　でも、利他ということは相手を正すことではなくて、相手を中心に考えて心地よくすることであれば、独善になり得ないと、私は考えますが。

鎌田　相手はやはり人間ですからですね。多様なんです。独善と感じる人は必ずいるんですよ。私は説教ぎらいですので、説教されると、すぐに家出したくなります。

押しつけがましい、説教がましい強制的なものをちょっとでも感じたら、独善性を感じてしまうわけです。だから、善意から発する利他行為であっても、そうでない受けとめ方も起こり得るというデリケートなことです。ケアの世界もそのへんは非常に微妙で重要なことだと思います。

加藤　あくまで、個人の多様性を理解した上での利他でなくてはいけないわけです。

鎌田　そこに信頼感があるかどうかということですね。

3　イスラームから見た日本文化への違和感

◆単純明快なことを複雑化する日本文化

島薗　キリスト教徒にも言えるかも知れませんが、水谷さんは日本人であり、イスラーム教徒になるというところには、日本の文化のあり方に対してなじめないというか、ちょっと違和感があるとか、そういうことはないですか。あるいは単に同調圧力のような、価値観のあり方に対してなじめないというものはありますか。

水谷　それは、たしかにあります。その種の話ですと、発想というか思考方法というか、イスラーム的に考えると単純明快なことを、日本では非常に複雑化しているなと感じることが多いという違和感があります。ものごとをもっとストレートに考えても良いのではないかと、常に思います。

それは宗教関係のみならず、政治においても違和感があります。どの点に違和感があるのかは、今回の「宗教信仰復興叢書」の第五巻『絶対種の覚知と誓約――イスラームのこころと日本』（国書刊行会、二〇二一年）の第一部「イスラームが日本にもたらすもの」に、具体的に記しましたので、ご覧いただきたいと思います。

◆イスラームの祈りと信仰

水谷　日本人は頭が良いと思うのですけれど、しきりに細かく分けていると思います。たとえば先ほどの祈りと信仰の話も、まさしくその通りです。イスラームの教えにもとづく私の考えは簡潔です。お手元に配布しました『祈りは人の半分』（国書刊行会、二〇二一年）の冒頭部分に、

「願いを持たない人はいないし、従って祈らない人はいない。その祈りがまとまれば、信仰そのものである。（略）祈りも宗教信仰も、人の半分なのである」（同書「はじめに」三頁）

「自然な願いの気持ちが熟せば祈りとなるし、それがまとまれば信仰と呼ばれるようになる。宗教信仰は人間の自然な精神的産物であり、人である以上、その成り立ちの半分である……」（第一章　宗教信仰とは」一三頁）

と述べましたように単純明快です。これは、どういう意味で、現代の日本で宗教信仰復興

すべきかということにもつながります。また、具体的に何をすべきと考えているかということにもつながっています。つまり、この半分の活性化は全幅的な人間復興であり、それは信仰復興の目的そのものです。

違和感という話に戻りますと、語感としてギクシャクしているように感じられるかも知れませんが、ギクシャクはしていないのです。つまり、私の周囲にはムスリムでない人が圧倒的に多いですから、私一人がどれほど違和感を抱いても始まらないので慣れっこです。新聞を読んでも、何を見ても、

「なぜ、こんなにギリギリと詰めるんだろう。もっとストレートに、単純に考えてもよいのではないか」

と感じることが少なくありません。

島薗　今、水谷さんの話を伺って、私自身は、自分が複雑にしているのかなと感じ、単純さがみえていないように思いました。

鎌田　宗教学者が複雑にしていますよ（笑）。宗教者は単純な面があります。

島薗　といいますのは、単純になるための基準、軸が見えない、という感じなのです。それは、日本の彼岸と此岸を分けるものは、日本の宗教文化に深く根差したものだと思います。それは死者のために祈る、死者とともに祈るというようなことが、ごく自然に行われていて、そ

れはこの世のことなのか、あの世のことなのか、つながっている世界なので、向こう側がこの世に現れてくる、そういうことに敏感なので、向こう側がしっかり出てこない、彼岸と此岸がはっきり分かれないいこういう感覚と、水谷さんがおっしゃったことがつながっているというのが私の理解です。

ところで、そろそろ、第四の議題「私たち一人ひとりにとって、信仰復興とは何か」に入りたいと思います。

（四）私たち一人ひとりにとって、信仰復興とはなにか

1　人間の限界を見つめる

◆宮沢賢治の童話『貝の火』

島薗　先ほどの話に続くのですが、いかにして、この世の限界を超えてあの世を見つめるかということが、現代の宗教信仰についての課題なのではないかと思うのです。日本人にとって此岸と彼岸を相対化するような、向こう側の闇のとらえ方がいかにしたらできるのか、私は

本書『宗教信仰復興と現代社会』の論文篇で、宮沢賢治の『貝の火』（『宮沢賢治全集5』ちくま文庫、一九八六年）を取りあげました。

『貝の火』の主人公は兎の少年ホモイで、おぼれたひばりの子を激流に飛び込み勇敢に助け重い病気にかかります。ようやく治って外へ出るとひばりの親子が、ひばりの国の王様の贈り物「貝の火」という宝珠を持って、お礼に来ていました。宝珠は赤や黄の焔をあげて燃えているように見えますが、冷たく美しく澄んでいます。ホモイのお父さんは貝の火を調べて、

「これは大変な玉だぞ。これを一生満足に持っていることのできたのは、今までに鳥で二人、魚で一人だけという話だ。お前はよく気をつけて光りをなくさないようにするんだぞ。いじわるなんかしないように気をつけないといけないぞ」

と注意します。翌朝になると、

「ホモイが素晴らしい貝の火をもらった」

ということを知って野馬もリスも狐もホモイのごきげんをうかがうようになります。おぼれたひばりの子を助けた利他的行為が生んだ大いなる喜びですが、ホモイは次第に法華経でいう増上慢になってしまいます。やがて、ご機嫌うかがいに来た狐に、

「お前はずいぶん僕をいじめたな。今度は僕のけらいだぞ」

といいます。狐は、

「へい、申し訳もございません。どうかお許しを願います」

と応じ、ものを盗んできてホモイに貢ぎ、りすも鈴蘭の実をたくさん集めてきます。それに気付いたお父さんは、

「お前はもうだめだ、貝の火を見てごらん。きっと曇ってしまっている」

と諭します。ところが貝の火を出してみると、以前よりも輝きを増しています。お父さんはだまって玉をホモイに渡してご飯を食べはじめます。調子に乗ったホモイは、何もできないもぐらをさらにいじめます。そうするうちに貝の火がだんだん濁ってきて、ついに割れて煙のように砕けてしまい、その粉が目に入ってホモイは物が見えなくなります。しかし煙はだんだん集まり、やがて以前の貝の火になって窓から外へ飛んでいきました。お父さんは、

「こんなことはどこにでもあるのだ、それをよくわかったお前は、一番さいわいなのだ。目はきっとまたよくなる。お父さんがよくしてやるから。な、泣くな」

と諭します。

私はそのことばのなかに悲しみがあると思う物語です。これは現代人の問題なんだと、現代文明の人間の驕っているあり方をよく現しています。そして新宗教とか、日本の宗教のあり方からすると、そのような悲しみに通じるような方向が十分に見えていないのではないか、というふうに自分の論を展開しました。

実は、教祖たちは非常に悲しい経験をしています。子どもを亡くしたり、そういうことを踏まえて新しい信仰の場が出てきます。一方で、信仰に入る人たちも何らかの形で辛い体験をしているものです。どこに人間の弱さがあるのかを認識するのはとても難しいものです。信仰はそういう悲しみや辛さを助ける働きがあります人間の限界を見つめるのですが、日本の宗教のこの世の秩序を重んじ、調和を尊ぶ、あるいは自然や人間の営みを重視する方向で楽観する、そこのところに弱さがあるのかなと思います、これが私の考え方です。

◆人間の限界を描いて、読者の心を動かす宮沢賢治

鎌田　島薗先生に質問があります。ホモイはお父さんのように、これで良かったと思ったんでしょうか、あるいは思えたのでしょうか。

島薗　それは、物語には書かれていないですね。

鎌田　それを、どのように考えますか。

島薗　最後に目が見えなくなった、というのはギリシャ神話のオイディプス王の話を連想させます。オイディプス王の場合、目の見えない人の方が人に見えないものが見える、そういうことが入っていると思います。そういうことが「貝の火」には書かれていないけれども、私はそのように読めるんじゃないかと思います。

鎌田　私もその可能性はあると信じたいですね。耳なし芳一は耳をちぎられてから琵琶の本当の名人になっていきます。ホモイも「貝の火」が砕けて煙になって、その煙で目が見えなくなってからも、心の世界がもう一回開けてくる可能性があるということを代弁する形で、お父さんはそう言ったのかなと思います。

島薗　宮沢賢治が近代日本のなかで、多くの人の心を打つ物語を書いてきたかという理由の一つが、人間の限界という所を描いて、読者の心を動かすという面があります。そこに、私自身の宗教信仰復興とつながるものを感じます。これから、それぞれの宗教信仰復興を述べながら、どのような信仰復興が望ましいかということを含めてお話いただければと思います。

◆現代の超個人主義と利他

伊藤　先ほどの「時代の認識」に関していえば、宗教者が時代を認識して、人びとが何を求めているかを知り、時代の要請に向き合っていく働きこそが必要となります。一方、ことばにすると少しきつい表現になりますが、現代人は個人主義よりも超個人主義だと思います。それでいきますと、本来の己《おのれ》と他との区別を明確にしたうえでの利他のあり方が曖昧になり、きわめて個人と個人の関係になりやすく、ひいては個人が他の人を利するイメージが強くとなるように感じます。

また短いスパンでは個人にこだわる傾向が目立ち、自分の人生という長いスパンで考えれば、さまざまな問題を自分の人生の味付けととらえながらやれるのではないかと思います。もっと言えば、自分という命《いのち》をこえて脈々と先祖からつながってきて、いずれ未来へとつながっていく、残していけるという流れでもあります。そのなかでタスキを渡していくような思いもあります。こうしたことは説教されると反発が出るので、体験・体感できるような場や、現代的なコンテンツ（情報、情報の中身）を用意するのが信仰復興につながるのではないかと思っています。

島薗　ありがとうございます。私の話とつなげると、宗教教団や伝統がコンテンツを用意し受け継いでいく重要性と、あわせて個人としての文学者が見抜いたものが人の心を打つということもありますね。

2　非常時の信仰復興

◆死に瀕するような非常時での信仰復興の可能性

弓山　今、伊藤さんが話された超個人主義というとらえかたがある一方で、先ほどから出ていますように、同調圧力のような、個人になりきれなくて、まるでアメーバのように、一つの職場、一つの教室、一つの宗教団体が集団で動いているかのように錯覚する風潮も、非常に強いと思うのです。

　そこで、コロナ禍であるとか、東日本大震災であるとか、一〇〇年前のスペイン風邪であるとか、死に瀕するような危機に直面して初めて個人になり、そこに信仰復興の可能性があるような気がします。つまり、平時では興らなかった可能性が非常時だからこそ個人になりきれるのかなと思っています。

　私は宗教団体に属さない普通の人びとが死に直面したからこそ、あえて人にやさしくできるというようなところに、何か可能性もあるでしょうし、そうした人びとが宗教の門を叩かずに、利他の行為に励まれている姿に魅力を感じるとともに、ある種のそれが限界であったり、その人がもしも信仰を持っていたら、もっと力強い働きができるのではないかと思っています。

島薗　スピリチュアルケアに関心を持つ人が増えています。若い人も死について考えています。先ほど非常時と言われましたが、自分のことを申しますと若いとき死をそんなに意識しなかったのですが、今の若い人の方がそうした面があるかも知れませんね。先ほどの利他に関しましていいますと、去年（二〇二〇年）の特別定額給付金一〇万円を寄付に使ったのは、世代別に見ると二〇代が一番多かったと報告されています。そういう例を見ると、利他に目ざめることに、今の若い人は敏感になっているように感じるのですが。

弓山　一方で、選挙にいかないのは二〇代が一番多いわけです。ですから利他に目ざめる人も多いのでしょうけれども、ある種の無関心な人も、同じ若い世代で多くなっていることも無視出来ません。つまり、二〇代が素晴らしいとだけは言えないのではないかと思います。

島薗　政治的な動きでは目立たないけれども、人のために、自分に返ってくるのを意識せずに、オキシトシンが出るということを学んだためかどうか分かりませんが、自然に出るような傾向があるのではないでしょうか。

鎌田　今回の「悲とアニマ」のテーマは、総合的には「いのちの帰趨」というタイトルになりました。この会場には二〇代の若者は少ないと思いますが、「悲とアニマ～いのちの帰趨～」ということばは少し難しい言い方になるけれども、二〇代の若者には「即一切空」よりもピタッとくるところがあると思います。

というのは、やはり命に敏感になっていることは確実です。ボランティアに行くということは命のやりとりのなかで、今、一番なにが大切か、必要なものは何かということに、若者の方がシャープに反応します。

ただ政治などにはすべてがすべて信頼が置けないではないですか。私から見ても、政治は信頼できない構造のなかにあって、わが一票がどう作用するかということを考えると、そんなまだるっこしいことをやるよりも、今、目の前で痛みを抱えている人に、どのように寄り添うことができるかの方が、より切実だというのが今の時代であると思うのです。

だから命の感覚に素直になっているところがあります。すなわち、「悲とアニマ～いのちの帰趨～」というタイトルも昔だったら、「なんて恥ずかしい、大上段なのだ」と思ったことも、今ではけっこう恥ずかしくなく、大上段でもなく、これこそ現代の問題なんだと感じ取る感性が今の一〇代～二〇代の若者には切実であると、私は感じますね。

◆被災地での支援活動と宗教意識

島薗　死を意識することと孤独であることは、孤立の可能性を意識していることとつながっているのではないかと思います。人に寄りかかれない人、そういうことを強いられ居場所のないというようなことが、いつあるかわからないという感覚のなかで、自ずから利他や死について考えるというのも、自然なこととして生じています。

「宗教信仰復興叢書」の本書の論文篇でいいますと、岡田真水先生が東日本大震災後のいろいろな支援活動や、臨床宗教師とか、ボランティアの支援者が地から涌き出てくる菩薩のような地涌の菩薩とも見えるととらえています。また、弓山さんが述べているようなこと、非常時に普通の人が信仰心に近づくということとつながるものと思っていいとすれば、宗教信

仰復興と彼岸が通じていることにもなり、それはまた、死について敏感であると見られると
も言えます。

弓山　ここにご出席の先生方は、皆さん被災地に行かれておりますが、私も被災地を歩いてい
て、宗教研究者なのでお寺に避難した人、教会に避難した人を訪ねて、そこで支援活動をし
ている人にインタビューするんですね。話を聞いていると教会での人は当然クリスチャン、
お寺での被災者は檀家総代さんくらいの人なのかなと思って話しかけ、
「いつ、洗礼、受けましたか」
といいますと、
「いいえ、宗教なんて、とてもとても」
といいます。何度も同様の経験があります。たとえば、気仙沼のオイカワデニムという
「奇跡のジーンズ」の及川秀子社長さんの例です。津波でずいぶん遠くまで流されながら生
地がほとんど解《ほつ》れなかったというジーパン屋さんの社長さんですが、話を聞きに行きますと
山の上の流されなかった自宅ではなく仮説住宅にいるのです。
「なんで、及川さん、ご自宅があるのに仮設住宅にいるんですか」
と尋ねますと、
「私、決めたんです。日本中の仮設住宅から人が全員いなくなるまでいて、私が最後の仮設

住宅の住人になると」

といって、そこに住んでいます。

鎌田　地涌の菩薩ですね。

弓山　そうです。この人は菩薩だな、手を合わせようと思いました。そこで聞いたのです。

「ご信仰はありますか?」

「いえ、宗教なんて」

「でも、菩薩でしょ、あなたは」

と思うと、半歩も一歩も二歩も足が前に出ているような菩薩さまのような方なんですね。社長さんはものすごい悲しみに直面されて、多くの死に直面したからこそ、そのように考えるようになったといいます。そういう人が被災地には本当に多くて、至るところで高校生であるとか、おじいちゃんたち、おばあちゃんたち、普通の人びとの姿から、それを垣間見ることができます。


形容が矛盾しますが、宗教を信じていないけれども極めて宗教的な人が出てきています。それをなぜ、宗教団体が受けとめないのでしょうか。水谷先生のことばでいえば、本物の宗教ではなくて、ボランティアで終わっているかも知れないけれど、でも、もうちょっとこの方々に信仰があれば、もっと違った働きができるのではないかと思います。

私の話が、まるで信仰者より非信仰者の方が信仰深いように聞こえたかも知れませんけれども、私は宗教集団の持っている場の力であるとか、祈りの力であるとか、それから超越的な力というものがなによりも重要だと思っています。むしろ、それを無くしてボランティアの方が立派だということを言いたいわけではないのです。

島薗　私と弓山さんの立場は、仏教でもないのですけれども、宗教の重要性は重く思っています。そういう立場から見ますと、こういう議論も出てくるわけです。

弓山　それからもう一つ、エピソードを紹介します。東京の山谷《さんや》で炊き出しをやっていたとき、たくさんの女子高生がボランティアに来ました。引率の方はキリスト教系高校の先生で牧師さんでした。私は牧師さんに、

「彼女たちはまるで信仰者のような尊い…」

と述べると、彼は私の話を遮って、

「違います。ボランティアは、信仰ではありません。彼女たちが尊いのは本当の信仰に向かおうとしているからです」

とおっしゃるんですね。

3　信仰復興の地道な取り組み

◆戦後の宗教アレルギーとビッグウェーブ

水谷　弓山さんの話に賛同の意を表したいのですが、それは、先ほど申しました敗戦のショックでの宗教アレルギーによるものと思います。つまり、日本は大きく変わってしまったのです。それでまた、宗教が信仰復興に立ち戻るためには、再びショックがないと戻らないのではないかと考えます。

その意味では悲観論なんですが、日本はご承知のように外圧に弱い国で、簡単にいえば幕末にアメリカのペリーが来て、戦後にマッカーサーが来て、今日の日本に至るというふうに私は描いているわけです。ですから、第三の黒船というか、大きなショックがないと、あるいは大きなショックがあれば日本はまた立ち戻り得ると思っています。その日まで辛抱強く、一人ひとり、一つひとつの試みを継続することが現時点での責務であり、最善の道と考えております。

それは最終的に悲観ではなくて、民族性でも何でもなくて、日本の成り立ちからして、外圧に弱いということです。非常に大きな精神的ショック、それが来て欲しいというのではないのですが、そういう大ショックがないと、基本的にはビッグウェーブが来ないと、どうも、方向転換は果たし得ないのかと私は考えます。

ですから、今日のすべきことは明確です。つまり、この会合もそうですが一人ひとりが確認をして、一歩一歩進めていくということが、何より強い盤石の土台となると思います。それが、いずれ来る大きな波を十分受けとめられる礎石を作っていくことにつながるのだと思います。

そのためにはわれわれのこういう会合であれ、一人ひとりであれ、毎日の礼拝も必要です。もう少し欲張ればですけど、日本の公教育における宗教教育のあり方ですが、宗教教育は現時点の憲法では禁じられています。それを政教分離と呼んでいますが、その宗教分離のあり方もいろいろあることが知られております。

アメリカで私自身が通っておりましたが、高校生の（宗教の時間の）ときは自由時間が与えられて、ユダヤ教の人はユダヤ教会に行き、キリスト教各派はそれぞれの教会に行くわけです。そういう時間を持っています。教室ではなく、自由を与えるということです。こういうことも、やるべきだというような主張はそろそろどういう団体かは分かりませんが、あるいはこの法人「一般社団法人日本宗教復興会議」から出してもよいのではないかと思っています。

◆政教分離と、政治側への組織的発言の必要性

水谷　さらにもう一点だけ加えたいのは、やはり、政治社会問題に対する萎縮ですね。（日本では政治社会問題に宗教が）タッチしてはいけないのだ、手控えなくてはいけないのだという意識が非常に強くはびこっています。私はこれも宗教アレルギーの一環だと思っています。

本来、宗教は政治的意見を（言うべきです）。もちろん（これまで）ゼロではありません。数年前に安倍政権のときに安全保障の一連の法案があって、反対運動が起こり、主な宗教団体が反対の声明を出していました。だからゼロではないのですが、もっと日々の活動の一環として生活のなかで、政治社会問題に発言すべきだと思います。

それは政教分離でも何でもないのです。公権力側が宗教勢力を使っては行けないというのが政教分離です。公明党のときに問題がありましたが、それは整理されました。

いずれにしましても、宗教側は必要であれば組織的に政治側に発言する勢いがあるのが、本来の姿だと思います。

「では、お前は何をやっているのか？」

と問われれば、

「（若者は選挙に行かないとの話が出ていましたが、私は）一票を投じています」

と答えます。

4 宗教と教育

◆公教育と宗教科目

加藤　私は宗教性を大学（慶應義塾大学看護医療学部）の教育の中にも入れたい、スピリチュアルケアを教育の中に入れたいということで、ヴァルデマール・キッペス神父をお呼びしたことがあります。

そうしましたら他の教員の人たちからの反対にあって、翌年から中止になりました。宗教色が強過ぎるということで反対されたのです。キッペス神父はキリスト教者ですけども、スピリチュアルケアに関して講義するときに、それほどキリスト教の話を入れているわけではないのですが、大きな抵抗がありました。島薗先生のような宗教学者ということであれば、許されたのです。学生にとっては島薗先生からお聞きした宗教に関する話はとても関心があったということで、それから宗教の本を読む学生が増えました。そういう機会をもっと公的な教育でも増やしていくことが本当は大事なんじゃないかと思います。若い人はボランティアに憧れるけれども、宗教に触れることがほとんどなくて、なんとなく、そんなものに近づくと危ない、引っ張り込まれるかもしれないという意識が強いのです。

「信仰をもつ医療者の連帯のための会」の集会を慶応義塾大学の三田キャンパスの教室で開こうとしたときに、

「それは、宗教活動ですか」

と言われ拒否されそうになったことがありました。そのときもやはり、

「日本宗教学会会長の島薗先生が来てますし、キリスト教者の方もいるし、仏教の方もいて、一つの宗教の宣伝活動ではないのです」

と話して、初めて教室の借用が許可になりました。そういったことでは、一つの宗教ではなく宗教間で協力しながら社会に宗教の重要性を訴える必要があるのではないかと思います。

島薗　宗教という科目が公教育にあるとよい、と私は思います。代わりに道徳、倫理という科目が定着しています。これは戦前でいえば修身で国家神道と結びついていたし、東アジアというワクで見れば、儒教と結びついています。儒教が社会の秩序を守るので、そこに宗教が入ってくることを制約するという枠組みが、今も生きているのです。そういうワクを突破するのが難しい、そういうことがあると思います。

だけど、そのなかで、この世の秩序に重きが置かれるための精神の閉塞を人びとが感じていて、そこから、なにか、新しい地涌の菩薩のような人も出てくるというような評価、それに対して、仏教なり、キリスト教なり、イスラームなりの宗教の信仰者の立場からは、宗教

という形を取らないから頼りなく不十分だという批判が見られると思います。

しかし、むしろ、そのなかにある宗教に通じる重要ななにかを認めるという立場もある。それは、宗教と、宗教にあてはまらないようなスピリチュアリティとが補い合う、支え合うような関係もあるとする考え方です。日本の社会で求められているのはそうした相補的な共存ではないか、そういうふうに思っています。

◆人類史における宗教・宗教史の大きな役割

鎌田　宗教教育の話が出たので、宗教と教育の問題について、意見を述べたいですね。学校教育のなかでの宗教の時間は、信仰を説くのではなくて、宗教に関するさまざまな知識が絶対的に必要だと思います。それは人類史において宗教が果たしてきた役割とは一体何だったかと考えると、世界史の勉強をするのであれば、宗教史を含めて宗教の勉強をしなければいけないのです。
世界のことを本当に知るためには、宗教がわからなければいけないということです。その意味で宗教学や宗教史の役割はきわめて大きい。人類史における宗教やその展開をあらゆる学校教育のなかで教えて欲しい、皆が宗教教育や他宗教の教えを学んで欲しいと思います。さらには宗門大学においても積極的に他宗門の人を招いて、信仰者の話を聞いて欲しいと思います。

宗教学の知識は絶対に教育プログラムに必要と思いますが、その上で信仰者の話を聞いて欲しいと思うのです。どういう宗教の、どういう信仰生活を生きているのか、坐禅でもいいし、念仏でもいいのですが、宗教の信仰で生きている人の話を聞くことが切実に重要だと思います。

でもそうしたことは今の日本の公共教育では、なかなか受け入れ難い部分があるけれども、徐々にそういう枠を粉砕して、宗教に対するアレルギーも含めて無理解や不信感を一定程度払拭していって、宗教が持ってる可能性を、個々人が判断できる問題点や限界点を、それぞれが自覚できるような状態にまで持って行くべきだというのが私の考えです。

そういう意味で宗教学者が果たすべき役割は、まず全体の基盤作りをきちんとして、社会に対して提供する点が重要だと思っています。

島薗　幼稚園はけっこう仏教寺院がやっていますね。父兄から見ると、やはり宗教のやっている幼稚園の方が、安心できるといいます。

鎌田　信頼できます。

島薗　目に見えないものに頭を下げることなど、一般社会や家庭では教えられないから、それを自然に教えてくれるのが教会やお寺の幼稚園だといいます。それは幼稚園だけではないです。

加藤　みんなが（頭を下げることを）やっているから、自然に教えられますね。

5　水俣と宗教信仰復興

◆東工大の宗教学ゼミ

弓山　宗教教育というと、どうしてもアレルギーが日本全体にあって、むしろ価値観教育というと、いや、もっときわどい感じがするんでしょうかね。私、東工大（東京工業大学）で教えていて、東工大では理工系大学ですが、文系科目を学部四年間、そして修士、さらに博士課程まで取らせる仕組みになっています。理系のゼミとは別に文系ゼミがあって、そこに宗教学ゼミもあります。そこで学生に、

「どんなことをやりたいか」

と聞くと、

「信仰者と話がしたい」

といいます。私は、遠藤周作著『沈黙』を上智大学神学部の学生さんたちと一緒に議論したり、國學院大学の神道文化の学生さんたちと百田尚樹著『永遠の0』を読むということを

やってみました。そうすると、自分たちが当たり前と思っていたのと全く違う意見とかが出てきます。そもそも生き方が違っているけれども年齢が同じとか、それはやはりものすごく大きな意味がありました。

鎌田　新鮮ですね。

弓山　ええ。東工大の学生さんて、多分みんな有名企業のエンジニアになって、という道を歩いて行くわけですが、そういう学生さんたちが多感なころに、自分とは違う価値観や、もっと言うと、目に見えないものを見ているような同世代の人がいるってことを知ることは、すごく重要なことと思います。どうしても宗教教育っていうと、なんか怖いというふうに思うかもしれませんけれども、そうじゃない体験ができるということを伝えたいと思います。

鎌田　東工大で水俣を取りあげていますね。水俣の被害を受けた人、当事者から話を聞くことですね。このシンポジウムの会場には緒方正実さんの「祈りのこけし」が置かれています。緒方さんが制作に至る過程や、こけしを制作して人びとに伝えていくなかで、彼がどういう考えを持つに至ったかを聞くだけでも、違う展開が子どもや学生、若者、大人などのなかに広がっていく。そういう機会を与えていくのも日本宗教信仰復興会議の一つのミッションだと思います。

◆「祈りのこけし」にこめた緒方正実さんの思い

水谷　緒方正実さんについては、（会場に配布しました）この『祈りは人の半分』（水谷周・鎌田東二共著）のカバーに、緒方さんのメッセージが、

「水俣病の被害に遭い、苦しみながら失われた、人間、魚、鳥、すべての思いが宿っていると思われる、水俣湾埋め立て地にある、実生の森の木の枝で彫った『こけし』です。

失われた全ての生命に祈りながら、『命の大切さ』と、二度と水俣病のような悲劇が繰り返されないよう、願いを込めて彫り続けています。

白木のままで、眼や鼻や口を描いていないのは、未完成の意味です。受け取られたみなさまの思いの中で完成させてください」

と書いてあります。ぜひ、あとで読んでください。

弓山　東工大は、水俣病（の原因）がチッソのメチル水銀だという説が出たときに清浦雷作教授が、

「腐った魚を食べたから」

という有機アミン説を出しました。マスコミは熊本大学医学部と東工大の教授の二つの説の両論併記で報道し、政府がメチル水銀が原因と断定するまで約一〇年間真相究明が野放しになって、ものすごい数の被害が広がったということがありました。しかし学生は全くそ

のことを知らないので、

「やはり、全一年生に水俣教育しなければいけない」

となり、一〇〇分×二回（の水俣教育の時間を設けて）、水俣から支援者の方に来ていただいてお話を聞き、その後、学生が四人組になって徹底的に討論するという、全一年生必修にしています。ただその前年度の試行授業のときに水俣のことを伝えたら、多くの学生さんが、

「保障が足りないという話ですから、問題はお金ですね、お金の保障が足りないのが、この（水俣）の問題ですね」

というのです。私は、お金じゃないんだっていうことを何とか伝えたい。もっと踏み込んで、そこにやっぱり魂の問題とか、また、救いの問題とか、人間性の問題ということがかかわってくると思うんですね。

やっぱりそこまで掘り下げていかないと公害は理解できないし、もっというと教育とは、多分そんなもんだろうなというふうに思いました。

島薗　最初にも話しましたが、水俣の患者さんたちの運動は「本願の会」というところに、典型的に結実していくわけですが、これは、私は戦後の日本の信仰復興の非常に重要な地平を切り開いたもののように思います。

それは宗教団体という形は取っていないけれども、現代社会の奥深い問題を受け止めながら、現代の人間全体が抱えている問題への独自の応答を生み出してきたように思います。

私は、『新宗教を問う〜近代日本人と救いの信仰』（ちくま新書）の最後（終章「救い」にかわるものを求めて）に、新宗教が切り開きながらもう一つ明確にできなかったことが、水俣の運動で、宗教運動の外で明確になっているのではないかと書きました。そういうような宗教性の一つの現れが、この場に置かれている「祈りのこけし」のように思います。

緒方正実さんは木の仕事、木工の仕事をしていますね。その緒方さんの体が動かなくなることはたいへん辛いことですね。そうしたなかから新しい境地を切り開かれて、こういうコケシを作っておられるというのは非常に貴重なことと思います。

ここで、司会者が会場におられた二人の方を紹介した。

一人は、「現代京都藝苑２０２１　悲とアニマⅡ〜いのちの帰趨〜」の作品出品者・大船真言氏である。大船氏はここまでのシンポジュームの討議内容についての感想を述べ、アーチストの立場から「（現代が）多様になっていくことで、物質と精神のような真逆のものが繋がっていくのが健全なこと」と語られた。

もう一人は「現代京都藝苑２０２１　悲とアニマⅡ〜いのちの帰趨〜」の企画

者・秋丸知貴氏である。秋丸氏は「人の力を超えたものに出会ったとき、必然的に祈りのようなものが生まれます。それが『悲』という感覚で普遍的にあるものだと思います。時代精神を汲み取るアーチストがコロナ禍や東日本大地震後の暗い時代になにを感じ、どのように表現しているかを見ていただきたいのです」と企画の意図を説明された。

さらに会場から、「ビッグウェーブ」についての質問と、それに対する応答があり、「結びのことば」が続いた。

6 結びのことば

◆信仰復興と仏教文化の復興

島薗 では、それぞれ結びのことばをお願いします。

水谷 本日のこういう機会ができたことを、嬉しく感謝しております。それはここにお集まりの全員の方々への感謝のみならず、今後とも一歩一歩、土台を築いていくことが大事なことですので、その意味で努力したいと再確認できたことへの感謝です。ありがとうございました。

加藤　今日はありがとうございました。私にとって感じることの多い会でした。今、医療の世界でＡＩとかロボットとか、新しいテクノロジーが進んでくると、人間のやるべき仕事はなにかが問われてきます。その一つがスピリチュアルケアであり、非常に大きな部分になるだろうと考えています。あるいはＡＩが集めてきた医療情報や診断・治療方針をどう患者さんに伝えるか、どう対処するかということが医療の大きな仕事になるのではないかと思っています。

という意味で、医療においてスピリチュアルなものが患者から要求される時代がくる、いや、もう来ていると思います。今回のコロナパンデミックが起きたことによって、それが加速されるだろうと思っています。そういうなかで若い人にもスピリチュアルなことに関心を持ってもらえるように、発信を続けていきたいと考えています。

弓山　今日はありがとうございました。さきほど、「信仰が復興すると、どんないいことがあるのか」とありましたが、これ、学生からもよく聞かれます。つまり、

「(先生が）宗教者だったら分かりますが、宗教者ではないのに、宗教がいいというようなことをいうあなたは、いったい何者ですか?」

という質問です。そこで私は学生によく、

「たとえば、『フランダースの犬』の物語がありますね。ネロ少年の最期は幸せでしょう

か？　それとも、不幸でしょうか？」

と尋ねます。少年ネロは最後に天使に誘われて天界に登っていくわけですが、もし、信仰がない、信仰を理解しない人がみたら、町中の人びとが児童虐待者という話になるわけです。「そうではなく、多くの読者はそこに何か働きがあるはず、ネロ少年が不幸のまま死んではいけないのだと。君は信仰がないかもしれないけれど、そう願う、それ自体がきわめて信仰的なんだよね」

ということを学生に伝えようとしています。

もう一件、東工大に移る前に大正大学という、浄土宗・真言宗（豊山派・智山派）・天台宗・時宗の仏教系の大学にいました。多くの宗門子弟が萎縮していますね。「布教したら、叱られるのではないか。オウム真理教と間違えられるんじゃないか、マスコミに叩かれるんじゃないか」

などと思っているんですね。私は、

「良いことをしているんだから、もっと、胸張っていいのではないですか」

と言っています。それは宗教者の問題ばかりではなくて、宗教が身近でないのです。京都新聞は（宗教を取りあげていて）いいのですが、東京にいて東京新聞を読んでいると、ほとんど宗教の記事は出てこないです。ですので、信仰復興だけでなく、仏教文化を復興させるようなことも、信仰とともに重要ではないかと今日は思わせていただきました。

◆宗教とアートの融合

伊藤　仏教自体が始まりから布教するというより受け入れる形だと思っているので、それを含めて私も普段から信仰復興ということをあまり考えないですね。今日はそうしたことを考える機会を与えていただいてありがたいと思います。

つまるところ、宗教を通して自分を理解して他者を理解する、そのなかで共に生きていく、共に愛を育むというところが重要です。それには宗教学を勉強して、これまで宗教がどうやって人の欲というものと向き合ってきたかをよくよく理解するために、教育をはじめ、私自身を含め、学んでいかなければならないと思いました。

それからもう一つ。多様性と個人の同調圧力について話がありましたが、私自身のことばで言い換えれば、日本にはマジョリティ幻想というものが多い。たくさんのマジョリティがいて、そのなかに自分もいるはずだというような（幻想があります）。本当は一人一人がしっかり違っているはずで、マジョリティ幻想がなければ自分もマイノリティのはずで、他の人もマイノリティです。でも、それが繋がって協力し合えるというのがマジョリティ幻想に対する一つの有効な対処法ではないかと思っています。そのためには、本来それぞれが違うんだという宗教の意味が分かれば、変わっていくだろうなと思います。

たとえば、アートは一つ一つ違っていて、そのバックグランドをパッと出してきてくれます。宗教とアートが融合すること、その意味で今回のシンポジウムは有意義です。これが宗教が宗教のなかだけで話していたのでは突破口が見えない、と改めて思いました。


鎌田　わが人生を振り返ってみますと、口幅ったい言い方ですが、私自身は宗教信仰復興運動家だと思います。子どものころからそういう傾向があって、社会に受け入れられませんでしたので、非常に回りから「変なやつだな」と思われてきました。

私のなかでは「神観を問う」というのが根幹にあります。その上に自分とは何かとか、社会とは何かとかと問いかけた。そういう自分自身の生き方がありました。もし宗教がメリットになるとすれば、私たちの一番根源にあるものは何かということの自覚やその関係性において、自分を理解することができるということだと思います。そういう命の目ざめみたいなもの、命の帰趨というもの、生きて死ぬということの根幹にどういう働きがあるのか、なぜ自分はここに生まれてきたのかというようなことに対する意識や自覚が生まれてくることが宗教のメリットだと私は思います。

それは人に何かを押しつけるとか、布教するということではなくて、自分一人《いちにん》のなかで、世界との関係が完結していく部分があると思うのです。だから、生きる力や生きる支えになるはずで、それがあるときは、死ぬときも生まれてくるときも、何か使命みたいなものと共にあるということが、その人を生きさせる大きな力になるのではないかと思います。私自身は宗教信仰復興運動を、本日のこれからのパフォーマンスで全身全霊をあげてお見せします。それで、皆さんの心が動かなかったら、私は運動家としてはまだまだ未熟だということになります。それではこれから、わが宗教信仰復興運動の実例を三人の演者で、皆さんの前に提示したいと思います（拍手）。

◆アートと宗教の接点

島薗　最後に一つ付け加えます。さきほどの「ビッグウェーブ」についてのご質問ですが、私はマッカーサーやペリーの影響というのは重要だったけれども、あらゆるところで、日本人はチャレンジを受けて魂の叫びをあげるということは、あったと思います。それが宗教運動という形で表出されたということもあったけれども、私などは夏目漱石や宮沢賢治とかいうような人から、一番影響を受けたと感じています。それは私がある種の教養主義の世代だったからということもできます。

さきほど幼稚園の話をしましたが、今、広く読まれていて人びとが心を打たれるのは絵本だったりするんですね。それからアニメになるような作品とか、児童文学とか、そういうもののなかにスピリチュアリティがかなり深い内容が入っていると思います。少年院で絵本を読み聞かせると、一九〜二〇歳前後の人たちが涙を流したりするという話を聞きます。

こういうのは、まさに、アートと宗教の接点として、注目すべきことと思います。映画、アニメ、コミックなどにそういう主題が溢れているのではないかと思います。そのなかには足りないものもあり、深みがもう少し必要ではないかと感じるものもあるかもしれません。けれども、その足りない部分に応えるのが宗教側の役割ではないか、そして両方にかかわりながら、その役割を果たしていくのが宗教学者ではないか、と思います。

また、鎌田先生がおっしゃったように、かつては辛い思いをしている人に接する役割が宗教者に多かったかもしれないけれども、今は、医療者だったり、保育士、看護士などケアする仕事の人に、とても大きな役割がかかっているのではないかと思います。まさにコロナ禍のなかでエッセンシャルワーカーに大きな負担を負っていただいていることを思い起こしました。

コロナは、大きな波（ビッグウェーブ）だと思います。初めて、地球全体が同時に直面することになりました。スペイン風邪のときはそこまでいかず、まだ、それぞれの文明の違いの意識が大きかったと思います。そういう意味では新しい波をこうむりながら、信仰がそれなりに興り深まりつつあると、私は受けとめています。

司会者でありながら、本書の編者でもありますので、僭越ながら鎌田さんが結んだあとにもう一度結び直して、終わりにしたいと思います。

皆さん、今日は長い間、ありがとうございました（拍手）。


座談会「宗教信仰復興と現代社会」はここで無事に終了し、引き続いて午後六時から同会場（建仁寺塔頭両足院）を舞台に、鎌田東二以下三名の演者による興趣に富んだパフォーマンス（鎮魂能舞舞踏「悲とアニマ～いのちの帰趨～」脚本＋音楽・鎌田東二、能舞・河村博重、舞踏・由良部正美）が披露された。

※注記　「悲とアニマⅡ～いのちの帰趨～」展
二〇二一年一一月一九日から二八日まで、建仁寺塔頭寺院両足院とThe Terminal KYOTOの二会場で、「悲とアニマⅡ～いのちの帰趨～」と題する展覧会を開催した。

参加アーティストは、池坊由紀、入江早耶、大西宏志、大舩真言、岡田修二、勝又公仁彦、鎌田東二、河村博重、小清水漸、近藤高弘、関根伸夫、成田克彦、松井紫朗、由良部正美、吉田克朗の一五名。企画は秋丸知貴、監修は鎌田東二と山本豊津。両足院を「彼岸」に、The Terminal KYOTOを「此岸」に見立てた。賀茂川を挟んで空間デザインされたその両会場＝両岸を参加者は往き来した。その中で、「悲」の現実の注視と、それを受け止め生きぬく「アニマ」の開かれと発動を企図した。

本座談会は、この「悲とアニマ～いのちの帰趨～」展の一環の催しとして両足院で開催されたものである。

終章　「時のしるし」を読む時代に

鎌田東二

本書『宗教信仰復興と現代社会』は、「宗教信仰復興叢書」全七巻の第一巻である。

ここで取り上げられている「宗教信仰復興」の検討事例としては、キリスト教（カトリックとプロテスタント）、イスラーム、仏教、神道、現代の一般的な非宗教者のスピリチュアリティなどである。なので、もちろん、この一冊で世界中の近現代における「宗教信仰復興」の全貌が見えてくるわけではない。それを見通すためには、膨大な事例研究の積み重ねと整理と統括が必要である。ではあるが、本書が現代社会における「宗教信仰復興」の諸相に焦点を当てて、できるだけ包括的かつ具体的かつダイナミックに描き出そうと努めていることは強調しておきたいところである。

改めて振り返っておくと、本書の主軸をなす八本の論考は、次のものである。

第一章　小原克博「プロテスタント――再生と抵抗の原理としての信仰復興運動」
第二章　岡田真水「無仏で災厄の時代こその仏教」
第三章　原敬子「「時のしるし」を読む信仰の感覚――「日本の教会」の信仰復興」
第四章　堀江宗正「日本におけるスピリチュアリティの発生と展開」
第五章　水谷周「世界のイスラームの動向と日本」
第六章　鎌田東二「神道の未来」
第七章　弓山達也「悲宗教者の信仰復興――福島県下の大規模災害を事例として」
第八章　島薗進「新宗教と利他のゆくえ――現世主義的楽観からの展開」

これら八本の論文の執筆者の内、小原克博は牧師（プロテスタント）、岡田真水は僧侶（日蓮宗）、原敬子はシスター（カトリック・援助修道会）、水谷周はムスリム（イスラーム）、鎌田東二はフリーランスの神主（資格は神社神道）であり、研究者と宗教者を兼ねている。また、堀江宗正、弓山達也、島薗進は、長年、宗教を研究対象としてきた、特定の信仰を持たない非宗教者である。そこで、論者の立場や経験により、各論の論述領域、主張点、スタンス、トーンなどが大きく異なってくる。したがって、そのために、「宗教信仰復興」についての統一的な見解が共有されているわけではない。そのことは島薗進の「序論」にも記されている。

とはいえ、そのことを重重自覚しているからこそ、最後に置いた座談会「宗教信仰復興と現代社会」（島薗進・加藤眞三・水谷周・鎌田東二・弓山達也・伊藤東凌）が、その補完的役割を果たす、より包括的で自由な議論となっている。この両者を組み合わせつつ、現代社会と「宗教信仰復興」の諸問題を考える糸口をつかんでいただけると幸いである。

さて、多岐にわたる本書の論述の「結論」など、到底まとめることはできないし、そもそもそのような共有できる「結論」があるわけではない。島薗が冒頭で述べているように、「宗教」についても、「信仰」についても、「復興」についても、明確な定義や輪郭線を引くことは容易ではない。そのことは、宗教研究者も、宗教者も一定程度実感している。

だが、たとえば、小原克博が指摘しているように、「信仰復興」が「信仰共同体内部の結束や統合をもたらしていることは明らかである」（四〇頁）が、しかし、それは同時に「外部の社会」に「分断」をもたらしているという論点は、現代的な課題や問題点として、かなりな程度共有できる認識である。というよりも、そのような事態がすでに相当に深刻な形で進行しているという現実がある。それゆえに、「宗教信仰復興と現代社会」を考える際に、小原が「信仰復興運動は信徒の意気高揚（信仰の刷新）や信徒の拡大に対し、重要な役割を果たしてきた。しかし、それが世俗的な権威と結びつくとき、社会の分断や他者に対する暴力を誘発することにもなった」（四六頁）と注意を促していることを常に念頭に置いておく必要がある。それが現代を生きる宗教者および宗教研究者の倫理ともなるだろう。

宗教者も宗教研究者も、原敬子の言葉を借りると、「時のしるし」を読み取ることに注意を払っている。鎌倉時代の「祖師」と呼ばれる法然、親鸞、道元、日蓮、一遍らは、自分たちが生きる時代がどのような時代であるか、その「時のしるし」を「末法の世」とか「乱世」と捉え、そこからの打開をその時代の新たな「宗教信仰復興」として果たしたと言えるだろう。とすれば、「時のしるし」をどう読むかは、宗教者にとって、また「宗教信仰復興」の担い手にとって、決定的な実存的かつ実践的認識となる。原敬子は、そこから日本のカトリック教会の信仰復興の事例として「ナイス（福音宣教推進全国会議）」の活動事例を追ってゆく。また、日蓮宗の僧侶でもある岡田真水は、そこに、「不信」の時代における「無仏」と「災厄」の前景化を見て取り、だからこそ、そこから、「無仏の時代、災害と疫病の頻発する世界、そこにこそ現れる如来の使いがいることを法華経は語る」（七一頁）と説きながら、「無仏で災厄の時代の仏の教え」を再構築しようとの意志を紡ぐ。この時、「仏の本弟子」は思いがけないところから到来すると、岡田は日蓮の弟子らしく予言する。われわれの予想を超えて、その者たちは、「地から」、「普通の世界の底から、ぞろぞろ出てくる」と見て取る。

私も原敬子や岡田真水のように、「時のしるし」を読むことに注意を凝らし、そこからのいくらかの企投を試みてきたが、同時に、その困難さや課題や問題点も痛切に感じてきた。その一つが、宗教間の対話や相互理解ははたしてどのように可能なのかという課題である。確かに、第二バチカン公会議（一九六二－六五）以来、「エキュメニカル運動」は変わらず提唱され続けている。だが、カトリックのみならず、諸宗教の実態は、宗教間、宗派間、信仰者集団間のより深刻な分断や排他性にも直面している。事態は複雑に歪みながら連鎖・連結しており、簡単にほどけそうにはない。

だからこそ、とも言えるが、堀江宗正や弓山達也や島薗進が指摘しているように、「宗教」ではなく、「スピリチュアリティ」や「利他」への関心と実践的動向が生まれてきている。制約された教団宗教の中でではなく、より個的で、多様で、自由度の担保されたところでの「宗教性」や「霊性（スピリチュアリティ）」や「ケア」への関心と臨床的実践への高まりである。

これに関連して、東日本大震災後に、仙台で、行方不明者に対する諸宗教者合同の弔いが行われ、それをきっかけとして「心の相談室」（室長：岡部健、事務局長：鈴木岩弓）が開設され、それを基盤に、東北大学に実践宗教学寄附講座が各宗教団体及び非宗教者団体などからの寄附によって立ち上がり、現在に至っていることは特筆すべき出来事である。そして、その寄附講座から、「臨床宗教師」の養成が始まり、二〇一六年二月に「日本臨床宗教師会」が設立され、島薗進が会長に推された。

「臨床宗教師会」という現代の新たな「宗教師」の会に、宗教に共感的ではあるが、しかし教団宗教からは慎重に一定の距離を置いて来た宗教学者の島薗進が推されることになったところに現代日本社会の「宗教性」と「スピリチュアリティ」があるとも言える。というのは、宗教者と非宗教者の「スピリチュアリティ」を共通認識とした協働作業が生まれてきていると言えるからである。

同会の設立趣意書では、「臨床宗教師（interfaith chaplain）」とは、「被災地や医療機関、福祉施設などの公共空間で心のケアを提供する宗教者」であると規定される。「臨床宗教師」という言葉は、欧米の聖職者「チャプレン」に対応する日本語として緩和ケアの第一人者であった岡部健医師が二〇一二年に提唱し、今では広く知られるようになってきている。

基本的に、「臨床宗教師」は自宗の布教や伝道をすることを目的としない。相手の価値観や人生観や信仰を尊重しながら各自が立脚する「宗教者」としての経験を活かして、苦悩や悲嘆を抱える人々に「寄り添う」存在である。彼らは、さまざまな専門職とチームを組み、「宗教者」として全存在をかけて、人々の苦悩や悲嘆に向き合い、かけがえのない個人の経験と物語をあるがまま受けとめ、そこから感じ取られるケア対象者の宗教性を尊重しつつ「スピリチュアルケア」と「宗教的ケア」を行なう。

言うまでもなく、「臨床宗教師」が誕生するきっかけとなったのは二〇一一年三月十一日に起こった東日本大震災であった。「3・11」後、医師や看護師や臨床心理士らによる「心のケア」と悲しみに寄り添う宗教者の支援活動が被災者に生きる希望と助けと支えとなった。加えて、支援した宗教者みずからが被災者の思いやりや優しさに支えられ、生きる意味と宗教の存在意義を改めて学び直した。震災後まもなく島薗進を中心に、宗教者と宗教学者と医療関係者らによって、「宗教者災害支援連絡会」が設立された。この連絡会と、「心の相談室」を母胎に、二〇一二年に開設された東北大学大学院文学研究科実践宗教学寄附講座が連携する形で「日本臨床宗教師会」が生まれてきたとも言えるだろう。そこでは、宗教者と非宗教者との区別や線引きはそれほど重要ではない。むしろ、「ケア」に関わるさまざまなありようを協働で実践していくという協働作業の中にはたらく「利他」性と「スピリチュアリティ」が共有できる基盤となっていることが重要だ。

本書『宗教信仰復興と現代社会』は、その島薗進の命名であり、全体の巻構成も島薗案をベースに関係者が議論し、このような形に定まっていった。「神仏習合諸宗共働フリーランス神主」とか「神道ソングライター」とか「吟遊詩人」などと自称しつつ、かろうじて「宗教者」の中に片足を突っ込んでいる私などは、宗教者と非宗教者、聖と俗との間をトリックスターのように慌ただしく往来しているようなものである。

言わずもがなのことまで記してしまったが、最後に述べておきたいのは、一般社団法人日本宗教信仰復興会議代表理事の水谷周の力と役割である。本書は、この会議無くしては存在しえない。そして、この会議は、浄土宗の名刹寺院に生まれて外交官となり、その間にムスリムとなった水谷周なくしては存在しえない。そして、その水谷周の甥にあたる大阪の神社の神職であった水谷亭の遺志を受けて生まれたのが本会議であり、その会議の最重要の活動として生まれたのが本叢書である。その発足から現在までつぶさに立ち会ってきた私から見ると、この会議そのものの成立と展開、そして、本書を含むシリーズの本叢書がつつがなく進行していることそのものが、「現代社会の中の宗教信仰復興」を証しする「時のしるし」であると思うのである。

これ以上の多弁を要さないが、本書は「時のしるし」として、生まれるべくして生まれた書であると思っている。

しるしびと　天にも地にも　はたらきて
痛みの世にぞ　魂窓《たままど》を開《あ》く

おわりに　弓山達也

冒頭に「創刊に当たって」（水谷周）、次いで序章（島薗進）で全体状況の解説、さらに終章（鎌田東二）で各章のふりかえりがあって、これ以上は屋上屋を架すようだが、最後に別の角度から「宗教信仰復興」について言及したい。

本書各執筆者の背景については終章で触れられているが、いずれも研究教育機関に所属する（していた）研究者である。そうした研究者が「宗教信仰復興」という実践的な文言を冠する書籍に原稿を寄せることに、もしかすると違和感や戸惑いを覚える向きがあるかもしれない。さらに「宗教信仰復興」に関心を持つということ自体が、客観的で価値中立的なスタンスをとらねばならない研究者が、特定の価値観を押し出したり、研究対象に近づきすぎたりしているのではないかという、「一線を越えた」ことへの警戒感すらあるかもしれない。もちろん各章を読んでいただければ、いずれも自身の価値観や信仰には極めて抑制がきかされ、「宗教信仰復興」の諸動向にも慎重な態度が貫かれていることが判る。ただここで、宗教研究、特に現代宗教に関わる分野では、研究と実践・価値観・対象との関わりにはいくつかの変遷があったことを記すのは無駄なことではないだろう。

日本の敗戦後、民主主義と科学に大きな期待が寄せられ、科学は万能で、これによって人類の蒙が啓《ひら》かれ、明るい未来が到来するだろうと素朴に信じられていた頃、宗教研究は研究対象である宗教に対して、ある種の緊張関係にあった。宗教が迷信や旧習に囚われているなら、時としてそれらは批判にさらされ、逆に平和に貢献し大衆の側に立つなら好意的に受け止められてきた。特に戦後を象徴する宗教動向である新宗教をめぐる研究は、一九七〇年代前半までこうした傾向が強かった。

しかしその後、団塊の世代が一九七〇年代後半に研究者として台頭してくると、状況は変わった。研究対象である宗教に対して内在的にアプローチし、さらに共感的に、自らの価値観や実践や身体を通じて理解しようとする動向が広がっていった。本書に関わる島薗や鎌田はそうした研究潮流のトップを走っていて、一九八〇年代後半に研究を始めた筆者はそれを後ろから眩しく見ていた。しかしこうした研究者と宗教との蜜月は、一九九五年のオウム真理教の地下鉄サリン事件によって打ち砕かれた。宗教が市民社会に牙をむき襲いかかることがあるなら、そこに内在的、共感的、ましてや身体的に関わりを持つのではなく、やはり批判的なアプローチを試みることが必要だという前の世代への揺り戻しである。

だが事態は二〇一一年の東日本大震災で、もう一回転する。正確にはその数年前から宗教研究者の一部は宗教の社会貢献に関心を持ち、いくつかのプロジェクトや出版が相次いでいた。そこに震災があり、その後も地震や台風などの大規模自然災害が続いた。こうした時、宗教施設は人々の避難所となり、教団や宗教者の機動力やケアの力が発揮され、また祭りや芸能の開催が災禍に見舞われた方々の精神的な拠り所となって復興のシンボルとして社会の注目を集めた。オウムショック以降、研究対象である宗教との距離が保たれていたなかで、再度、研究者と宗教者が「復興」という共通の価値を見出して協働を始めた。ここでも島薗や鎌田はスピリチュアルケア師や臨床宗教師が社会で活躍できる制度や資格作りに奔走する。看護や社会福祉などの分野では一般的であったアクションリサーチが宗教研究でも普及し始め、継続的に現地に足を運んで、その関わりのなかから研究を行う関与型調査の手法が開始されていった。

CSV（Creating Shared Value、共通価値の創出）とは企業が消費者や社会に働きかけ、共有できる価値を見出し、社会も企業も健全に発展していくという意味で、主にビジネス界で用いられる用語だが、宗教研究・宗教界でも研究者と宗教者が共有できる新たな価値を模索し、社会に働きかけていく時代が、今、始まりつつあるのかもしれない。もちろん「宗教信仰復興」が、そのまま共有できる新たな価値であるとは、オウムショックを経た私たちは簡単に首肯できない。宗教信仰の有する力と可能性の裏には権威や階梯による暴力性や抑圧性が潜んでいることはいうまでもない。しかし、いや、だから宗教信仰が復興するとき、私たちの社会や文化に少なからぬインパクトを与えることは疑いもない。それがどのようなポジティブな作用をもたらすのか、また宗教に心寄せる私たちがこれをもたらしうるのか。宗教信仰の復興が個人化され非教団的な宗教性（スピリチュアリティ）、伝統的な他界観や生命観、世俗的な利他心や倫理性・道徳性にどのようなさざ波を立たせるのかも含め、強い関心をもって見守っていきたいと思う。

執筆者・登壇者略歴（五十音順）

伊藤東凌（いとう・とうりょう）

臨済宗建仁寺派両足院副住職。建仁寺派専門道場にて修行後、一五年にわたり両足院での坐禅指導を担当。現代アートを中心に領域の壁を超え、伝統と繋ぐ試み、海外での禅セミナーの開催や禅指導など、インターナショナルな活動を続けている。著書に『心と頭が軽くなる 週はじめの新習慣 月曜瞑想』（アスコム）。

岡田真水（おかだ・しんすい）

兵庫県立大学名誉教授。身延山大学客員教授。専門は環境宗教学、仏教説話研究。Dr. Phil.(Bonn)。著書に『小さな小さな生きものがたり――日本的生命観と神性』『地域をはぐくむネットワーク』（いずれも岡田真美子（旧名）編、昭和堂）。

加藤眞三（かとう・しんぞう）

慶應義塾大学名誉教授。医学博士。エムオーエー高輪クリニック院長、上智大学グリーフケア研究所研究員。内科医師（消化器内科、アルコール内科）、研究分野：医師患者関係、医療における情報提供とスピリチュアルケア。著書に『患者の生き方』、『患者の力』（いずれも春秋社）。

鎌田東二（かまた・とうじ）

京都大学名誉教授、天理大学客員教授。國學院大學大学院文学研究科博士課程神道学専攻博士課程単位取得退学。岡山大学大学院医歯学総合研究科社会環境生命科学専攻博士課程単位取得退学。博士（文学、筑波大学）。著書に『身体の宇宙誌』（講談社学術文庫）、『宮沢賢治「銀河鉄道の夜」精読』（岩波現代文庫）、『霊性の文学』『聖地感覚』（角川ソフィア文庫）、『現代神道論』『世直しの思想』（春秋社）、『世阿弥――身心変容技法の思想』『言霊の思想』（青土社）、『南方熊楠と宮沢賢治』（平凡社新書）、『ケアの時代「負の感情」とのつき合い方』（淡交社）、編著『身心変容技法シリーズ』全三巻（日本能率協会マネジメントセンター）、詩集『絶体絶命』（土曜美術社出版販売）など。

小原克博（こはら・かつひろ）

同志社大学神学部教授、神学部長・神学研究科長、良心学研究センター長。同志社大学大

学院神学研究科博士課程修了。博士（神学）。専門はキリスト教思想、宗教倫理学、一神教研究。先端医療、環境問題、性差別などをめぐる倫理的課題や、宗教と政治およびビジネス（経済活動）との関係、戦争論などに取り組む。神道および仏教をはじめとする日本の諸宗教との対話の経験も長い。単著として『ビジネス教養として知っておきたい 世界を読み解く「宗教」入門』（日本実業出版社）、『一神教とは何か――キリスト教、ユダヤ教、イスラームを知るために』（平凡社新書）などがある。

島薗 進（しまぞの・すすむ）

上智大学グリーフケア研究所所長。東京大学名誉教授。筑波大学哲学思想学系研究員、東京外国語大学助手・助教授を経て、東京大学大学院人文社会系研究科宗教学宗教史学専攻教授。東京大学卒。専門は近代日本宗教史、宗教理論、死生学、生命倫理。著書に『宗教学の名著30』（ちくま新書）、『国家神道と日本人』（岩波新書）、『日本人の死生観を読む』（朝日選書）、『ともに悲嘆を生きる』（朝日選書）、『いのちを作って〝つくって〟もいいですか』（NHK出版）、『日本仏教の社会倫理』（岩波現代全書）、『宗教ってなんだろう？』（平凡社）、『明治大帝の誕生』（春秋社）、『新宗教を問う』（ちくま新書）など。

原敬子（はら・けいこ）

上智大学神学部准教授。援助修道会会員。広島大学教育学研究科、パリ・カトリック大学修了（神学）。上智大学神学研究科博士後期課程組織神学専攻博士学位取得（神学）。『キリスト者の証言――人の語りと啓示に関する実践基礎神学的考察』（教文館）。「奉献生活」編纂委員会編著／原敬子（訳）『愛と喜びに生きる――奉献生活者たちのあかし』（日本カトリック管区長協議会・日本女子修道会総長管区長会。原著 Aimer, c'est tout donner, Association Edition « La Vie Consacrée »2015.）。『「いのち」の力――教皇フランシスコのメッセージ』（片山はるひ、原敬子編著、キリスト新聞社）。

堀江宗正（ほりえ・のりちか）

東京大学大学院人文社会系研究科教授。東京大学大学院人文社会系研究科博士課程修了、博士（文学）。専門は宗教学、死生学、スピリチュアリティ研究。博士（文学）。著書に『歴史のなかの宗教心理学』、『スピリチュアリティのゆくえ』、『ポップ・スピリチュアリティ』、高橋原との共著『死者の力』（いずれも岩波書店）。

水谷 周（みずたに・まこと）

一般社団法人日本宗教信仰復興会議代表理事、日本ムスリム協会理事、国際宗教研究所顧問など。京都大学卒、博士（イスラーム思想史、ユタ大学中東研究所）。日本における宗教的覚醒とイスラームの深みと広さの啓発に努める。『イスラーム信仰叢書』全一〇巻（総編集・著、国書刊行会）、『イスラーム信仰概論』（明石書店）、『イスラームの善と悪』（平凡社新書）、『イスラーム信仰とその基礎概念』（晃洋書房）、『イスラームの精神生活』（日本サウディアラビア協会）、『クルアーン――やさしい和訳』（監訳著、訳補完杉本恭一郎、国書刊行会）、『イスラーム用語の新研究』（国書刊行会）など。

弓山達也（ゆみやま・たつや）

東京工業大学教授。法政大学卒業、大正大学大学院満期退学。博士（文学）。専門は宗教社会学。「現代世界における宗教性／霊性」をテーマに研究を進める。著書に『天啓のゆくえ――宗教が分派するとき』（日本地域社会研究所）、共編著『東日本大震災後の宗教とコミュニティ』（ハーベスト社）など。

本叢書の刊行に当たっては、一般社団法人日本宗教信仰復興会議から出版助成を得ました。

宗教信仰復興叢書 1

宗教《しゅうきょう》信仰《しんこう》復興《ふっこう》と現代《げんだい》社会《しゃかい》

ISBN978-4-336-07210-8

令和 4 年 7 月 20 日　　初版第一刷発行

編　島薗　進

発行者　佐藤今朝夫

発行所　株式会社　国書刊行会

〒 174-0056　東京都板橋区志村 1-13-15

電話 03-5970-7421　FAX 03-5970-7427

e-mail: info@kokusho.co.jp　URL: https://www.kokusho.co.jp

落丁本・乱丁本はお取替え致します。　印刷 ㈱エーヴィスシステムズ　製本 ㈱ブックアート

一般社団法人 日本宗教信仰復興会議 監修

宗教信仰復興叢書

島薗 進 編

全8巻

宗教的暴力、スピリチュアリティ、20世紀仏教における救済思想の革新、イスラームと日本、新たな形の共同体、現代における信仰復興――。「宗教信仰復興」という共通の問題意識から、現代社会に信仰と宗教の根源的意味を問い直す、画期的叢書!

1　宗教信仰復興と現代社会　島薗 進編

世俗的合理主義がますます勢いを強めているように見えるが、超越性や規範性を失ったかに見える精神状況への不満も大きい。こうした中で宗教信仰復興への動きはどのような形で見出されるのか。主に日本を念頭に考えていく。本叢書の提起する諸課題を巡る基本的な論考集、一般社団法人 日本宗教信仰復興会議理事の座談会を収録。（既刊）　ISBN978-4-336-07210-8

2　生きる力とスピリチュアリティ　弓山達也著

東日本大震災の学生ボランティアや後方支援の地域住民の活動を主軸に、市井の人々の「生きる意味」の探求、「生きる力」の涵養を「スピリチュアリティ」ととらえ、その姿を筆者自らが現場に身を投じて追っていく。また危機と宗教性を巡り、被災者や障害児のママさんたちの地域活動、大学生の被災地でのボランティア活動など、「生きる力」、「生きる意味」、「いのち」とは何かを問う。　ISBN978-4-336-07211-5

3　身心変容技法と霊的暴力
――オウム真理教事件と悪の想像力　鎌田東二著

宗教的暴力の根幹にある体験や修行の負の局面を考察し、それがナショナリズムや国家的暴力と結びつくとどういうことが起るのか？　それに向き合う個の文学的想像力と未来への希望を具体的な作家と作品分析を通して考えていく。

ISBN978-4-336-07212-2

4　現代日本の在家仏教運動の革新　　島薗 進著

20世紀の日本で法華＝日蓮系の在家仏教運動が、大きく勢力を伸ばした理由について考える。霊友会系の諸教団と創価学会が典型的だが、現世救済思想という点にその特徴があるが、その仏教の救済思想上の革新について考察する。

ISBN978-4-336-07213-9

5　絶対主の覚知と誓約
――イスラームのこころと日本　水谷 周著

日本の宗教信仰復興に、イスラームは貢献できるのか。第一部では生きがいや死生観を論じる。第二部では「イスラームのこころ」の中核として絶対主の覚知と誓約を平易に解説する。それは安寧の心境である。（既刊）

ISBN978-4-336-07214-6

6　被る人々――ラルシュとジャン・バニエ

寺戸淳子著

知的な障害がある人とボランティアの若者が共に生活する〈ラルシュ〉共同体に、現代社会から排除されている「「被る」経験（生命、暴力、「友愛」を）」の「共に向きあう場」としての意義を論じる。

ISBN978-4-336-07215-3

7　現代日本の宗教信仰とスピリチュアリティ

鎌田東二編

21世紀になって、気候変動による自然災害の多発とも連動するかのように、宗教が関わる事件や紛争も多発している。世界は激烈な「経済戦争」や「資源争奪」の争いの中にあり、さまざまなレベルでの格差や差別も生み出されている。本巻では、そうした現代社会の諸問題を見すえながら、現代日本の宗教信仰とスピリチュアリティを探っていく。多様な執筆陣と関係者の座談会など。

ISBN978-4-336-07216-0

別巻　医療と信仰　加藤眞三著

医療はこころと身体に問題が生じた「いのち」に対処する人類の財産であり、本来宗教信仰と深いつながりがある関係にあったが、近代科学の発展とともに、宗教信仰は科学的医療から切り離されてきた。しかし両者が融合する一つの転換期が訪れつつあると考えられる現状について、医療の現場から再考する。

ISBN978-4-336-07415-7

各巻予価3080～3850円（税込）。価格・タイトルは改定する場合があります。